W0066589

R & B

Raimond Gaita

Der Hund
des Philosophen

Aus dem Englischen von
Christian Weller

Mit einer Einführung von
Manfred Geier

Rogner & Bernhard bei Zweitausendeins

1. Auflage, Dezember 2003
2. Auflage, Februar 2004
3. Auflage, Februar 2005

© 2002 by Raimond Gaita
Die Originalausgabe erschien 2002 unter dem Titel
The philosopher's dog bei The Text Publishing Company, Melbourne.
Alle Rechte vorbehalten.

© der deutschen Ausgabe 2003
by Rogner & Bernhard GmbH & Co. Verlags KG, Berlin.
ISBN 3-8077-0141-9
www.rogner-bernhard.de

Lektorat: Brigitte Helbling, Hamburg.
Umschlaggestaltung und Herstellung: Eberhard Delius, Berlin.
Umschlagmotiv: Detail aus »A Satyr Mourning over a Nymph« von
Piero di Cosimo, ca. 1495. © National Gallery Picture Library.
Foto S. 14: © Konrad Winkler, Victoria.
Satz: Offizin Götz Gorissen, Berlin.
Gesetzt aus der Life.
Druck und Bindung: Kösel GmbH, Kempten.
Printed in Germany.

Dieses Buch gibt es nur bei Zweitausendeins im Versand,
Postfach, D-60381 Frankfurt am Main,
Telefon 069-420 80 00, Fax 069-41 50 03.
Internet www.Zweitausendeins.de, E-Mail info@Zweitausendeins.de.
Oder in den Zweitausendeins-Läden in Berlin, Düsseldorf,
Essen, Frankfurt am Main, Freiburg, 2 x in Hamburg, in Hannover,
Köln, Mannheim, München, Nürnberg, Stuttgart.

In der Schweiz über buch 2000

Inhalt

Ein neuer Ton in der Philosophie

Von Manfred Geier

Raimond Gaita, 1946 in Deutschland geboren, ist Moralphilosoph. Am King's College der Londoner Universität und an der Australian Catholic University in Melbourne lehrt er, wie Fragen der Moral gestellt und beantwortet werden können. Das spricht nicht unbedingt für ihn. Er selbst hat einmal kritisiert, dass die akademische Moralphilosophie zu einer hoch spezialisierten Gedankenarbeit geworden ist, die sich in immer abstrakter und vertrackter werdenden Reflexionen verliert. Statt sich ernsthaft mit der konkreten Frage zu beschäftigen: »Wie soll man leben?«, hat sich die moderne Moralphilosophie auf Probleme der Begründung innerhalb ihrer eigenen Profession eingegrenzt: Wie lassen sich moralische Urteile begründen? Und wie ist ein moralphilosophischer Standpunkt überhaupt begründbar?

Der analytische Verstand ist gefordert, und scharfsinnig wird zwischen Utilitaristen und Kontraktualisten debattiert, zwischen Naturalisten und Diskursethikern, Kognitivisten, Emotivisten, Rationalisten, Wertobjektivisten, Konsequentialisten, Gesinnungs- und Verantwortungsethikern etc. etc. Natürlich gibt es auch radikale Skeptiker und Nihilisten, die davon überzeugt sind, dass sich moralische Urteile oder Standpunkte überhaupt nicht begründen lassen. Ihnen zufolge hat die Geschichte der Moral selbst demonstriert, dass alle moralischen Werte nichts wert sind. Der Wirrwarr ist unübersehbar, in den das alles beherrschende Problem der Begründung die Moralphilosophie gestürzt hat. Man sieht den Wald vor lauter Bäumen nicht mehr.

Auch Gaita beherrscht die Spielregeln der professionalisierten Moralphilosophie. Aber schon seine erste größere philosophische Untersuchung *Good and Evil*, 1991 als *An absolute conception* veröffentlicht, setzte neue Akzente und rückte die einfache Grundfrage »how should one live?« wieder in den Mittelpunkt. Der Philosoph wandte sich dem Leben zu, und er begann ernsthaft von dem zu sprechen, was uns moralisch leiten kann, wenn wir ein gutes Leben führen und das Böse vermeiden wollen. Dazu aber war es notwendig, auch von und für sich selbst zu sprechen. Und es drängte ihn, sich an die Ursprünge zu erinnern, aus denen seine moralischen Grundüberzeugungen ihre Kraft bezogen haben.

Es war vor allem sein Vater, der für Raimond Gaitas moralisches Bewusstsein und Handeln orientierend und prägend gewesen ist. 1998 schrieb er den biographischen Lebensroman *Romulus, mein Vater*. Er erzählte die Geschichte dieses rumänischen Arbeiters und Handwerkers, der mit seiner deutschen Frau und seinem vierjährigen Sohn 1950 nach Australien auswanderte. Es war ein hartes Leben in einer archaischen Landschaft, deren Strenge der väterlichen Moral entsprach. Denn hier erlebte der junge Raimond nicht nur die erhabene Größe einer Natur, die seit Anbeginn der Welt da zu sein schien. Die karge hügelige Landschaft mit ihren braunen Felsblöcken und den dürren Bäumen, die sich scharf gegen den dunkelblauen Himmel abzeichneten, offenbarten sich ihm als Mysterium: »Es war, als ob Gott mich ins Innerste seiner Werkstatt geführt hätte.« – Und in dieser Welt, in der alle Lebewesen ihren Wert in sich zu tragen schienen, wurde auch seine moralische Einstellung geprägt. Von seinem Vater wurde ihm die kompromisslose Autorität einer Moral vermittelt, die immer der Richter und niemals bloß der Diener menschlicher Interessen sein sollte.

Wie ein alttestamentarischer Prophet glaubte Romulus Gaita an einen Zusammenhang zwischen dem Guten und dem Einfachen. Dass es in der sozialen Wirklichkeit komplizierter zuging, als er es sich wünschte, hat ihn verrückt werden lassen. Bald nachdem seine Frau, depressiv und desorientiert in einer ihr fremden Welt, sich 1958 umgebracht hatte, packte ihn die Paranoia. Er scheiterte am Widerspruch zwischen der Unbedingtheit seiner Moral und der Bedingtheit einer komplexen und differenzierten Lebenspraxis.

Raimond, sein Sohn, ist nicht verrückt geworden, sondern Philosoph. Er hat den Widerstreit philosophisch fruchtbar werden lassen, der seinen Vater verwirrte. In seinen Arbeiten verbindet sich die Ernsthaftigkeit und Strenge des Denkens mit den Herausforderungen der modernen Lebenswelt. Noch in den subtilsten Reflexionen, mit denen er am moralphilosophischen Diskurs der Gegenwart teilnimmt, sind dabei die Spuren jener einfachen Grundüberzeugungen lesbar, die den harten Felsen bilden, den keine Reflexion durchdringen oder zerstören kann.

Im *Hund des Philosophen* hat Gaita gezeigt, wie sehr durch lebenspraktische Erfahrungen moralphilosophische Untersuchungen an Gewicht und Überzeugungskraft gewinnen können. Statt sich auf das bodenlose Spiel einer immer komplizierter werdenden Begründungslogik einzulassen, hat er den Grund freigelegt, auf dem moralische Einstellungen existenziell verlässlich und argumentativ klar sein können. Es ist die Kreatürlichkeit des Menschen, die ihm vor allem im Zusammenleben mit Tieren bewusst wurde. Wie Jack, der Kakadu, und Orloff, die schwarze Windhundmischung, wie Gypsy, die Schäferhündin, und Tosca, die getigerte Katze, zur Familie gehörten, so nimmt Raimond Gaita, der Professor für Philosophie, teil am Leben der bedürftigen Lebewesen, aus dem er seine geistigen Impulse bezieht. Das ist ein völlig neuer Ton in der Moralphilosophie, eine unverwechselbare Stimme, die mit ihrer individuellen Einzigartigkeit zugleich die Grundlagen einer allgemeinen Humanität zur Sprache bringt.

Gaitas philosophische Tätigkeit lebt von den Geschichten, die er zu erzählen weiß. Das sind keine bloßen Anekdoten oder ausgedachten Beispiele, die geistreichen Gedankenexperimenten dienen. Es sind Erzählungen, die zum Nachdenken anleiten und einen Weg aus dem verwirrenden Labyrinth moderner Moralphilosophie weisen. Was uns Gaita von den Tieren berichtet, von ihrem Charakter und ihren Verhaltensweisen, lenkt unsere Aufmerksamkeit auf die elementare Frage, was es heißt, ein Lebewesen mit einer ihm eigenen Würde zu sein. Und es lässt uns zugleich über uns selbst nachdenken, über den Grund unserer Existenz und unseres moralischen Selbstverständnisses.

Auch wenn Gaita unsere Aufmerksamkeit vor allem auf natürliche Lebensformen richtet, so verliert er doch nie die kulturelle Problemsituation aus den Augen. Der

Weg von der Beobachtung zur Beschreibung ist mit begrifflichen Problemen gepflastert. Wie können wir angemessen beschreiben, was Tiere tun und empfinden? Dürfen wir ihnen sinnliche Empfindungen, Gefühle oder Absichten zuschreiben, die für den Menschen reserviert zu sein scheinen? Kann ein Hund etwas glauben, wissen, beabsichtigen oder hoffen? Kann er sich vor seinem Tod fürchten und ihn als unausweichlich begreifen?

Philosophisch erläutert Gaita, wie wir in ein kulturelles Netz von Bedeutungen eingebunden sind, das äußerst fein geknüpft ist. Er demonstriert zugleich, wie auch unsere moralischen Empfindungen und ethischen Einstellungen in dieses Reich der Bedeutung eingebettet sind. Die Einfachheit einer gleichsam natürlichen Moral, an die sein Vater unbeirrbar glaubte, hat sich in semantische Netzwerke ausdifferenziert, die der Sohn professionell auszuwerfen weiß. Doch diese Wende zur Sprache, die den Erzähler und Philosophen vor das »Problem der Beschreibung« stellt, ist kein »linguistic turn«, der alles zum Sprachproblem einer analytischen Philosophie erklärt. *Der Hund des Philosophen* bleibt bei den Lebensproblemen, die es praktisch zu bewältigen gilt. Das macht den eigentümlichen Reiz dieser philosophischen Untersuchung aus, in der kein abstrakter Verstand spricht, sondern ein Individuum von seinen kleinen Abenteuern mit Tieren erzählt, um daran die großen Fragen einer humanen Existenz zu entfalten und zu beantworten.

Für Cora Diamond

»Den Unterschied zwischen Mensch und Tier wird man nicht finden, indem man Delfine beobachtet oder versucht, sich mit Schimpansen zu verständigen. Diesen Unterschied können uns weder solche Forschungsprojekte noch die Evolutionstheorie erklären. Denn er ist, wie ich gezeigt habe, zentral in unserem Verständnis des menschlichen Lebens verankert; er ist eher ein Objekt der nachdenklichen Betrachtung als der wissenschaftlichen Beobachtung (womit ich nicht sagen will, dass es sich hier um eine Frage der Intuition handelt). Eine Quelle für Missverständnisse besteht darin, dass wir nicht hinreichend unterscheiden zwischen ›dem Unterschied zwischen Mensch und Tier‹ und ›den Unterschieden zwischen Menschen und Tieren‹ – eine Ungenauigkeit, wie sie regelmäßig in Diskussionen über das Verhältnis zwischen Mann und Frau auftaucht. In beiden Fällen verweisen die Leute auf Forschungsergebnisse, die zeigen sollen, dass ›der Unterschied‹ nicht so groß ist, wie wir gedacht haben. Aber alles, was die Forschung zeigen oder beweisen kann, ist, dass unsere Unterscheidungen weniger genau sind, als wir gedacht haben. Was den Unterschied zwischen Mensch und Tier betrifft, ist klar, dass die Vorstellung dieses Unterschieds und das Konzept dieser Unterscheidung von uns hervorgebracht worden sind – und zwar im vollen Bewusstsein der überwältigenden Fülle an Ähnlichkeiten zwischen Menschen und Tieren.«

CORA DIAMOND

»Gott machte sich auf, die Welt zu erschaffen, und seinen Hund nahm er mit.«

SCHÖPFUNGSGESCHICHTE DER KATO-INDIANER

An den Leser

Ein Buch über die Natur wollte ich schon vor dreißig Jahren schreiben. Anstoß damals waren meine Erlebnisse in den Bergen, und Tiere wären nur am Rande vorgekommen. Geschrieben habe ich schließlich ein Buch über Tiere, in dem sich nur ein Kapitel mit der Bergwelt befasst. Im Grunde geht es aber die ganze Zeit um den Menschen. Dies ist ein Buch über uns und unsere Kreatürlichkeit.

Das Buch, das ich vor dreißig Jahren schreiben wollte, wäre eine ganz normale akademische Abhandlung zum Thema »Der Mensch in der Natur« geworden, aber als ich vor einigen Jahren die Geschichte meines Vaters und meiner Jugend aufzeichnete, merkte ich, wie gerne ich von Tieren erzähle. *Der Hund des Philosophen* verbindet diese Freude am Erzählen mit philosophischer Reflexion. Es ist ein sehr persönliches Buch – nicht weil es mein Privatleben preisgibt oder um meine Person kreist, sondern weil ich fast ausschließlich über Tiere schreibe, die ich gut gekannt habe. Die meisten dieser Geschichten spielen im Kreis meiner Familie, zunächst im Zusammenleben mit meinem Vater und seinem besten Freund, Pantelimon Hora, später mit meiner Frau und unseren Kindern. Immer wieder werde ich nach dem Zusammenhang zwischen meinem philosophischen Denken und meinem Leben gefragt. Vielleicht kann *Der Hund des Philosophen* die Frage zum Teil beantworten.

Manchen Leser wird es überraschen, dass ich das weite Feld der Tierforschung außer Acht lasse. Verweise auf empirische Studien, vor allem zu intelligenten wildlebenden Tieren wie Affen oder Delfinen, wird man in diesem Buch vergeblich suchen. Dahinter steht eine Absicht: Ich möchte zeigen, wie viel man über Tiere – vor allem über unser Verhältnis zu ihnen – in Erfahrung bringen kann, einfach, indem man unseren Alltag mit ganz gewöhnlichen Haustieren wie Hunden, Katzen oder Vögeln philosophisch befragt.

Die Arbeit an diesem Buch hat mir gezeigt, dass in der Philosophie ganz andere Talente gefragt sind als beim Erzählen von Geschichten. Der Philosoph eilt in der Regel direkt auf sein abstraktes Ziel zu und lässt all jene Details achtlos beiseite, die eine Szene erst zum Leben erwecken. Das erzählerische Moment soll aber über eines nicht hinwegtäuschen: Manche der philosophischen Probleme, die ich zur Sprache bringe, sind ziemlich vertrackt. Durchweg handelt es sich um Philosophie, sozusagen in voller Aktion. An keiner Stelle ging es mir darum, große Gedanken als leicht verdauliche Häppchen zu präsentieren. Ich habe versucht, Philosophieren und Erzählen so zu verbinden, dass weder die Lust am Fabulieren auf Kosten der Philosophie geht, noch die Geschichten bloß zur Ausschmückung irgendwelcher Thesen dienen. Ob mir das geglückt ist, muss der Leser entscheiden. Wer mit einem philosophischen Gedankengang erst einmal nicht so viel anfangen kann, dem lege ich ans Herz, weiterzulesen und am Ende des Buches zu dem entsprechenden Absatz zurückzukehren. Philosophische Texte gewinnen in der

Regel bei mehrfachem Lesen, manche fordern es geradezu.

Die Art, wie mein Vater mit Tieren umging, hat mich tief geprägt. Ich kann daher über meine Beziehung zu Tieren nicht schreiben, ohne einige der Geschichten aus *Romulus, mein Vater* noch einmal zu erzählen, auch wenn die Erzählweise und der Kontext hier andere sind. Ich hoffe die Leser von *Romulus* wird es nicht stören, noch einmal von Jack, dem Kakadu, und Orloff, dem Hund, zu hören.

Freunde und Begleiter

Der weiße Fleck am strahlend blauen Himmel änderte seine Form, je nachdem, ob er aufstieg, die Richtung änderte oder zu mir herabstieß. Im Winter war oft auch das Gras weiß, von Frost überzogen bis zehn oder elf Uhr vormittags. Im Sommer stand es hoch und goldfarben, und es war überwältigend, wenn der Wind am Nachmittag die sonnendurchfluteten Weiden in ein Meer aus wogenden Halmen verwandelte, sattgelb mit einem silbernen Schimmer. Ein unvergessliches Bild. Die Begeisterung, ihn über dieser Landschaft hoch oben am Himmel zu sehen, spüre ich noch heute, nach vierzig Jahren. Jack war unser Kakadu, der mich auf dem Schulweg begleitete. Zwischendurch ruhte er sich kurz auf der Lenkstange meines Fahrrads aus, dann flog er wieder los.

Jack gehörte eindeutig zu meinem Vater. Im Zusammenleben mit mir bestimmte der Vogel, wann er zutraulich wurde und wann er sich entzog – völlig unbeeindruckt von meinem Wunsch, ihn ganz für mich zu haben. Ich war trotzdem von ihm begeistert, vor allem wenn der Schulweg durch ihn zum Vergnügen wurde. Saß er vor mir auf dem Lenker, war ich mir sicher, dass wir Freunde waren. Am Abend des gleichen Tages konnte es aber passieren, dass er nach mir schnappte, wenn ich über seinen Federschopf streichen wollte. Einfach, weil ihm danach war.

Absolute Loyalität kannte Jack nur gegenüber einer Person, und das war mein Vater. Als mein Vater nach einem schweren Unfall für einige Monate ins Krankenhaus musste, kümmerte sich sein Freund Pantelimon Hora um mich und Frogmore, unsere Hühnerfarm in der Nähe des Dorfes Baringhup im südostaustralischen Victoria. In dieser Zeit übertrug Jack seine Anhänglichkeit auf Hora, obwohl er mit mir schon seit Jahren zusammen lebte. Hora hatte sich angewöhnt, Jack mit den Worten »Hey liu liu« zu begrüßen, als wollte er fragen: »Na, wie steht's?« Beide Männer waren von Jack angetan, und ihre Zuneigung zu dem Tier – das Interesse, das beide an ihm und seinen Eigenarten zeigten, das Wissen über ihn, das nur sie teilten – vertiefte ihre Freundschaft und wurde zugleich durch ihre Freundschaft verstärkt. Noch dreißig Jahre, nachdem sie Jack das letzte Mal gesehen hatten, pflegten sie sich auf die vertraute Weise zu grüßen. »Hey liu liu«, sagte der eine, und der andere antwortete: »Hey liu liu.«

Hora hatte einen Narren an Jack gefressen. Er liebte es, ihm zuzuschauen, abwechselnd amüsiert über Jacks komische Art und dann wieder fasziniert von seinem Einfallsreichtum. Jack begann bald, es sich in jenem Teil des Hauses heimisch zu machen, in dem Hora lebte, wenn er bei uns war, doch wurde er zu ihm nie ganz so zutraulich wie zu meinem Vater. Ganz offensichtlich hegte er ein gewisses Misstrauen, beim Essen benachteiligt zu werden. Wann immer Hora Spaghetti kochte – und das war fast jeden Abend –, wartete Jack geduldig die Zubereitung ab und ließ uns wissen, dass er auch etwas davon wollte.

Hora gab ihm dann ein paar Nudeln auf einen Extrateller, Jack probierte, bestand aber jedes Mal darauf, auch von Horas Teller zu picken. Erst wenn er sich überzeugt hatte, dass Horas Spaghetti nicht besser schmeckten, kehrte er zu seinem Teller zurück.

Fast ebenso gern wie Spaghetti mochte Jack Brot, das man in Tee oder Kaffee getunkt hatte. Immer wenn es eines dieser Getränke gab, kam Jack herab von seinem Platz über der Tür und forderte sein geweichtes Brot. Überhaupt beteiligte er sich rege an unserem Speiseplan. Gab es etwas, das er noch nicht kannte, knabberte er vorsichtig daran, hob prüfend den Kopf, probierte so mehrere Male und begann, wenn diese Prüfung zu seiner Zufriedenheit ausgefallen war, entspannt und mit sichtlichem Spaß am Unbekannten zu fressen. So und auf viele andere Arten nahm Jack teil an unserer Welt.

Mein Vater war fast drei Monate im Krankenhaus. Als er wiederkam, war Jack vollkommen aus dem Häuschen. Er krächzte gellend, stellte die Haube auf und wollte von meinem Vater an jeder erdenklichen Stelle gestreichelt werden, wobei er sich drehte und wendete und ihm immer neue Stellen anbot, und das über Stunden. Hora gegenüber wurde er an diesem und dem folgenden Tag aggressiv, wenn der ihn streicheln wollte. Ein oder zwei Mal schnappte er sogar nach ihm. Wie auch immer er den Konflikt zweier konkurrierender Anwärter auf seine Loyalität erlebt haben mag, er überwand ihn problemlos. Für mich war die Situation schwieriger. Ich liebte beide Männer sehr und fühlte mich eine Zeit lang innerlich zerrissen.

Wir suchen bei Vögeln in der Regel nicht wie bei Hunden und Katzen diese körperliche Nähe. Zwar gibt es komplexe Beziehungen zwischen Menschen und beispielsweise Raubvögeln, die für die Jagd trainiert werden, aber wir sind daran gewöhnt, Vögel in Käfigen zu sehen, und ein physischer Kontakt findet selten statt. Wir berühren sie vorsichtig, wenn sie auf unserer Schulter oder unserem Arm landen, aber wir würden sie nicht knuddeln. Ihre ganze Gestalt ist von der unseren so verschieden: Steif stehen sie auf ihren dürren Beinen, ihre Körper sind nicht weich und anschmiegsam. So scheint es auf den ersten Blick. Und doch ist das nicht die ganze Wahrheit.

Jack flog frei herum und hatte das ganze Haus zu seiner Verfügung. Er schlief auf der Küchentür, die für ihn immer offen stand. Dort hatte er es sich gemütlich gemacht, indem er Teile der Tür und der angrenzenden Wand wegknabberte. So gut wie jeden Morgen stieg er von dort herab und kam in das Zimmer, in dem mein Vater und ich schliefen. Das Kratzen und Schaben, wenn er sich mit Schnabel und Krallen die Küchentür hinunter hangelte, oder das Geräusch, wenn er mit seinem Kopf die Schlafzimmertür aufzustoßen versuchte und, wenn sie zufiel, eilig zurücktrippelte, weckte uns meist. Wenn mein Vater noch schlief – oder nur so tat –, hockte Jack sich auf das Bettgestell und wartete, bis er die Augen öffnete. Dann schlüpfte er unter die Bettdecke und lugte von Zeit zu Zeit hervor, um ihm einen Kuss zu geben.

Wie küsst ein Kakadu? Ungefähr so: Er kommt mit dem oberen Teil seines Schnabels zur Oberlippe, knabbert ganz vorsichtig daran und geht dann über zur Unterlippe. Dazu gibt er die ganze Zeit ein »tsk tsk tsk« von sich. So jedenfalls hielt es Jack, wenn er meinen Vater zärtlich liebkoste. Mein Vater streichelte ihn im Gegenzug unter Flügeln und Schnabel, an Brust und Bauch, was Jack mit seinem wohligen »tsk tsk tsk« begleitete, unterbrochen nur von einem kurzen krächzenden Protest, wenn mein Vater ihm unabsichtlich wehgetan hatte. Ich habe von Jack in Bezug auf meinen Vater nie einen Laut der Wut oder Angst gehört, nie auch nur die leiseste Andeutung eines Zweifels an dessen absoluter Vertrauenswürdigkeit.

Mein Vater konnte die Schmiede einer benachbarten Farm nutzen, die ungefähr einen halben Kilometer entfernt lag. Oft begleitete ihn Jack dorthin und manchmal leistete er ihm in der Werkstatt Gesellschaft. Dann pickte er mit seinem Schnabel aus den aufgehäuften Schrauben einzelne heraus, legte einige nach links, andere nach rechts, als wolle er sie sortieren. Hatte er davon genug, flog er durch die Gegend und schaute, was er ausfressen konnte. In dieser Hinsicht war er außerordentlich erfindungsreich. Als er den ganzen bunten Plastikkram an der Fernsehantenne unserer Nachbarn abgeknabbert hatte, wurde es Ernst. Mein Vater sah sich gezwungen, ihm die Flugfedern zu stutzen; der Nachbar hatte gedroht, Jack sonst zu erschießen. Unbeirrt legte Jack daraufhin die Wegstrecke von unserem Haus zur Schmiede »zu Fuß« zurück und begann trotz seiner Behinderung sogleich mit Flugübungen. Obwohl er sich nur in spiralförmigen Kurven vorwärts bewegte, erreichte er bald genug Höhe, um an die Antenne zu kommen. Zu seinem eigenen Schutz musste mein Vater ihn am Boden halten. Er befestigte eine dünne Kette an Jacks Bein, an deren Ende eine alte Sandale für das nötige Gewicht sorgte. Mit einiger Anstrengung konnte Jack die Last ein Stück weit über den Boden zerren, aber er schien relativ bald zu dem Schluss zu kommen, dass der erzielte Effekt den Aufwand nicht lohne. Meist begnügte er sich mit dem Radius, den die fünf oder sechs Meter lange Kette ihm ohne Mühe bot.

Mein Vater und ich sprachen recht häufig mit Jack.

Meist stellten wir ihm Fragen wie: Na, bist du wieder da? Kommst du mit uns, die Kuh holen? Warum lässt du den Hund nicht mal in Frieden? Musst du ständig Löcher in unsere Türen knabbern? Mir schien es dann oft, als versuche er, sich einen Reim auf unsere Worte zu machen, aber vielleicht habe ich mir das nur eingebildet. Ohne jeden Zweifel war Jack ein äußerst intelligenter Vogel. Hin und wieder ertappten wir ihn dabei, wie er versuchte eine Melodie nachzupfeifen, die er im Radio aufgeschnappt hatte. Er pfiff ein paar Töne, bis er nicht mehr weiter wusste. Dann krächzte er, stellte die Haube auf und tänzelte ärgerlich auf dem Zaun aus Kaninchendraht herum. Hatte er sich wieder beruhigt, kam er beim nächsten Versuch meist ein bisschen weiter, bevor er wieder den Faden verlor. Er übte unermüdlich, aber sobald er uns bemerkte, hörte er damit auf. Er übte neue Melodien nur, wenn er sich unbeobachtet fühlte. Den lustigen Unsinn, mit dem man gemeinhin auf begabte Vögel einredet, haben wir ihm nicht beigebracht, er war deshalb von Jack auch kaum zu hören. Er schwatzte eine ganze Menge, aber meist mit sich selbst.

So nah uns Jack auch war, es war die vorübergehende Nähe eines Tieres, das nur einen Teil seiner Zeit am Boden verbringt. Ich habe die Faszination beschrieben, ihn am weiten Himmel fliegen zu sehen, hoch über den sich endlos dehnenden Weiden. Etwas von der geheimnisvollen Zwischenstellung, die Vögel in unserer Welt einnehmen, wird darin deutlich. Da oben am Himmel, völlig frei in seinen Bewegungen, erschien er mir fremd und beneidenswert, ein Wesen anderer Art. Zugleich war mir vieles an ihm tief vertraut: wie er auf der Küchentür schlief, wie er in Vaters Bett kam. Und wenn er mich morgens auf dem Weg zur Schule begleitete und sich für ein paar Minuten auf den Lenker meines Fahrrads setzte, gab ich mich jedes Mal der Illusion hin, er würde mir eines Tages dasselbe Zutrauen schenken wie meinem Vater.

Als wir vom Land ins nahe gelegene Maryborough zogen, ließ mein Vater Jack schweren Herzens zurück. Ihn in der Stadt frei fliegen zu lassen, war ausgeschlossen. Jack machte kaputt, was ihm unter Krallen und Schnabel kam. Und in einen Käfig sperren wollte mein Vater ihn nicht. Die gestutzten Federn waren wieder nachgewachsen, Kette und Gewicht waren nie als langfristige Lösung gedacht. Bereits früher war Jack ab und an für ein paar Tage fortgeflogen, hatte sich auch schon für Wochen einem Schwarm vorbeiziehender Kakadus angeschlossen. Und wir hofften, er würde dies wieder tun, sobald er begriff, dass wir nicht mehr nach Hause kamen. Trotzdem quälten meinen Vater schwere Gewissensbisse; immer wieder stellte er sich vor, wie Jack vergeblich auf unsere Rückkehr wartete.

Es verging mehr als ein Monat, bevor mein Vater nach Frogmore fuhr, um nachzusehen, was aus Jack geworden war. Er fürchtete sich vor einer Begegnung. Falls Jack noch am Haus war und womöglich auf seinem Pfahl über dem Zaun saß, hätte mein Vater ihn entweder nach Maryborough mitnehmen und wider besseres Wissen in einen Käfig stecken müssen, oder er hätte ihn in der wieder erwachten Hoffnung zurücklassen müssen, dass wir doch irgendwann wiederkommen würden. Aber Jack war nicht da. Wir haben ihn nie wieder gesehen.

Jack war nicht unser einziges Haustier. Bereits vor ihm gab es Orloff, der für mich weit mehr als Jack ein wirklicher Freund wurde. Orloff war eine schwarze Windhundmischung, massiger und größer als Windhunde normalerweise sind. Wir übernahmen ihn von den Leuten, die vor uns in Frogmore wohnten. Falls ich damals gewusst habe, wie alt er war, habe ich es inzwischen vergessen. Wenn ich mir aber die Kraft in seinem starken Körper und die Geschwindigkeit in Erinnerung rufe, mit der er Kaninchen hinterherjagte und sie meist auch fing, bin ich sicher, dass er noch recht jung war. War ihm bei seiner Verfolgungsjagd die Umzäunung einer Weide im Weg, konnte er blitzschnell seinen Körper im Sprung auf die Seite legen und zwischen den gespannten Drähten durchschlüpfen, ohne das Tempo merklich zu verringern.

Ich hatte keine einfache Kindheit. Meine Mutter verließ meinen Vater schon früh, kehrte wiederholt zurück, aber immer nur, um bald wieder zu gehen. Mein Vater – auch wenn er mich aufrichtig liebte und ich das niemals bezweifelte – war kein Mann, der sich auf körperliche Zuwendung verstand. So hielt ich mich an Orloff, wenn ich Nähe und Trost suchte. Und das hätte ich vermutlich auch getan, wenn mein Vater anders gewesen wäre, denn ein Hund kann das, was ein mutterloses Kind vermisst, in vieler Hinsicht besser ersetzen als ein Mann.

Damals arbeitete mein Vater häufig Nachtschichten, und ich war nachts auf der Farm allein. Das nächste Dorf lag Kilometer entfernt; bis zum Nachbarn waren es zehn Minuten Fußmarsch; es gab kein elektrisches Licht und das baufällige Haus ächzte bedrohlich im Wind. Gegen die aufsteigende Angst holte ich Orloff zu mir ins Bett, dankbar für seine beruhigende Gegenwart – und ein wenig enttäuscht, dass er sich nicht ebenso wie ich für die Geschichten im Radio interessierte, denen ich lauschte, bis ich einschlief.

Erst Jahre später, ich war längst erwachsen, erfuhr ich, dass manche australischen Ureinwohner die Kälte einer

Nacht an der Anzahl der Hunde messen, die sie brauchen, um nicht zu frieren. Eine sehr kalte Nacht ist eine Drei- oder auch Vier-Hunde-Nacht. Ich konnte mich gut daran erinnern, wie sehr ich auf Orloff angewiesen war, und daher hat mich die Verachtung erstaunt, mit der mein Informant in diesem Zusammenhang über die Aborigines sprach. Aus dem gleichen Grund ist mir der abwertende Unterton des alten englischen Sprichworts fremd, dass, wer mit Hunden zu Bett geht, sich nicht wundern soll, wenn er mit Flöhen aufwacht. Ich kann auch den verbreiteten Widerwillen nicht nachvollziehen, den viele Menschen gegen die Vorstellung eines Hundes auf oder gar im Bett hegen. Es heißt, das Tier werde dadurch verzogen. Aber das muss nicht zwangsläufig so sein. Es gibt schließlich noch andere Möglichkeiten, ein Tier zu erziehen, es daran zu gewöhnen, seine Triebe zu beherrschen, statt ihnen beim ersten Impuls blind zu folgen. Die Ansicht, die Disziplin werde auf der ganzen Linie zusammenbrechen, wenn man sie nur an einer einzigen Stelle vernachlässigt, erscheint mir in Bezug auf Tiere ebenso fragwürdig wie bei Menschen.

Meine Schule lag sechs Kilometer entfernt. Orloff begleitete mich oft ein Stück auf dem Weg und erwartete mich bei meiner Rückkehr an derselben Stelle. Jedes Mal, wenn ich die Straße verließ und in den Trampelpfad zu unserem Haus einbog, sprang Orloff auf und begrüßte mich mit solcher Begeisterung, dass er mich buchstäblich umwarf. Wenn ich dann im hohen Gras lag, über mir mein Hund, Pfoten links und rechts, mich mit Freudengebell abschleckte und so heftig mit dem Schwanz wedelte, dass der ganze Körper mitschwang – dann wusste ich: Er war mein bester und verlässlichster Freund, und ich liebte ihn.

Vielleicht kann nur ein Kind so felsenfest an die Treue eines Hundes glauben. Aber ich hatte dieses Vertrauen nicht deshalb, weil ich bloß ein Kind war und falsche Vorstellungen über ihn hegte. Ich sah in ihm weder eine Person, noch habe ich ihm, so weit ich mich erinnere, Fähigkeiten angedichtet, die er nicht besaß. Natürlich stellte ich mir damals auch nicht vor, er sei eine Art Maschine oder ein Bündel Pawlowscher Reflexe. Ich war ein einsames Kind, verunsichert durch die familiäre Situation und voller Furcht vor dem, was die Zukunft bringen würde – oder was nachts rund ums Haus vor sich ging. Meine Not und die intelligente und zuverlässige Weise, in der Orloff darauf reagierte, verlieh unserer Beziehung eine Intensität, die sie eindeutig über eine Zweckgemeinschaft hinaus hob.

Von manchen Menschen, die in Notsituationen solch enge Bindungen mit ihren Haustieren, vor allem Hunden, eingehen, ist dann zu hören, das Tier sei des Menschen bester Freund, treuer und zuverlässiger als jeder Mensch. Die misanthropische Verbitterung, die in solchen »Weisheiten« mitschwingt, stimmt mich immer traurig. Wenn ich sage, Orloff war für mich damals der treueste Freund, dann will ich damit nicht meine Schulfreunde herabsetzen. Nur diesen körperlichen Schutz und Trost, den ich als kleiner Junge so dringend brauchte und den Orloff mir gab, konnten sie mir nicht geben. Ich kann mich nicht erinnern, ihm irgendwelche Eigenschaften zugeschrieben zu haben, die er nicht besaß, aber ich vertraute felsenfest darauf, dass er mich beschützen würde, wenn ich in Gefahr geriet. Dieses Vertrauen ist für manche Kinder die Grundlage der Beziehung zu ihrem Hund und tut beiden, Hund und Mensch, gut. Solche Kinder brauchen einen großen Hund.

Am Ende war ich es, der sich als treulos erwies. Begeistert von Tarzans Begleiter schrieb ich an den Zoo von Melbourne, ob sie mir einen Schimpansen verkaufen oder besser noch: schenken könnten. Ziemlich überraschend, auch für Hora, der sich zu dieser Zeit um mich kümmerte, traf kurze Zeit später ein hochoffizieller Brief bei uns ein. Der Anfang – »Sehr geehrter Herr Gaita« – war vielversprechend. Das freundliche Schreiben setzte mich jedoch in Kenntnis, der Zoo gebe prinzipiell keine Primaten ab, so sehr man das auch bedaure, und schloss mit dem gut gemeinten Rat, es mit einem Hund oder einer Katze zu versuchen. Entrüstet, dass jemand glaubte, derart gewöhnliche Tiere könnten einen Menschen zufrieden stellen, der so hoch hinaus gewollt hatte, zerknüllte ich den Brief – und bekam sofort ein schlechtes Gewissen gegenüber Orloff, den ich so schnöde hintergangen hatte. Allerdings nicht gegenüber Jack, der es immer wieder schaffte allen, außer meinem Vater, das Leben schwer zu machen. Er hatte nicht nur nach mir geschnappt und die Katzen angegriffen, wenn sie zu ihrer Milchschale wollten, sein bevorzugtes Opfer war Orloff. Jack landete auf seinem Rücken und zwackte ihn in die Ohren, manchmal, um ihn zu verscheuchen, manchmal aus bloßem Übermut. Ein Affe, so mein Plan, hätte ihn in seine Schranken verwiesen.

Orloff pflegte die Weiden und Koppeln im Umkreis vieler Kilometer um unser Haus zu erkunden. Eines Tages sprach ein Farmer meinen Vater an: Ein Hund hatte in der Gegend Schafe gerissen und er vermutete, es sei Orloff gewesen. Inständig hofften wir, der Verdacht würde sich nicht bestätigen, denn wir wussten, was das hieß. Aber wir ahnten längst, dass er nicht unbegründet war. Das kommende Unheil hatte seinen Schatten auf uns geworfen. Ungefähr einen Monat später kam Orloff mit einer Schussverletzung heim. Eine Gewehrkugel hatte ihn seitlich am Bauch getroffen und war auf der anderen Seite seines schlanken Leibes wieder ausgetreten. Mein Vater desinfizierte die Wunden und verarztete sie äußerlich mit Hausmitteln.

An einem Morgen einige Wochen später fanden wir Orloff ungefähr zwanzig Meter vom Haus entfernt. Er war tot. Blut lief aus seinem Maul, man hatte ihm Fleisch zu fressen gegeben, das mit Glassplittern gespickt war, und er hatte es bis zu dem Zaun geschafft, der unser Haus und das Grundstück von der dahinter liegenden Weide trennte. Dazu muss man sagen, dass es keinen großen Unterschied gab zwischen dem, was diesseits und jenseits des Zaunes lag. Das einzige Unterscheidungsmerkmal war ein Haufen alter Flaschen und rostiger Konservenbüchsen, ungefähr zehn Meter im Durchmesser, der sich auf der anderen Seite auftürmte. Und doch hob mein Vater Orloff vorsichtig über den Zaun, und es war klar, dass er dies tat, um ihn innerhalb des Grundstücks zu begraben, dort, wo sein Zuhause gewesen war.

Während mein Vater das Grab aushob, Orloff hineinlegte und die Erde auffüllte, rief ich mir die guten Zeiten unserer Freundschaft in Erinnerung. Immer wieder ging mir durch den Kopf, welche Qual der Weg nach Hause für ihn gewesen sein muss, mit all den inneren Verletzungen durch das scharfe Glas. Den Zaun hatte er nicht mehr geschafft. Wir saßen da und weinten um ihn. Es war das erste Mal, dass ich meinen Vater weinen sah, und das einzige Mal, dass wir gemeinsam weinten. Noch Wochen später hatte ich das Gefühl, der Schmerz würde mir das Herz zerreißen.

Oft haben gerade einfache und gutmütige Menschen eine natürliche Verbundenheit zu Tieren. In meiner Kindheit kannte ich einen solchen Mann. Sein Name war Vacek Vilkovikas, und er beeindruckte mich mit seinem unschuldigen, freundlichen und sanften Wesen. Wie mein Vater war er in den frühen fünfziger Jahren nach Australien gekommen, und auch ihn verpflichtete das Darlehen für die Schiffspassage zu zwei Jahren unentgeltlicher Arbeit. Wir lernten ihn in einem Arbeitslager für Immigranten kennen, wo er, wie mein Vater, beim Bau eines Staudamms eingesetzt wurde. Einige Zeit später, man hatte die Arbeiten inzwischen eingestellt, begann Vacek den Verstand zu verlieren und zog sich in die Natur zurück.

Er richtete sein Lager zwischen zwei hoch aufragenden Granitfelsen ein, am Hang eines kleinen Berges, rund 15 Kilometer von unserem Haus entfernt. Um sich vor den Unbilden des Wetters zu schützen, überdachte er den Zwischenraum mit allem Möglichen, das er irgendwo aufsammelte, und lebte dort, soweit ich das beurteilen kann, einige Jahre glücklich und zufrieden. Von seinem behelfsmäßigen Heim hatte er einen grandiosen Ausblick auf die sanften Hügel und die dahinter aufragenden Pyrenees. Im Sommer war der ganze Berghang, auf dem Vacek lebte, mit goldfarbenen Gräsern bedeckt. Zwischen den Granitfelsen, die bis zu sechs Meter hoch waren, standen Kakteen, deren intensiv gelbe Blüten passende Vorboten der blauvioletten Früchte waren, die ihnen folgten. Die uralten grauen Felsen und die Kakteen, zumal wenn ihre Früchte von den Vögeln aufgepickt worden waren, verliehen der Landschaft ein prähistorisches Aussehen. Mit dieser Umgebung lebte Vacek in einer Art tiefer Freundschaft.

Bedürfnislos wie er war, hatte er eine ordentliche Summe gespart. Von einem Teil des Geldes kaufte er sich ein beeindruckendes Sunbeam-Motorrad mit Kardanwelle, dessen Reifen so groß waren wie bei einem Kleinwagen, sowie ein Gewehr mit Zielfernrohr, das er zur Kaninchenjagd verwendete. Den Rest ließ er auf der Bank. Nur hin und wieder, wenn er eine Kleinigkeit kaufen musste, fuhr er ins wenige Kilometer entfernte Maldon und hob einen kleinen Betrag ab. Unweit der Granitfelsen, zwischen denen er lebte, hatte er aus Wellblech einen kleinen Schuppen gebaut (warum er dort nicht schlief, weiß ich nicht). Dort bewahrte er seine obskure Sammlung an Einweckgläsern auf, mit Dingen, die zum Teil in seinem eigenen Urin eingelegt waren. Vaceks gestörter Geisteszustand war ziemlich offensichtlich. Er führte häufig Selbstgespräche, allerdings ohne die aggressiven Ausbrüche, die für manche Formen des Wahns typisch sind. Vacek redete mit sich selbst ebenso sanft wie mit anderen, manchmal an der Grenze des Hörbaren. Stellte er sich eine Frage, runzelte er die Stirn, und musste er die Antwort schuldig bleiben, zuckte er bedauernd mit den Schultern.

Vaceks Unschuld zeigte sich in allem, was er tat, in der Sanftheit seines Wahns ebenso wie in seinem Umgang mit Tieren, dessen mühelose Selbstverständlichkeit – auch wenn sich das merkwürdig anhören mag – den Eindruck vermittelte, als stünde er auf einer Stufe mit ihnen. Ab und an tauchte er bei uns in Frogmore auf und blieb eine Woche oder länger. Bei einem dieser Besuche hatte er Würste mitgebracht, die er abends für uns zubereiten wollte. Da er noch etwas zu erledigen hatte, ließ er sie unbeobachtet auf dem Esstisch liegen, und als er in die Küche zurückkam, waren die Würste weg. Der Tat dringend verdächtig war Orloff, und Vacek nahm ihn ins Kreuzverhör: Ob er die Würste genommen hatte? Die Frage erübrigte sich, denn Orloff trug unmissverständlich sein schlechtes Gewissen zur Schau. Darauf hockte Vacek sich vor ihn hin und teilte ihm mit, wie enttäuscht er sei. Dass Orloff sein Vertrauen derart missbrauchen würde, wäre ihm nicht im Traum eingefallen. Er ermahnte ihn, so etwas nicht noch einmal zu machen. Als er Hora abends von dem Vorfall berichtete, schwor Vacek, dass Orloff ihm das Versprechen gegeben habe, es niemals wieder zu tun.

Viele der Geschichten, die ich in diesem Buch erzähle, handeln von Menschen, die Haustiere gegen ihre Einsamkeit und als Trost brauchen. Nun sind uns solche Nöte und Bedürfnisse manchmal suspekt, denn sie können eine Beziehung beeinträchtigen oder gar vergiften. Und doch wäre es für das Zusammenleben verheerend, wenn es uns gelänge, sie zu verdrängen oder einem Ideal von Autonomie und Unabhängigkeit zu opfern. Gerade die Tatsache, dass wir auf eine – letztlich unergründliche – Weise andere Menschen brauchen, bedingt und erhält zu einem guten Teil unsere Wertschätzung des Gegenübers. Das Gleiche gilt für unser Verhältnis zu Tieren. Die Gefahr, dass solche Bedürfnisse unsere Beziehungen stören, ist die Kehrseite ihrer Kraft, die höchsten Formen von Beziehung überhaupt erst hervorzubringen.

Einer der weisesten Menschen, denen ich je begegnet bin, hat mir einmal gesagt: Was wir alle brauchen, ist ein Mensch, der um uns weint, wenn wir tot sind. Das Eingeständnis unserer grundlegenden Bedürftigkeit ist der beste Schutz gegen Überheblichkeit – gegenüber Menschen und Tieren. Unser Blick auf die Welt wird klarer, wenn wir unsere eigene Bedürftigkeit erkannt haben. Wer sich von den Wünschen und Sehnsüchten seiner Mitmenschen abkapselt, wer niemanden vermisst, um niemanden trauert, ist keineswegs in einer besonders guten Ausgangslage, die Dinge klar zu sehen. Wer in seinem Leben keine Tiere braucht, vielleicht auf jene herabschaut, denen es anders geht, gewinnt dadurch kein besseres Verständnis der Möglichkeiten einer Beziehung zwischen Mensch und Tier. Mein Vater, der sich nach Gesellschaft sehnte und es liebte, in eine Menge einzutauchen, genoss in unserem einsamen Leben auf der abgelegenen Farm das Zusammensein mit Jack, dem Kakadu. Aus der Not entstand eine Beziehung, wie ich sie zwischen einem Menschen und einem Vogel nie wieder gefunden habe. Und auch die tiefe Verbundenheit, die mich mit Orloff, meinem Hund, verband, war zum Teil aus meiner Not geboren.

Tiere reagieren auf unsere Bedürftigkeit zuweilen mit verblüffender Einfühlung und Sanftheit. Zac war der Hund meiner Töchter Katie und Eva und meiner ersten Ehefrau, Margaret. Wie Orloff war er nicht allzu intelligent, aber ein guter Hund. Tatsächlich war er der beste Hund, den ich je gekannt habe. Klugheit wird nicht nur beim Menschen überschätzt, sie ist auch für Hunde nicht die wichtigste Eigenschaft.

Zac, eine Mischung aus Labrador und australischem Kelpie, war mit seinem schwarzen Fell »ex-Zac-t« das, was Katie und Eva wollten. Das beteuerten sie gleich, als sie ihn das erste Mal sahen. Schneller als erwartet sollte sich herausstellen, dass er auch genau das war, was die beiden – vor allem Eva – brauchten. Eva war über lange Zeit schlecht in der Schule. In dieser schwierigen Phase hockte sie oft mit Zac auf der Treppe hinter dem Haus und vertraute ihm ihre Sorgen an. Sobald er merkte, dass sie weinte, kam er auf ihren Schoß, legte die Pfoten auf ihre Schultern und leckte vorsichtig die Tränen ab. Zyniker werden sagen, dass er auf das Salz in der Tränenflüssigkeit aus war. Aber das stimmt nicht. Er kletterte nicht auf ihren Schoß, wenn sie traurig wurde, in der Hoffnung, sie würde weinen. Und er änderte sein Gebaren auch nicht, wenn die Tränen flossen. Die Art, wie er ihre Tränen wegleckte, war untrennbar damit verbunden, dass Evas Traurigkeit ihn ganz offensichtlich bekümmerte. Diese Anteilnahme, die Zartheit seiner Gesten, die Art, wie er die Pfoten auf ihre Schultern setzte, und die sanften Laute, die er von sich gab – das alles war wie aus einem Guss.

Wann immer jemand im Haus die Stimme erhob (auch wenn dies nicht im Zorn geschah), ging Zac dazwischen und stellte sich schützend vor denjenigen, den er angegriffen glaubte. Da er sich aber mit der Art, wie Menschen miteinander umgehen, nicht hundertprozentig auskannte, verwechselte er manchmal beispielsweise freudige Erregung mit Wut und so kam es zu außerordentlich komischen Situationen, wenn er aufsprang, um sich zwischen die Leute zu werfen. Seine Intelligenz stand zuweilen in Zweifel, sein gutes Herz aber niemals.

Als Zac jung war, konnten seine Sprünge einen umwerfen. Im fortgeschrittenen Alter baute er aufgrund von Herzproblemen rapide ab. Das traurige Bild, das er bot, wurde noch dadurch vervollständigt, dass er wegen einer kranken Pfote hinkte. Sein Niedergang erinnerte mich schmerzlich an den körperlichen Verfall meines Vaters, der ebenfalls auf ein Herzleiden zurückzuführen war. In ihrer Jugend waren beide so stark gewesen. »Was ist nur aus mir geworden?«, sagte mein Vater einmal und blickte auf seine Hände, die ein Werkzeug nicht einmal mehr halten konnten. Zac konnte so etwas weder sagen noch denken. Und doch war das Erbarmungswürdige seines Zustands Teil seiner Geschichte, einer Geschichte, die seine Jugendjahre mit seinem Niedergang verknüpfte.

Mit Hilfe der Tiermedizin lebte Zac, bis Eva mit der Schule fertig war. Als sie für den Schulabschluss lernte, lag er bei ihr im Zimmer und schlief manchmal auf ihrem Bett. So gab er ihr Trost und Unterstützung zu Beginn und am Ende ihrer Schulzeit. Margaret und die Kinder verstreuten seine Asche auf dem nahe gelegenen Schulgelände, wo sie oft mit ihm spazieren gegangen waren.

Unter Menschen gelten relativ klare Standards, wann es sich bei einer Beziehung um echte Freundschaft oder um bloße Gemeinschaft handelt, die durch äußere Umstände bedingt ist – beziehungsweise ob die jeweiligen Verhaltensweisen nur vorgetäuscht werden. Aristoteles war der Überzeugung, Freundschaft könne es selbst zwischen Erwachsenen und Kindern nicht geben, da sie nur zwischen Gleichgestellten möglich sei, die willens und in der Lage sind, den hohen Anforderungen einer solchen Beziehung zu genügen. Die Vorstellung einer Freundschaft zwischen Mensch und Tier hätte er entschieden abgelehnt.

Die Unterscheidung zwischen einem echten Gefühl, einer wirklichen Tugend und der Möglichkeit, sie täuschend nachzuahmen, ist zentral für unser Zusammenleben. Was wären wir ohne Liebe, Hingabe, Loyalität, Mut oder Freundschaft? Jemand, der, vielleicht durch einen Hirnschaden, nicht mehr in der Lage ist, den Unterschied zwischen tiefer Liebe und schwärmerischer Verliebtheit, zwischen Loyalität und Servilität zu erkennen, kann selbst nicht mehr liebend oder loyal handeln. Ihm stehen die Tugenden, aus denen sich der Charakter formt, ebenso wenig zur Verfügung wie die Emotionen, die ein reiches Gefühlsleben ausmachen. Ist es da wirklich bloß Anthropomorphismus, wenn wir auch Tieren diese Gefühle und Tugenden zusprechen?

Aus der Art, wie ich meine Geschichten erzähle, sieht man, dass ich es für richtig und angemessen halte, ihnen solche Gefühle und Tugenden zuzusprechen. Dennoch gehe ich nicht davon aus, dass die Tiere, über die ich schreibe, die Fähigkeit zum Nachdenken besitzen. Nach und nach (wobei sich eine zirkuläre Argumentation nicht ganz vermeiden lässt) möchte ich nun erklären, wie ich zu dieser Einschätzung komme.

Für einen Hund?

Eine Woche vor Gypsys Unfall wurde eine alte Dame von einem Fahrrad angefahren, gerade als sie die Acland Street in Melbournes Vorort St. Kilda überqueren wollte. Meine Frau Yael und ich sahen sie auf dem Asphalt liegen. Blut lief aus ihren Ohren. Yael und ein Passant rannten zur Klinik auf der anderen Straßenseite, um Hilfe zu holen. Ein Doktor kam, bettete den Kopf der armen Frau auf ein Kissen, lockerte ihre Kleidung, untersuchte sie, soweit er konnte, und rief einen Krankenwagen. Aber ihr war nicht mehr zu helfen; sie starb drei Tage später im Krankenhaus.

Nur zwei oder drei Menschen hatten ihre Hilfe angeboten, und nur einige wenige Schaulustige waren stehen geblieben. Hatten die anderen sich bewusst abgewandt, aus Angst vor einem schlimmen Anblick? Oder weil sie befürchteten, emotional in etwas verwickelt zu werden, dem sie sich nicht gewachsen fühlten? Ich glaube nicht. Was ich wahrgenommen habe, war im Wesentlichen mangelndes Interesse am Schicksal der verunglückten Frau.

Gypsy, unsere Schäferhündin, war zu dieser Zeit zwei Jahre alt. Eine Woche nach dem Tod der alten Frau war ich wieder an der Acland Street und wartete mit Gypsy auf dem Gehweg, während meine Frau im Supermarkt einkaufte. Schon mehr als zwanzig Minuten waren vergangen, und Gypsy wurde langsam unruhig. Da sahen wir Yael, ungefähr dreißig Meter entfernt, und ich ließ den Hund von der Leine, damit er ihr entgegenlaufen konnte. Ein gewaltiger Fehler, wie sich bald herausstellen sollte. Gypsy achtete in ihrer Aufregung überhaupt nicht auf die vielen Passanten und stieß mit einem riesigen betrunkenen Mann zusammen.

Ich sah das Unglück wie in Zeitlupe geschehen. Unfähig zu begreifen, wie ihm geschah, schlug der Mann rückwärts der Länge nach hin, Arme und Beine weit ausgebreitet, als fiele er aus großer Höhe. Vom Alkohol benebelt, funktionierten seine Reflexe nicht mehr, und ohne sich abzustützen oder dem lebendigen Etwas, das er undeutlich unter sich wahrgenommen haben musste, auszuweichen, stürzte er mit seinem gesamten Gewicht auf Gypsy. Dann rollte er sich schwerfällig von ihr weg und mühte sich, wieder auf die Beine zu kommen, geriet erneut aus dem Gleichgewicht und kippte beinah mit dem Kopf voran in eine Schaufensterscheibe.

Gypsy lag auf der Seite und heulte jämmerlich. Es war ein schrecklicher Laut, der aus ihren tiefsten Tiefen drang, fast zu hoch, um ihn noch als Heulen zu bezeichnen, zu stark und unkontrolliert, um ihn ein Jaulen oder Winseln zu nennen. Yael kam angerannt, so schnell es die voll gepackte Einkaufstüte in ihren Armen zuließ, die Augen schreckgeweitet und das Gesicht von Schmerz verzerrt. »Mein Gott, was ist passiert?« Die Frage hatte bereits den Beiklang einer Klage. Sie rechnete mit dem Schlimmsten.

Bevor ich fortfahre, muss ich etwas einfügen, auch wenn es zunächst unpassend erscheinen mag. Aber ich denke, dass es für den weiteren Ablauf der Ereignisse eine nicht unwesentliche Rolle spielte. Gypsy war, vor allem in ihrer Jugend, ein außergewöhnlich schöner Hund. Ging man mit ihr spazieren, gab es alle paar Meter bewundernde Kommentare; vor allem junge Frauen machten ihre Begleiter auf sie aufmerksam. Sie hatte die klassische Haltung des reinrassigen Schäferhunds und eine schöne Zeichnung – schwarz mit braun, das in verschiedene Rotbrauntöne überging – und sie hatte ein außerordentlich hübsches, waches Gesicht, mit Brauen, die ihr im entspannten Zustand einen leicht melancholischen Zug verliehen. Auch Yael ist sehr schön. Und die beiden, Gypsy auf dem Gehsteig liegend und Yael neben ihr kniend, die eine heulend und die andere aus der Tiefe ihrer jüdischen Seele klagend, ergaben ein derart traurig-schönes Bild, dass immer mehr Zuschauer unwiderstehlich angezogen wurden. Innerhalb weniger Minuten hatte sich eine Menge von zwanzig bis dreißig Menschen versammelt.

Als Erste vor Ort waren zwei jüdische Frauen mittleren Alters, die sofort in die Wehklage einstimmten: »Oi weh, der arme Hund!« Ihr Mitgefühl galt aber nicht nur dem Tier, das war ihnen an den Gesichtern abzulesen. Zwischen den Zeilen meinten sie: »Wie kann so etwas nur einem derart hübschen jüdischen Mädchen passieren?« Keinerlei Gnade fand dagegen der armselige Trunkenbold bei den beiden Damen, obwohl er unterwürfig wieder und wieder seine Entschuldigungen stammelte. Er war mittlerweile hinreichend sortiert, um das allgemeine Durcheinander als Anzeichen zu begreifen, dass er irgendein größeres Unheil angerichtet hatte. Als die beiden Frauen begriffen, dass der Grund für das Unglück ein Betrunkener war, wurden ihre Blicke hart. Der Widerwille gegen alkoholisierte Männergruppen, ihren Lärm und Geruch hat sich in einer langen Geschichte der Verfolgung tief in der jüdischen Psyche eingenistet. Nun brach er als Abscheu so feindselig daraus hervor, dass ich für einen Moment um die Sicherheit des Mannes fürchtete. Ihm muss es wohl ähnlich gegangen sein, denn er verdrückte sich, sobald die beiden ihre Aufmerksamkeit wieder Gypsy und Yael zuwandten.

Innerhalb weniger Minuten hielten, unabhängig voneinander, zwei Autofahrer und fragten, ob sie uns zum Tierarzt bringen könnten. Dankbar nahmen wir das Angebot des Ersten an. Beim Tierarzt hieß es, man müsse eine Röntgenaufnahme machen und Gypsy dafür eine Narkose geben. Kostenpunkt: 70 Dollar. Ganz schön viel für einen Hund, dachte ich, als wir nach Hause gingen, um das Ergebnis der Untersuchungen abzuwarten. Ungefähr eine Stunde später sollten wir wiederkommen. Nun, da sich die Wogen etwas geglättet hatten, spürten wir unsere Irritation. Natürlich machten wir uns hauptsächlich Sorgen um Gypsy, aber die Erinnerung an die angefahrene alte Dame, die man buchstäblich am Straßenrand hatte liegen lassen, ging uns nicht aus dem Kopf.

Gypsys Bein war nicht gebrochen. Aber unsere Erleichterung darüber sollte sich als voreilig erweisen. Ein simpler Bruch wäre eindeutig die bessere Option gewesen, meinte der Tierarzt. Die Behandlung der Verletzung, die Gypsy sich zugezogen hatte, sei weit schwieriger und teurer. Er selber sei für eine derart komplizierte Operation gar nicht ausgestattet. Wir müssten Gypsy zum tierärztlichen Institut der Universität Melbourne bringen, im 30 Kilometer entfernten Werribee. Auf der Fahrt dorthin war Gypsy offensichtlich verängstigt, als sei sie – angesteckt von unserer bedrückten Stimmung – ergriffen von einer unguten Vorahnung.

In Werribee wurde das Bein genagelt und man attestierte Gypsy gute Aussichten auf völlige Wiederherstellung. Als wir in die Klinik kamen, um Gypsy abzuholen, dachten wir, sie würde uns freudig begrüßen. Stattdessen schien sie uns kaum wiederzuerkennen. Unsicher humpelte sie vom Hundezwinger, wo sie nach der Operation gelegen hatte, durch den Flur auf uns zu. Um den Kopf trug sie einen trichterförmigen Kragen, der sie hindern sollte, ihren Gipsverband zu entfernen. Mit eingezogenem Schwanz und gesenktem Kopf bot sie ein Bild des Jammers. Ihre jugendliche Unbekümmertheit war wie weggeblasen.

Die Niedergeschlagenheit währte zwei Tage. Dank ständiger Zuwendung durch die gesamte Familie besserte sich ihre Stimmung. Am dritten Tage schaffte sie es, trotz des Trichters um ihren Hals, den Gips durchzubeißen. Und so brachten wir sie am vierten Tag zurück nach Werribee. Eine zweite Operation war notwendig geworden, denn sie hatte durch den Biss ihr Bein verletzt.

Die Vorstellung, dass sich das endlos wiederholen könnte, brachte mich einigermaßen aus der Fassung. Mit einem Mal fragte ich mich, was wir machen sollten, wenn den Tierärzten keine andere Wahl bliebe, als das Bein zu amputieren. Sollten wir Gypsy dann einschläfern lassen? Den Kindern wäre vermutlich allein die Vorstellung schon entsetzlich erschienen. Und wir hätten es wohl kaum übers Herz gebracht, da bin ich ziemlich sicher. Trotzdem habe ich in dem Moment daran gedacht, das muss ich zu meiner Schande gestehen. Dabei hätte ich es eigentlich besser wissen können, denn von meinem Vater habe ich gelernt, argwöhnisch zu werden, wenn Leute meinen, ein Tier müsse »von seinen Leiden erlöst« werden. Er selbst versorgte seinen Hund Rusty noch ein Jahr über den Zeitpunkt hinaus, an dem der Tierarzt dringend empfohlen hatte, ihn einzuschläfern. Alle Nachbarn, die

Rusty zu Gesicht bekamen, kamen zu dem gleichen Schluss wie der Arzt. Dabei gab es keinerlei Hinweis, dass Rusty Schmerzen hatte oder anderweitig litt. Zugegeben, er war zu nichts mehr nütze und hatte seine »natürliche« Lebensspanne deutlich überschritten. Aber die Zugehörigkeit zu einer Familie, zu Menschen, die sich um ihn kümmerten, war ja in seinem »natürlichen Leben« auch nicht vorgesehen. Die einhellige Ansicht der Nachbarn meines Vaters, es sei für Rusty eine Gnade, getötet zu werden, beruhte nicht so sehr auf dem Zustand des Hundes, sie schien weit mehr davon abhängig zu sein, wie viel die Menschen bereit waren, für einen Hund zu tun. Wäre mein Vater nicht bereit gewesen, ihn mit der Hand zu füttern, ihn aufs Bett zu heben und ihm in der Küche ein warmes Plätzchen zu geben – das Leben wäre für Rusty eine Qual gewesen. Aber mein Vater tat all dies für ihn.

Erst rund ein Jahr später begriff ich, wie schändlich es gewesen war, in dieser Weise Gypsys Leben zur Disposition zu stellen. Ich besuchte meine Kollegin, Cora Diamond, die in den Vereinigten Staaten an der Universität von Virginia Philosophie lehrt. Cora hatte zu der Zeit eine große Beauceron-Hündin, die auf den Namen Maus hörte. In Folge einer langwierigen Verletzung waren die Hinterläufe des Tieres gelähmt. Für den bewegungslosen Hinterleib hatte Cora einen kleinen Karren gebaut, den Maus mit Hilfe ihrer Vorderläufe hinter sich her zog. So bewegte sie sich relativ problemlos innerhalb des Hauses. Musste Maus mal vor die Tür, hob Cora sie vorsichtig am Hinterteil hoch, und schob das auf seinen Vorderbeinen gehende Tier wie eine Schubkarre vor sich her. Man konnte wirklich nicht sagen, es wäre besser gewesen, ihr dieses Leben zu ersparen.

In diesen Jahren arbeitete ich in London. Nach Melbourne kam ich nur in den Semesterferien. Mein Universitätsgehalt und der Verdienst von Yael, die als Lehrerin tätig war, reichten vorne und hinten nicht. Wir mussten zwei Wohnungen unterhalten, die Flüge und das Schulgeld der Kinder bezahlen, die auf Privatschulen gingen. Mein Schwiegervater hatte einen Stand auf dem Victoria Market, wo er im Winter Hemden und Pullover, im Sommer Hemden und Shorts verkaufte. Sein Geld machte er als Bauunternehmer, aber er behielt den Marktstand »für schlechte Zeiten« und weil er Spaß hatte an dem lebhaften Treiben dort. Als er von unserem finanziellen Engpass erfuhr, tat er, als wolle er sich zur Ruhe setzen. Das Marktgeschäft würde ihm zuviel, ob wir den Stand nicht für ihn weiterführen könnten. In Wahrheit ging es ihm darum, uns eine zusätzliche Einnahmequelle zu verschaffen. Kaum hatten wir seinen Stand übernommen, eröffnete er an anderer Stelle einen neuen. Da er uns die bessere Lage abgetreten hatte, brachte ihm seine neue Unternehmung wohl mehr Verlust als Gewinn.

An den Wochenenden standen Yael und ich auf dem Markt. War ich in London, arbeitete sie alleine. Man musste zwischen fünf und sechs Uhr morgens dort sein, damit der Stand bis acht aufgebaut war. Dann konnte man ans Frühstück denken. Nach so einem Aufbau an einem kalten Wintermorgen gibt es nichts Schöneres als belegte Brötchen und eine Tasse heißen Kaffee. Die Arbeit ist nicht schwer, aber die Stunden ziehen sich, wenn man von fünf Uhr morgens bis fünf Uhr nachmittags auf den Beinen ist. Und wenn einem im Winter die Kälte in die Knochen kriecht und die Einnahmen mal wieder die Kosten nicht decken, kann das schon sehr entmutigend sein.

Zu diesem Zeitpunkt waren die Tierarztrechnungen auf eine Summe von mehr als 2000 Dollar angewachsen. Bei manchmal bloß zwei oder drei Dollar Gewinn pro Hemd stellten wir mutlose Prognosen auf, wie viel wir arbeiten mussten, um Gypsys Behandlung zu bezahlen. Wir hatten uns entschlossen, den Stand zu betreiben, um das Schulgeld aufzubringen und dringende Reparaturen am Haus ausführen zu können. Tatsächlich arbeiteten wir für einen Hund. Ich fragte mich allmählich, wie weit wir noch gehen würden, bevor ich sagen müsste: »Jetzt ist Schluss. Diesmal müssen wir sie einschläfern lassen.« Ich hatte keine Ahnung. Aber egal, wann dieser Punkt erreicht wäre, es war ziemlich absehbar, dass ich die Familie gegen mich haben würde und die Entscheidung gegen die Tränen der Kinder durchsetzen müsste. Ich erinnerte mich an einen Fall, der durch die Medien gegangen war. Ein Engländer, dessen Schäferhund entlaufen war, und seine Familie erlangten nationale Berühmtheit, als er im Fernsehen erklärte, die landesweite Suchkampagne habe ihn bereits mehrere tausend Pfund gekostet, aber er sei bereit, sein Haus zu verkaufen, um die Aktion weiter zu betreiben und den ansehnlichen Finderlohn noch weiter zu erhöhen. Mir schien es damals, und dazu stehe ich auch heute noch, dass hier jemand in unangemessener Weise einem Hund den Wert eines Menschen zusprach. Um die ärztliche Behandlung meiner Kinder zu bezahlen, würde ich alles verkaufen und mich tot schuften, wenn es sein müsste. Aber für einen Hund?

Ein Hund im Vergleich womit? Einer Katze? Einem Roboter? Eine Menge Menschen mögen Katzen weit lieber als Hunde. Aber wenn jemand sagt: »Für einen Hund würde ich mich nicht aufopfern, aber für eine Katze«, klingt das wie ein schlechter Witz. Schimpansen und Delfine werden von manchen Menschen auf der Werteskala höher eingeordnet als Hunde und Katzen. Aber kaum einer von ihnen würde auf meine Frage antworten: »Für Hunde und Katzen nicht, für einen Schimpansen oder einen Delfin schon eher« – es sei denn, sie wollten gegen den Kern meiner Frage polemisieren. Der Fall läge anders, wenn wir die Hemden verkauft hätten, um für einen Goldfisch zu sorgen, und jemand dies mit der Bemerkung kommentiert hätte: »Einen solchen Aufwand für einen Hund oder eine Katze – das könnte ich verstehen. Aber für einen Goldfisch?« Eine Rettungsaktion für eine Ratte oder ein Meerschweinchen würde vermutlich kaum besser abschneiden. So, wie ich die Frage gestellt habe, liegt es aber nahe, sie als eine grundlegende Wertfrage zu verstehen: »Wie weit gehe ich als Mensch für ein Tier?« So formuliert würde ich umgehend mit der skeptischen Nachfrage konfrontiert: »Sie behandeln Ihren Hund doch nicht etwa wie ein menschliches Wesen?« Woraufhin vermutlich der Einwand käme: »Sind Menschen nicht auch Tiere?«

Aus einem solchen polemischen Schlagabtausch entwickeln sich manchmal Grundsatzdiskussionen, bei denen es schwer fällt, vor lauter Bäumen den Wald noch zu sehen. Es mag zuweilen sinnvoll sein, daran zu erinnern, dass auch wir (Säuge)Tiere sind. Aber ernsthaft in Frage gestellt wird das von niemandem. Wir sind Wesen aus Fleisch und Blut, unsere Kinder wachsen im Leib ihrer Mutter heran und werden an ihrer Brust gestillt. Unser Verständnis der wesentlichen Fakten der menschlichen Existenz: unsere Sexualität, unsere Anfälligkeit für Schicksalsschläge, unsere Sitten und Werte – all dies ist durch und durch geprägt von unserer Kreatürlichkeit. Wie alle Lebewesen gehen wir nicht kaputt – wir sterben.

Unser Weg endet nicht in Rost oder Recycling, sondern in Asche zu Asche und Staub zu Staub.

Oft haben diejenigen, die uns vor Augen halten, dass auch Menschen Tiere sind, ein bestimmtes Argument im Hinterkopf. Was sie eigentlich meinen, ist, dass die Bezugnahme auf die biologische Art allein keine ausreichende Begründung liefert, warum man ein Wesen auf die eine oder andere Weise behandeln soll. Wenn ich es für abwegig halte, mich für Gypsy in der gleichen Weise aufzuopfern wie für meine Kinder, dann liegt das ihrer Meinung nach nicht daran, dass Gypsy ein Hund ist, die Kinder dagegen Menschen. Vielmehr werde unsere Einstellung maßgeblich von jenen Unterschieden bestimmt, die wir für ethisch relevant halten. Es gibt eine Menge Unterschiede zwischen Menschen und Hunden, die es durchaus rechtfertigen, Menschen anders zu behandeln als Hunde, und zweifellos hängen diese Unterschiede unmittelbar mit der Zugehörigkeit zur jeweiligen biologischen Art zusammen. Aber ihrer Ansicht nach sollten wir uns bei der Begründung unseres Handelns auf diese konkreten Unterschiede beziehen, und nicht nur auf die Zugehörigkeit zu einer Art. Rechtfertigt man die Überlegung, Gypsy einschläfern zu lassen, allein mit der Tatsache, dass sie ein Hund ist, macht man sich, ihnen zufolge, einer »Arten-Diskriminierung« schuldig, die genauso inakzeptabel ist wie die Diskriminierung aufgrund von Rasse oder Geschlecht. Egal, worauf wir uns beziehen – Tiere, Maschinen, Engel oder Außerirdische –, wenn sie über Eigenschaften und Fähigkeiten verfügen, die im zwischenmenschlichen Umgang ethische Relevanz haben, dann sollten wir diese Wesen genauso behandeln wie unsere Mitmenschen, die über entsprechende Eigenschaften und Fähigkeiten verfügen. Diese These ist weit

verbreitet. Sie entspricht unserem Bedürfnis nach folge-
richtigen Schlüssen und konsequentem Handeln.

Wirft man jedoch einen etwas genaueren Blick auf unseren Umgang mit Tieren, drängt sich der Schluss auf,
dass darin weder ein sinnvoller Zusammenhang noch
eine konsequente Haltung zu finden ist. Die Tochter des
Farmers wird liebevoll für ihr eigenes Lamm sorgen, aber
ohne Zögern Fleisch essen, das von einem anderen Lamm
stammt. Und in diesem Widerspruch wird nur die allgemeine Praxis auf den Punkt gebracht: Wir kümmern uns
rührend um unsere Haustiere, während wir andere Tiere
mit großem Appetit verspeisen. Wir begraben unsere
Haustiere; aber wenn wir auf der Landstraße über tote
Tiere fahren, kostet uns das kaum mehr als ein Achselzucken. Mit Ungereimtheiten dieser Art könnte man mühelos Seiten füllen.

Im Umgang mit unseren Mitmenschen sieht es übrigens nicht viel anders aus. Manche meinen, dass die Moral immer eine Frage der Parteilichkeit sei. Im Allgemeinen sind wir aber, wenn wir mit unserer Parteinahme für
die eigene Familie oder Nation konfrontiert werden, bereit zuzugeben, dass die Rechte anderer Menschen deswegen nicht außer Kraft gesetzt werden dürfen, auch
wenn diese weit entfernt leben oder wir aus anderen
Gründen keinerlei Verbindung mit ihnen haben. Unsere
faktischen Bindungen mögen beschränkt sein auf einen
überschaubaren lokalen Rahmen, aber wir alle erkennen
zumindest ein paar Verpflichtungen an, die Ausdruck
und Grundlage unserer Verbundenheit mit allen Menschen dieser Erde sind. Diese Verpflichtungen schlagen
sich beispielsweise in der Aufstellung von Menschen-
rechten und in den Bemühungen um internationales
Recht nieder. Eine vergleichbare Einstellung gibt es in un-

serem Verhältnis zu Tieren bislang nicht. Kaum jemand fühlt sich genötigt, zu erklären, warum wir uns so sehr – und manchmal übertrieben – um unsere Haustiere kümmern, und so wenig um andere Tiere.

Tosca, eine ausgesprochen attraktive getigerte Katze, übernahmen wir mit unserem Haus in St. Kilda. Ein Haustier im engeren Sinne war sie eigentlich nicht. Schon bevor Gypsy zu uns kam, gelang es nur in Ausnahmefällen, Tosca ins Haus zu locken. Sie kam, wenn sie Nähe wollte. Dann erlaubte sie uns, vornehmlich Yael oder Eva, sie zu streicheln. Hatte sie genug, verschwand sie wieder. An Sommertagen, wenn Yael in der Sonne lag, konnte es passieren, dass Tosca auf ihren Schoß sprang und schnurrte, erst vorsichtig und dann mit soviel Hingabe, wie eine streunende Katze zulassen konnte. Wie alt sie war, wussten wir nicht, glaubten aber aufgrund ihres Eigensinns und ihrer mitunter divenhaften Allüren, dass sie die Jugend bereits hinter sich gelassen hatte. Als Gypsy ins Haus kam, ermunterte ich sie, freundlich zu Tosca zu sein, aber schon bei dem neun Wochen alten Welpen liefen solche Ermahnungen vollkommen ins Leere. Sowie sie Tosca sah, versuchte sie mit aller Kraft, sich aus meinem Griff zu befreien, und ihr starrer Blick verriet ihre Absichten nur allzu deutlich.

Schon bald wurde klar, dass Gypsy gerne tötete. Viele Hunde jagen Katzen, aber manche tun es mit einer Entschlossenheit, die keinen Zweifel aufkommen lässt, dass sie ihre Beute töten werden, wenn sie sie kriegen. Und Gypsy fing ihre Opfer häufig. Ich zögere ein wenig, diese Seite von ihr zu schildern, da Leser, die mit Tieren nicht so vertraut sind, das missverstehen und sich gegen sie wenden könnten. Gypsy war nämlich, wenn es um Menschen ging, der sanfteste Hund, den man sich vorstellen kann. Abgesehen vielleicht von ihrer Anfangszeit, als der Welpe versuchte, unsere Kinder und ihre Spielkameraden zusammen zu treiben, indem er sie in die Fersen zwackte, entpuppte Gypsy sich in Bezug auf die Menschenwelt insgesamt als echte Lady. So jedenfalls nannte Yael sie, wenn Gypsy wieder einmal Futter aus ihrer Hand entgegennahm und dabei ihre Schnauze so sorgsam um Yaels Finger herum führte, dass sie sie mit den Zähnen nicht einmal berührte.

Gypsy war von Anfang an zutraulich, wenn auch auf die für Schäferhunde typische, zurückhaltende Art. Zuwendung ließ sie zu – aber nach ihren Regeln. Bis ins mittlere Alter mochte sie nicht allzu viel davon. Dabei hielt sie sich bereits damals immer gern in unserer Nähe auf, verbrachte den größten Teil des Tages im Haus und schlief bei uns im Schlafzimmer. Man sagt allgemein, dass große Hunde auch viel Platz benötigen. Gypsy brauchte Raum für ihren Auslauf, und den fand sie im Park und am Strand. Zu Hause saß sie ruhig bei uns. Gingen wir aus, schlief sie im Haus. Ich denke, eine kleine Wohnung hätte ihr vollauf genügt, vorausgesetzt dass wir weiterhin mit ihr unsere Runden drehten.

Als sie etwas über ein Jahr alt war, entwickelte sich Gypsy zu einem zuverlässigen Wachhund. Sie begann furchteinflößend zu bellen, sobald sie das Eingangstor ins Schloss fallen hörte, allerdings nur, wie es schien, wenn wir zu Hause waren. Yaels Vater pflegte zu sagen, »der Hund ist keinen Cent wert«, denn immer, wenn er kam, während wir fort waren, gab Gypsy keinen Laut. Wir haben nicht herausbekommen, ob das so war, weil sie seinen Schritt kannte, oder ob es daran lag, dass sie zwar Personen schützte, aber nicht besonders viel von Privateigentum hielt. Obwohl mein Schwiegervater Gypsy sehr mochte und außerdem Sozialist war, blieb er gegenüber der letztgenannten Vermutung skeptisch. Sicher ist, wann immer ich nachts nicht zu Hause war – und nur dann –, bellte sie bei jeder kleinsten Bewegung, vermutlich weil sie spürte, dass Yael und unsere Töchter Dahlia und Michelle ihren Schutz brauchten. Und wirklich war Gypsys Gegenwart eine große Beruhigung für die drei, abgesehen von dem Umstand, dass sie durch das ständige Bellen am Schlafen gehindert wurden. War ich zu Hause, bellte Gypsy nur, wenn sie das Klicken des Schlosses hörte oder mitbekam, dass jemand am Eingang oder an der Hintertür war. Manchmal konnte sie ein richtiger Köter sein und manchmal, bis ins hohe Alter, eine regelrechte Prinzessin, aber ihr Bemühen, Yael und die Kinder zu beschützen, brachte das Beste in ihr zum Vorschein. Als Hund von erstklassiger Abstammung wuchs sie mit ihren Aufgaben und wurde zu einem wahrhaft edlen Tier.

Traf ihr Blick jedoch auf Tosca, verwandelte sie sich auf der Stelle in eine wilde Bestie. Tosca wiederum beeindruckte das nicht weiter, sie verhielt sich geradezu leichtsinnig. War Gypsy im Haus, setzte Tosca sich ausgesprochen gern gut sichtbar draußen auf den Fenstersims und genoss durch das geschlossene Fenster ganz offensichtlich den Ausblick auf einen Hund, der vor Wut völlig außer sich geriet. Diese selbstgefällige Inszenierung konnte nicht lange gut gehen, selbst für eine mit allen Wassern gewaschene Katze wie Tosca. Wir kannten Gypsys Instinkte und fürchteten uns vor dem Tag, an dem sie Tosca erwischen würde. Niemand wäre allerdings auf die Idee gekommen, dass ihr das ausgerechnet mit einem Gipsbein und einem hinderlichen Kragen um den Hals gelingen sollte. Eva wurde Zeuge, wie Tosca in der Falle saß. Dieses eine Mal war ihr die Flucht über den Zaun nicht gelungen. Aufgeschreckt durch Evas Geschrei kam ich angelaufen und sah, dass Gypsy Tosca bereits in den Fängen hatte und sie schüttelte, um ihr das Rückgrat zu brechen.

Eva, gerade mal neun Jahre alt, griff beherzt ein, wurde jedoch von der panischen Tosca heftig gekratzt und zog sich erschreckt zurück. Evas Dazwischengehen hatte aber Gypsy kurz abgelenkt, und diesen Moment konnte Tosca nutzen, um sich zu befreien. Yael fing Gypsy ein und hielt sie fest.

Tosca war unter Schmerzen bis zum hinteren Gartentor gekrochen und dort liegen geblieben. Aus ihrem Maul rann Blut, ihr Brustkorb wirkte eingefallen und mit weitgeöffneten Augen starrte sie ins Leere. Mein einziger Gedanke war, ihre Qualen so schnell wie möglich zu beenden, und ich sah mich nach einer Schaufel um, von der ich wusste, dass sie hier im Garten sein musste. Ein kurzer entschiedener Schlag und sie wäre tot. Während ich noch suchte, rief Yael mir zu, ich solle mich um Eva kümmern, die verloren und mit blutverschmiertem Arm am Hintereingang des Hauses stand. Sie weinte bitterlich, zum Teil wegen der Schmerzen, zum Teil aus Schock. Als ich wenige Minuten später die Suche nach der Schaufel wieder aufnehmen wollte, war Tosca verschwunden. Ich dachte: Sie wird sich zurückgezogen haben, um zu sterben. Katzen machen das so.

In der Woche darauf meinte Yael, Tosca zu hören, behielt es aber für sich, da sie dachte, sie habe sich getäuscht. Als sie ein paar Tage später die vertrauten Laute wieder vernahm, sagte sie es mir. Aber ich tat es ab: Tosca konnte diese schweren Verletzungen unmöglich überlebt haben.

Drei Wochen später kam Tosca zurück. Jedenfalls fast. Yael hörte das Miauen erneut, traute diesmal ihren Instinkten, begab sich auf die Suche – und fand sie unter einem Strauch neben dem Haus. Tosca bestand nur noch aus Haut und Knochen. Ihre Körpermitte war von dem mörderischen Biss noch immer eingedrückt, so dass der hintere Körperteil unnatürlich verdreht war und ihr Miauen erstickt und heiser klang. Sie hatte sich wohl unter dem Nachbarhaus versteckt und dort trotz ihrer Verletzung gerade genug gefangen, um zu überleben.

Ein Jahr lang schien Tosca geläutert durch die Erfahrung, dem Tod von der Schippe gesprungen zu sein. Dann setzte sie sich wieder demonstrativ vor Gypsys Augen auf den Fenstersims, wenn auch zunächst nicht mit der früheren Selbstsicherheit. Ihre Kühnheit schien sie noch ein wenig nervös zu machen. Aber auch hier setzte bald Gewöhnung ein. Und Gypsy erwischte sie ein zweites Mal. Wieder gelang es uns, sie aus den Fängen ihres Feindes zu retten. Diesmal brachten wir sie zum Tierarzt, wo sie die Nacht nicht überlebte. Kostenpunkt: 100 Dollar. Ich erinnere mich, dass ich dachte, es wäre besser gewesen, Gypsy hätte ihr gleich vor Ort den Garaus gemacht. Der Tierarzt entsorgte ihre Überreste.

Yael war von uns allen am meisten erschüttert. Drei Tage lang würdigte sie Gypsy kaum eines Blickes. Obwohl sie Katzen im Grunde nicht besonders mochte, hatte sie Tosca einen Platz in ihrem Herzen eingeräumt. Sie war es, die ihr das Futter gab und zu der Tosca kam, wenn sie gestreichelt werden wollte. Als Yael noch ein Kind war, hatte eine Katze ihre drei Wellensittiche gefressen, und das nahm sie für den Rest ihres Lebens gegen Katzen ein. Menschen sind so. Als die Kinder von Freunden, die Katzenliebhaber sind, hörten, dass Gypsy Tosca getötet hatte, war Gypsy bei ihnen unten durch. Daran konnte auch der Hinweis auf die vielen Vögel nichts ändern, die ihre Katzen zweifellos bereits umgebracht hatten. Bei Licht betrachtet war Tosca im Grunde nur eine Lehre erteilt worden. Man hätte sich gewünscht, dass die Strafe nicht so hart ausgefallen wäre, aber damit hätte man einen menschlichen Sinn für Verhältnismäßigkeit auf das übertragen, was zwischen Gypsy und Tosca abgelaufen war. Dass Tosca es schon so bald nach ihrer Genesung wagte, Gypsy mit einer derartigen Herablassung zu provozieren, zeugte von einer bemerkenswerten Klasse, aber dazu gehörte auch, dass sie einen hohen Preis für ihr gefährliches Spiel riskierte. Tosca hatte es geradezu darauf angelegt. Aber Gypsy brachte sie nicht deshalb um. Der Gedanke, dass sie es darauf angelegt hatte, ging ihr nicht durch den Kopf. Ihr ging gar nichts durch den Kopf. Und genau das, nehme ich an, ist ein zentraler Aspekt dessen, was es heißt, ein Tier zu sein.

Als ich – sehr viel später – über meine Bereitschaft nachdachte, mit dem Schlag einer Schaufel Toscas »Qualen zu beenden«, wurde mir klar, dass ich bei Gypsy nicht auf eine solche Idee gekommen wäre. Ich hätte sie auch niemals tot beim Tierarzt zurückgelassen, damit er ihre Überreste entsorgte. Ich hätte sie bestattet, wie mein Vater Orloff begraben hat. Selbst wenn ich in einer Notsituation gezwungen gewesen wäre, Gypsy mit einer Schaufel zu erschlagen, hätte ich es mit einer anderen inneren Haltung getan: nämlich in dem Bewusstsein, dass dies der letzte und einzige Ausweg sei. Die Aussicht, Tosca töten zu müssen, war schmerzlich, aber ich traf diese unangenehme Entscheidung mit dem sicheren Instinkt eines Menschen, der auf dem Lande groß geworden ist. Auf der Farm machte man das so. Die Überlegung, dass so etwas nur als letzter Ausweg in Frage kam, spielte dort keine Rolle. Solche Gegebenheiten klingen stets mit, wenn wir davon sprechen, ein Tier »von seinem Leiden zu erlösen« oder »einzuschläfern«.

Mein Bewusstsein, dass es gefühllos war, was ich Tosca antun wollte, hatte nichts mit der Einschätzung zu tun, ob es ihr wehtun würde. Ich ging davon aus, dass sie keinen Schmerz spüren würde, wenn ich ihr einen ausreichend kräftigen Schlag versetzte. Unsere Aufmerksamkeit richtet sich in solchen Fällen schnell auf die Frage, was das Tier spüren wird, und wird dadurch von der Frage abgelenkt, was unser Handeln bedeutet. Wir denken an den Schmerz, den wir verursachen, aber nicht an die Entwürdigung, die wir zufügen. Um den Unterschied zu begreifen, muss man sich nur für einen Moment vorstellen, wie verzweifelt die Lage sein müsste, bevor man erwägen würde, einem Menschen mit einer Schaufel den Schädel einzuschlagen, und wie schrecklich das für einen selbst wäre, ganz egal, wie die Umstände im einzelnen aussähen und ob man (zu Recht oder Unrecht) der Überzeugung wäre, dass sie diesen Schritt rechtfertigten.

Um es noch einmal zu betonen: Dieser Widerwillen kommt nicht von der Vorstellung, dem anderen körperlichen oder seelischen Schmerz zuzufügen, sondern von dem Wissen, seine Würde zu verletzen. Die seelische Not eines Menschen, der bewusst mitbekäme, dass er auf eine solche Weise getötet werden soll, hätte ganz zentral mit dieser Verletzung der Würde zu tun. Ich meine damit nicht die Art von Würde, auf die sich etwa im Ersten Weltkrieg Offiziere beriefen, wenn sie darauf bestanden, nicht wie »gemeine Kriminelle« gehängt, sondern standesrechtlich erschossen zu werden. Die Würde, die ich meine, ist nicht von sozialen Unterschieden abhängig oder an irgendwelche Bedingungen geknüpft. Jedem menschlichen Wesen gebührt dieser Respekt, ungeachtet seiner Stellung, seines Standes oder seiner Verdienste.

Die innere Haltung, die ich einnahm, als ich beschloss, Tosca zu töten, wird recht treffend von den Assoziationen wiedergegeben, die sich um die Wendungen »ein Tier von seinen Qualen erlösen« und »es einschläfern« ranken. Beide bezeichnen nicht einfach einen Gnadenakt, um weiteres Leiden zu verhindern. Es ist schon ein gehöriger Mangel an Sprachgefühl nötig, um diese Wendungen als Synonyme für humane Sterbehilfe zu verwenden, und deshalb verbuchen wir gewagte Witze über das Einschläfern der Omi als schwarzen Humor. Wir verwenden diese Formulierungen nur bei der Tötung von Tieren. Auf diese Weise ziehen wir einen deutlichen Grenzstrich zwischen dem Mitgefühl, das wir ihnen gegenüber für angemessen halten, und dem Mitgefühl, das wir gegenüber unseren Mitmenschen zeigen. Dies ist eine der Arten, wie wir den Unterschied zwischen Tieren und Menschen markieren – zwischen ihnen und uns. Tosca löste in mir ein Mitgefühl aus, wie es eindeutig Tieren vorbehalten bleibt. Bei Gypsy wäre das anders gewesen.

War es falsch von mir, Tosca auf diese Weise töten zu wollen? Ich glaube ja. Sollte ich die Art von Mitgefühl, die ich Gypsy gegenüber empfinde und die jene Haltung ausschließt, welche im Begriff vom »Einschläfern« mitschwingt, auf die ganze Tierwelt ausdehnen? Muss diese Frage überhaupt noch gestellt werden? Ist sie nicht längst beantwortet? Ich glaube nicht. Klar ist nur soviel: Es wäre verlogen, wenn man zwar nie und nimmer die eigene Omi »einschläfern« würde, anderen aber das Recht zugestände, dies zu tun, oder es selbst für einen anderen täte.

Eines Tages – und vielleicht ist der Tag gar nicht mehr fern – wird uns vielleicht die Grausamkeit vieler unserer heutigen Verhaltensweisen im Umgang mit Tieren erschüttern. Es ist gut möglich, dass wir dann tief beschämt sind über unser unterentwickeltes Gespür für die Würde des Tieres und nicht mehr begreifen, wie wir die Leichname von Tieren achtlos auf befahrenen Straßen liegen lassen konnten. Sollte sich ein solches Denken durchsetzen – und ich glaube, das wird es –, dann wird sich zeigen, dass diese Erschütterung aus den »humaneren« Aspekten unseres heutigen Umgangs mit Tieren hervorgeht. Trotzdem wird unser Gefühl, dass wir einzelne Tiere oder Tierarten nicht derart unterschiedlich einstufen sollten, uns kaum davon abhalten, Unterschiede zwischen ihnen wahrzunehmen, die es rechtfertigen, verschieden mit ihnen umzugehen.

Als ich meine Reaktion auf Tosca kritisch unter die Lupe genommen habe, spielte dabei – weder bewusst noch, wie ich glaube, unbewusst – die Frage eine Rolle, ob es wesentliche Unterschiede zwischen Gypsy und ihr, zwischen Katzen und Hunden, gibt. Mir ist andererseits vollkommen klar, dass der überfahrene Hund am Straßenrand über die gleichen objektiven Eigenschaften verfügt wie Gypsy. Wir kommen nicht auf die Idee, mit Goldfischen oder Insekten ebenso umzugehen wie mit unseren Hunden und Katzen. Aber ich vermute, das hat weniger mit bestehenden objektiven Unterschieden zu tun als mit der Form von Beziehung, die diese unterschiedlichen Eigenschaften uns ermöglichen. Welche Art von Beziehung der Mensch mit einem Tier eingeht, lässt sich mit dessen charakteristischen Eigenschaften allein nicht vollkommen erklären. Gypsy ist Teil unserer Familie. Manche Leute werden bei dieser Formulierung stutzen und denken, ich hätte sie in Anführungszeichen setzen sollen, um nicht sentimental zu erscheinen. Andere nicht. Und keine sachliche Information über Schäferhunde wird diese Meinungsverschiedenheit beheben.

Geraume Zeit nach dem Unfall, Gypsy war zehn Jahre alt, geriet sie in einen ernsten Kampf mit einem weiblichen Schäferhund, der weit jünger und kräftiger war. Die Schwester des gegnerischen Hundes kauerte unentschlossen am Rand. Es war unklar, ob sie auf der Seite ihrer Schwester eingreifen würde. Die Auseinandersetzung war erbittert. Hündinnen kämpfen weit häufiger bis zum Tod als ihre männlichen Artgenossen, und dies schien ein solcher Kampf zu sein. Ich schritt als Erster ein, um die Hunde zu trennen, griff die angreifende Hündin am Halsband und versuchte, sie von Gypsy wegzuzerren, die das meiste abbekommen hatte. Der wütende Hund drehte und wand sich so wild, dass er mich abschüttelte und mit einer Schulterzerrung zurückließ. Nun betrat Yael die Szenerie, um die zähnefletschenden Todfeinde zu trennen, belauert von der anderen Hündin, die aufgeregt, aber noch immer unentschlossen den Kampfplatz umkreiste. Yael packte Gypsys Gegnerin beherzt beim Schwanz, zog heftig daran und trat auf das Tier ein. Sie zerrte und trat, bis der Hund von Gypsy abließ. Das war zweifellos eine mutige Tat. Niemand konnte wissen, ob sich die beiden Schäferhunde nicht verbünden und auf Yael losgehen würden. Sie hätte schwer verletzt werden, sogar getötet werden können. Und wieder einmal fragte ich mich: Für einen Hund?

Der Hund des Philosophen

Wenn Gypsy auf ihrem Platz in der Küche liegt, den Kopf auf den gekreuzten Pfoten, den Blick unbeteiligt in die Ferne gerichtet, während wir am Esstisch sitzen, eine Mahlzeit einnehmen oder nach dem Essen plaudern, dann frage ich mich manchmal, was in ihrem Kopf vorgeht. Denkt sie irgendetwas? Jeder, der mit einem Hund im Hause lebt und ihn als Teil der Familie empfindet, wird sich diese Frage schon einmal gestellt haben. Die Frage scheint sich geradezu aufzudrängen – was merkwürdig ist, denn ich bin mir ziemlich sicher, dass Gypsy nichts denkt. Warum bewegt mich – wie viele andere Menschen auch – diese Frage? Vielleicht, weil Tiere uns immer wieder mit einem Schlag vollkommen rätselhaft erscheinen, nämlich dann, wenn ihre Andersartigkeit im Vergleich zu uns und unserer Lebensweise mit einem Mal spürbar wird. Es ist im Verlauf einer langen Geschichte philosophischer und wissenschaftlicher Reflexion beinahe selbstverständlich geworden, die Lösung dieses Rätsels im tierischen Bewusstsein zu suchen. Aber auch wenn dies selbstverständlich erscheinen mag, halte ich es für verfehlt.

Um Gypsy zu einem Mitglied unserer Familie zu machen, war es wichtig, ihr stets einen bestimmten Platz zu-

zuweisen. Das demonstrierte uns der Züchter, als wir den neun Wochen alten Welpen bei ihm abholten. Er rief die Mutter von Gypsy ins Haus. Und nachdem wir sie hinreichend bewundert hatten – mit einem leichten Anflug von Skepsis angesichts ihres Schlappohrs, von dem wir fürchteten, sie könne es vererbt haben –, wurde sie angewiesen, auf ihrer Decke Platz zu nehmen, was sie mit beeindruckender Selbstverständlichkeit tat. Ihr Besitzer gab uns den Rat, es mit Gypsy ebenso zu halten, wann immer wir ihr erlaubten, ins Haus zu kommen. Er empfehle das für jeden Hund, bei Gypsy allerdings mit besonderem Nachdruck, denn sie habe sich bereits als kleiner Quälgeist entpuppt, vorwitzig und nichts als Unsinn im Kopf. Es sei abzusehen, dass sie sich zu einem eigensinnigen Hund entwickeln würde. Er sollte Recht behalten.

Das Grundmuster der Lektion, auf ihrer Decke in der Küche Platz zu nehmen, wenn man sie bittet oder es ihr befiehlt – sie reagiert auf das eine anders als auf das andere –, überträgt Gypsy auf alle Räume im Haus. Sie hat in nahezu jedem Zimmer »ihren Platz«. Es war Teil unseres Erziehungsprogramms, darauf zu bestehen, dass sie diese Regel befolgt. Konfrontiert man eine beliebige Gruppe von Menschen mit der Frage, wie ein Hund erzogen werden soll, teilt sie sich vermutlich in zwei Lager. Die Mehrheit wird zweifellos der Ansicht sein, ein Hund sei ein Bündel von Reiz-Reaktions-Mustern, eventuell kombiniert mit manipulierbaren Instinkten. Eine Minderheit wird die Hoffnung hochhalten, dass man Hunde zu Mitbürgern machen kann, wie Vicki Hearne es mit einem leichten Anflug von Ironie in ihrem wunderbaren Buch *Adam's Task: Calling Animals by Name* formuliert.

Hearne ist es, bei aller Ironie, mit ihren ethischen Überlegungen vollkommen ernst: Freiheit, egal ob bei

Mensch oder Tier, meint nicht Abwesenheit von Zwängen, sondern die Einordnung in bestehende Notwendigkeiten. Diese Unterscheidung hat eine lange Tradition in der Geschichte der politischen Philosophie; und Hearne findet sie wieder in dem Verhältnis zwischen Hundebesitzern und ihren durch Training hoch qualifizierten Arbeitstieren. Hier meint sie eine andere Art von Freiheit zu erkennen, als Tiere sie in freier Wildbahn genießen, eine Freiheit, die eher derjenigen gleicht, welche bestehende Gesetze und ihre Befolgung innerhalb der menschlichen Gesellschaft ermöglichen. Hearne ist sich vollkommen bewusst, dass diese Analogie nur trägt, wenn im Umgang des Menschen mit einem Tier unterschieden werden kann zwischen einer durch Autorität beglaubigten, berechtigten Anweisung und einem bloßen Akt der Machtausübung. Hearne glaubt, dass dies möglich ist. In ihrem beeindruckenden Kapitel *Wie man einem Hund das Apportieren beibringt* zeigt sie, dass man sich das Recht, einem Hund Befehle zu erteilen, verdienen muss, indem man den Respekt des Tieres erwirbt.

Mir scheint, Hearne ist auf der richtigen Spur, auch wenn viele ihre Ansichten für überzogen halten werden. Wer aber einen guten Hirtenhund bei seiner Arbeit beobachtet, kann durchaus zu dem Schluss kommen, dass die Abrichtung, durch die er seine Aufgabe so eindrucksvoll erfüllen kann, seine Freiheit eher erweitert, als einschränkt. Dabei geht es weniger darum, dass die Erziehung eines Hundes, wie die eines Kindes, seine Potenziale weckt und ihm hilft, sie zu verwirklichen. So wichtig und richtig dies auch sein mag, Hearnes grundlegende Einsicht besteht in dem Hinweis, dass bestimmte Formen sozialer und ethischer Beziehungen Freiheit nicht nur ermöglichen und tragen, sondern dass diese sich überhaupt erst innerhalb solcher Beziehungen konstituiert. Freiheit für ein Tier kann es in der Beziehung zum Menschen nur geben, wenn zu der Sorge um das Wohlergehen des Tieres die Achtung seiner Würde tritt. Oder, anders gesagt, Freiheit entsteht, wenn die Sorge um das Wohlergehen des Tieres geprägt ist von der Achtung seiner Würde. Missachten wir diese Würde, werden wir nicht nur grausam zu Tieren und nachlässig gegenüber ihren Bedürfnissen. Wir degradieren sie.

Wie bei unseren Mitmenschen knüpfen sich auch an die Achtung der Würde eines Tieres bestimmte Erwartungen, die wir gemeinhin als moralisch bezeichnen. Wir erwarten von Gypsy, dass sie unsere Gäste nicht beißt, ganz zu schweigen von den Familienmitgliedern. Bevor sie alt wurde, erwarteten wir, dass sie die Mitglieder der Familie beschützte. Dabei ging es nicht darum, ihr ein Verhalten anzutrainieren. Ein Training im Sinne eines Konditionierungsprogramms hat Gypsy nicht erhalten. In ihrer Erziehung, mit der wir sie in unser Familienleben integrierten, spielte ein solches (behavioristisches) Bild von ihr und ihrer Beziehung zu uns keine Rolle. Wie Hearne glaube auch ich, dass wenig dabei herauskommen würde, wenn die Vertreter des Behaviorismus unter den Hundetrainern wirklich praktizierten, was sie predigen. Ich sehe das so: Gypsy, ein auf das Rudel eingestimmtes Tier, wird dazu gebracht, bei uns zu leben; in unserer Erziehung werden ihre Instinkte auf eine Weise gewandelt (ich würde sagen: vermenschlicht), die es ihr ermöglicht, bis zu einem gewissen Grad an einer menschlichen Lebensform teilzunehmen. Ihr Gehorsam kann meiner Meinung nach weder in einer Reiz-Reaktions-Theorie adäquat wiedergegeben werden, noch in Analogien dazu, wie sie sich gegenüber ihrem »Alpha-Tier« im Rudel verhalten würde, und ebenso wenig in einer Kombination aus beidem.

Wir haben Gypsy nicht abgerichtet, um ihr Verhalten vorhersehbar zu machen. Wir haben sie erzogen, um sie vertrauenswürdig werden zu lassen. Es gehört für einen Hund eine ordentliche Portion Mut dazu, einen fremden Menschen anzugreifen, um die Familie zu verteidigen. Ein Hund, der nicht gelernt hat, seine Triebe zu zügeln, wird kaum in der Lage sein, den Fluchtinstinkt zu unterdrücken und in einer solchen Situation standzuhalten. Wir vertrauen darauf, dass Gypsy bestimmte Dinge tut und andere nicht. Sollte sich dieses Vertrauen als unbegründet erweisen, würden wir uns im Stich gelassen fühlen. Und Gypsy wüsste das ganz genau, davon bin ich überzeugt.

Wenn Gypsy jault, weil ich ihr versehentlich auf die Pfote getreten bin, habe ich keine Zweifel, dass sie Schmerz empfindet. Genauso wenig zweifle ich daran, dass es sie beruhigt, wenn ich sage, dass es mir Leid tut, und sie kraule. Ich bin mir sicher, dass sie erleichtert ist, dass ich es nicht böse gemeint habe. Manchmal glaubt sie, ihr Futter kommt, wenn das gar nicht der Fall ist. Sie hofft, dass wir spazieren gehen, und sie spielt kleine Spielchen mit mir, in denen sie mich glauben lässt, dass sie in jene Richtung laufen werde, während sie in Wirklichkeit in diese will. Hin und wieder ist sie eingeschnappt, wenn ich mit ihr geschimpft habe. Gypsy ist ein kluger Hund, aber weise ist sie nicht. Sie verfügt über Charakter und Persönlichkeit. Zum Teil wird ihr Charakter durch ihre Rasse bestimmt, die der britische Hundezüchterverband als »gleichmütig, selbstsicher, mutig und folgsam, niemals nervös, übermäßig aggressiv oder scheu« anpreist. Sie ist empfänglich für unsere Gefühle und Stimmungen (wenn auch nicht in dem gleichen Maße wie Zac). Sie selbst kann traurig oder glücklich, niedergeschlagen oder gelangweilt sein, zuweilen auch dreist, missgünstig, trotzig oder eine Prinzessin. Dabei ist sie stets auf dem Sprung, einem Fremden, der sich auf unser Grundstück wagt, übel mitzuspielen. Immer wenn die Putzfrau kommt, ist mit Zwischenfällen zu rechnen, denn Gypsy weiß, dass sie mit ihr umspringen kann, wie sie will. Da wird ein Loch gebuddelt, der Gartenschlauch durchgebissen, oder es gibt wieder neue Kampfspuren am Staubsauger.

Wäre ich mir über diese und andere Dinge nicht vollkommen im Klaren, und würden Yael und die Kinder dem nicht rückhaltlos zustimmen: Wir könnten Gypsy nicht als Teil der Familie begreifen. Manche meiner Formulierungen werden auf Skepsis stoßen, das weiß ich. So lässt sich mit Fug und Recht fragen, was ich denn meine, wenn ich sage, dass Gypsy durch meine Entschuldigung erleichtert war. Glaube ich, sie hätte eine Vorstellung davon, was es heißt, sich zu entschuldigen? Nein, ich bin mir sehr sicher, dass sie darüber nicht verfügt. Aber wenn ich sie nach meinem Versehen kraule, dann bin ich mir sicher: Sie weiß, dass ich ihr nicht wehtun wollte und dass es mir Leid tut.

Manchmal irre ich mich natürlich auch. Wenn Gypsy die Ohren aufstellt, hochspringt und zur Hintertür rennt, denke ich vielleicht, sie erwarte Yaels Rückkehr, während sie glaubt, dass hinten ein Nachbarhund herumlungert. Manchmal kann ich mir auf ihr Verhalten keinen rechten Reim machen. Dann stelle ich vielleicht Vermutungen an, dass sie dieses oder jenes meinen oder vorhaben könnte. Zuweilen werde ich selbst dann nicht aus ihr schlau. Aber darüber, dass sie eine Kreatur ist, die einmal zugewandt

und dann wieder abweisend ist, die einmal Schmerz empfindet und sich dann wieder wohl fühlt, die das eine Mal
etwas glaubt und das andere Mal etwas hofft oder fürchtet – darüber stelle ich keine Vermutungen an, das unter-
stelle ich auch nicht. Das nehme ich als absolut gegeben
(jedenfalls im täglichen Umgang, nicht vor dem Hintergrund wissenschaftlicher oder philosophischer Fragestellungen). Ich bin mir da vollkommen sicher, habe nicht
den leisesten Zweifel. Ebenso sicher bin ich mir, dass
Gypsy, wenn sie auf ihrer Decke döst oder am Strand aufs
Meer blickt, nicht über ihre Sünden nachdenkt oder über
philosophische Probleme.

Meine von Zweifeln ungetrübte Gewissheit wird all
jene, die sich da nicht so sicher sind, ebenso wenig beeindrucken wie jene, die diese Gewissheit zwar auch empfinden, es aber für vernünftig halten, an ihr zu zweifeln.
Schließlich bin ich bisher einen Beweis schuldig geblieben. Mir ist klar, dass vieles von dem, was ich über Jack,
Orloff, Zac und Gypsy gesagt habe, höchst umstritten ist.
Und doch habe ich bisher keine Begründung für meine
Gewissheit geliefert.

Es ist wahr: Ich habe nicht nachgewiesen, dass Gypsy,
als sie auf dem Gehweg lag und so jämmerlich heulte,
Schmerz empfand, oder dass Jack, als er zu meinem Vater
ins Bett kletterte und den Schnabel an seinen Mund
führte, dies aus Zuneigung tat. Ich habe keinen Beweis dafür erbracht, dass Gypsy akzeptiert, dass ich ihr nicht
habe wehtun wollen, oder dass sie manchmal glaubt, Yael
komme heim. Ich habe keinen Nachweis geführt, als ich
in *Romulus* erzählte, dass Jack fror, als er nass und zit-
ternd auf dem Stuhl hockte, den Hora ihm vor den Kamin
gerückt hatte. Oder dass Zac, wenn er Eva die Tränen vorsichtig fortleckte, nicht auf das Salz aus war, sondern An-

teil nahm an ihrem Kummer. Am erstaunlichsten aber dürfte für die meisten sein, dass ich moralische Erwartungen an Gypsy habe oder glaube, ich hätte Tosca die Würde genommen, wenn ich mit der Schaufel »ihrem Leiden ein Ende gesetzt« hätte.

Diese Aufzählung ist recht bunt gemischt. Einige Beispiele werden heftigere Kontroversen hervorrufen als andere. Wenige Menschen werden sich fragen, wie ich so sicher sein konnte, dass Gypsy vor Schmerz heulte, als der Betrunkene auf sie stürzte. Es gibt aber auch vermutlich nicht viele, die mich auffordern würden, zu erläutern, woher ich die Sicherheit nehme, dass Zac zarte Anteilnahme an meiner Tochter zeigte und nicht bloß an ihrer Tränenflüssigkeit interessiert war, oder dass Gypsy glaubt, Yael komme nach Hause. Wer meine Berichte von Zac und Eva, von Gypsy und Yael mit Skepsis betrachtet, wird prinzipiell wissen wollen, wie ich zu der Überzeugung kommen kann, dass Hunde überhaupt Anteilnahme zeigen oder etwas glauben können. Die gleichen Leute werden mich aber nicht fragen, woher ich die Sicherheit nehme, dass Gypsy über Sinnesempfindungen verfügt. Warum eigentlich nicht? Weil es offensichtlich ist, dass sie dies tut?

Viele Menschen, da bin ich mir sicher, glauben in der Tat, dass das offensichtlich ist, und halten die Frage für abwegig. Wer zweifelt denn ernsthaft daran, dass Hunde über Sinnesempfindungen verfügen, werden sie erwidern. Und ich denke, sie haben Recht: Niemand stellt das ernsthaft in Frage. Das liegt meiner Meinung nach aber nicht daran, dass der Fall offensichtlich ist oder die Beweise erdrückend wären. Stellen wir uns eine für Begründungen nicht alltägliche, aber realistische Situation vor: einen Philosophiekurs, in dem es um die Frage geht, was wir wissen und wie wir zu diesem Wissen kommen – um die Frage nach der Gewissheit, mit der wir etwas behaupten können. Stellt man hier einem Teilnehmer die Aufgabe, jemanden, der ernsthaft bezweifelt, dass Hunde über Sinnesempfindungen verfügen, vom Gegenteil zu überzeugen, und fordert ihn auf, seine Argumentation mit Tatsachenmaterial zu untermauern: Was könnte er vorbringen? Vermutlich wird er auf Forschungen über das Verhalten von Hunden hinweisen oder auf neuere Erkenntnisse über ihr Nervensystem. Die meisten von uns kennen solche Forschungsergebnisse aber gar nicht. Und wir brauchen sie auch nicht, um vollkommen sicher zu sein, dass Hunde Sinnesempfindungen haben. Kenntnisse über das Nervensystem bei Hunden steuern nicht das Mindeste zu unserer Gewissheit bei. Sie können unser Verständnis erweitern, wie die Sinne des Hundes funktionieren, aber unsere Gewissheit, dass Hunde über Sinnesempfindungen verfügen, bleibt davon vollkommen unberührt. Schließlich brauchen wir auch für die Gewissheit, dass es einem Stein nicht wehtut, wenn man ihn wegkickt, nicht das Wissen, dass Steine kein Nervensystem haben. Wollen wir zeigen, dass unsere Gewissheit gerechtfertigt ist, hilft es uns nicht, den Stein in Stücke zu schlagen und auf das Fehlen von Nervensträngen hinzuweisen.

Das Philosophieseminar würde unweigerlich auf die grundsätzliche Frage hinauslaufen: Wie können wir sicher sein – allein, indem wir das (sichtbare) Verhalten des Hundes beobachten –, dass er Sinnesempfindungen hat (die für uns nicht sichtbar sind)? Angenommen, wir sind uns sicher, dann könnten wir, als Gedankenspiel, die Frage zulassen, welche Rolle das Verhalten des Hundes zur Rechtfertigung unserer Gewissheit spielen kann. Die klassische Haltung in dieser Frage ist skeptisch, und zwar unabhängig davon, ob es um menschliches oder tierisches Verhalten geht. Es klafft immer eine Lücke zwischen dem, was wir beobachten, und dem, was wir darin zu erkennen glauben. Manche halten diese Lücke für so klein, dass sie meinen, man könne sie getrost vernachlässigen. Sie meinen, wir könnten uns so gut wie sicher sein und handeln, als bestünde keinerlei Zweifel. Unsere Trefferquote läge bei 99 Prozent. Um das verbleibende Prozent sollen sich ihrer Meinung nach die Philosophen kümmern, im normalen Alltag spiele es keine Rolle. Ja, selbst die Philosophen interessiere es nicht mehr, sobald sie den Hörsaal verlassen und in den Alltag zurückkehren. Ein Bericht des großen schottischen Philosophen des 18. Jahrhunderts, David Hume, scheint diese Ansicht zu bestätigen. Hume, der bis heute grundlegende Zweifel darüber aufgeworfen hat, was wir mit Sicherheit wissen können, schreibt, dass er all diese Zweifel vergaß, sobald sich bei einer Partie Backgammon mit Freunden ein lebhaftes Gespräch entwickelte.

Das Problem des Skeptizismus läuft letztlich auf die Frage hinaus, ob es Bewusstsein oder Seele außerhalb des eigenen Geistes gibt. Und Philosophen, die sich mit ihm herumschlagen, verfallen mit hoher Wahrscheinlichkeit auf irgendeine Version der folgenden Unterscheidung: So etwas wie ein reiner Geist, der befreit ist von den alltäglichen Vorurteilen und den Zwängen des praktischen Lebens, kann bestimmte Dinge als fragwürdig empfinden, er kann sie zumindest prinzipiell in Zweifel ziehen. Und das ist etwas anderes, als wenn wir gewöhnlichen Sterblichen an bestimmten Dingen tatsächlich zweifeln. Warum aber grassiert der fundamentale Zweifel nicht wie eine Epidemie im Alltagsleben? Warum besänftigen ein Würfelspiel und eine gesellige Runde den philosophischen Geist so mühelos? Die beliebteste Entgegnung auf diese Fragen ist der Hinweis, die Sicherheitsstandards der Philosophie seien vollkommen überzogen, im Grunde bestehe wenig Anlass zu Zweifeln. Deshalb, so sagt man uns, sei die 99-Prozent-Option vollkommen akzeptabel.

Das klingt zunächst vernünftig, erweist sich jedoch schnell als Mogelei. Die 99-Prozent-Option soll über einen offensichtlichen Widerspruch hinwegtäuschen: Einerseits bestehen tatsächlich Zweifel, ob es Bewusstsein außerhalb des eigenen Geistes gibt, andererseits zweifelt niemand ernsthaft daran, dass andere über Geist und Bewusstsein verfügen. Anhand welcher Kriterien sollen wir nun für diese beiden Optionen die entsprechenden Wahrscheinlichkeiten hochrechnen? Meiner Meinung nach werden wir vergebens nach einer rationalen Grundlage für eine Berechnung unserer Gewissheit suchen. Ist der Zweifel einmal geweckt, vermag nichts ihn wieder in den Schlaf zu wiegen. Oder, etwas genauer gesagt: Handfeste Beweise, die unsere Gewissheit auf den Boden der Tatsachen stellen, werden wir nicht finden.

Die Unterscheidung zwischen dem, was einem reinen, von den Niederungen des Alltags befreiten Geist als zweifelhaft erscheint, und dem, was Menschen in ihrem gewöhnlichen Alltag tatsächlich in Zweifel ziehen können, ist der Ausgangspunkt für die Ausformulierung des radikalen Skeptizismus. Das vielleicht beste Beispiel dafür findet man in dem wunderbaren kleinen Buch *Meditationen über die Grundlagen der Philosophie* von René Descartes. Er schreibt, wie er in seinem Arbeitszimmer beim Kamin sitzt und sich daran erinnert, hin und wieder geträumt zu haben, in seinem Arbeitszimmer beim Kamin zu sitzen. Wie kann er wissen, dass er nicht auch jetzt gerade träumt? Descartes geht eine ganze Reihe von Kriterien durch, mit deren Hilfe er herausfinden will, ob er träumt oder wacht, bis ihm die bestürzende Einsicht kommt, er könne ja ebenso gut träumen, dass es sich dabei um Kriterien handele und er sie gerade anwende. Zu seinem eigenen Erstaunen, teilt er uns mit, habe er feststellen müssen, »daß niemals Wachen und Traum nach sicheren Kennzeichen unterschieden werden können«.

Die Beweisführung ist bestechend: einfach, elegant und offenbar frei von problematischen Voraussetzungen. Es fällt nicht schwer, sich jemanden vorzustellen, der, beeindruckt von diesem kartesischen Gedanken, die Sätze an eine Tafel schreibt, sich von der Richtigkeit der Annahmen ebenso überzeugt wie von der Korrektheit der logischen Schritte – und doch die Schlussfolgerung für absurd hält. Wie kann eine Person, wird er fragen, mitten im normalen Leben ernsthaft folgern, dass sie vermutlich gerade träumt? Er beschließt, dass irgendetwas mit dem Gedankengang nicht stimmen kann, so elegant und überzeugend er auch sein mag, und begibt sich daran, den Fehler zu finden. Bestürzt muss er feststellen, dass ihm das nicht gelingt. Mit wachsendem Unbehagen geht er die Argumentation wieder und wieder durch, aber er findet keinen Haken darin. Erschöpft und aufgeregt wie er ist, beschließt er, eine Nacht darüber zu schlafen und am nächsten Tag mit kühlem Kopf weiterzumachen. Aber auch am Folgetag wird er scheitern.

Was soll der arme Mensch tun? Ich weiß es aus eigener Erfahrung: Hier wird nichts künstlich aufgebauscht; der Skeptizismus bringt einen zu den Grundproblemen des menschlichen Denkens. Unserem Grübler in Not bedeutet die Philosophie etwas, sie ist für ihn nicht nur ein intellektuelles Spiel. Abstrakte Probleme wie das Paradox des Zenon, das scheinbar beweist, dass es keine Bewegung gibt, haben ihn nie interessiert. So etwas ist für ihn eher eine Art Denksport. Aber die Beweisführung von Descartes, dass wir nicht mit Bestimmtheit sagen können, ob wir gerade träumen, ist nicht bloß eine Denksport-Aufgabe. Außerdem hat sich der junge Denker, der den Gedankengang des Descartes an die Tafel schreibt und dessen Schlussfolgerung als ebenso unausweichlich wie absurd erfährt, dem Leben des Geistes mit Haut und Haar verschrieben. Und der Geist – seine Vernunft – sagt ihm, dass er die Schlussfolgerung akzeptieren muss, möglicherweise die ganze Zeit über zu träumen. Die 99-Prozent-Option kommt für ihn nicht in Frage; ernsthaft wie er ist, hat er längst die fehlende Fundierung erkannt. Nun ist er innerlich zerrissen. Mit seinem ganzen Wesen, nicht bloß mit einem von seiner Menschlichkeit abstrahierten Verstand, glaubt er zweifeln zu müssen. Und mit seinem ganzen Wesen, nicht bloß mit einer den Verstand überwältigenden Menschlichkeit, weiß er, dass er das nicht kann.

Besteht die Lösung darin, schlicht und einfach darauf zu beharren, wir wüssten es eben: dass wir wach sind oder dass Hunde Sinnesempfindungen haben? Ich denke, nein, nicht als Antwort auf den Skeptiker, nicht, wenn wir seine Unterscheidung zwischen einer begründeten Abwesenheit von Zweifel und der psychischen Unterdrückung von Zweifel bis zu einem gewissen Grad mittragen. Zu sagen, wir wüssten eben, dass auch andere Wesen über Bewusstsein verfügen oder dass wir uns im Wachzustand befinden, ist als Rechtfertigung, warum wir diese Dinge nicht in Zweifel ziehen, meiner Meinung nach vollkommen wertlos. Solange die unabhängige Instanz fehlt, die unsere wundersame Fähigkeit absichert, Gewissheiten als gerechtfertigt zu sehen, können wir ebenso gut wie die Kinder mit dem Fuß aufstampfen, um unserer Redlichkeit Nachdruck zu verleihen.

Ist das Erkenntnisvermögen für den Menschen also nichts als schmückendes Beiwerk, wie ein Philosoph es einmal genannt hat? Springt (vielleicht, weil es uns im Überlebenskampf Vorteile bringt) die Psyche da ein, wo der kritische Verstand Lücken und Löcher lässt, und bringt anstelle verbürgter Gewissheit die schlichte Unfähigkeit zu zweifeln ins Spiel? Mir erscheint das als eine ziemlich fadenscheinige Schlussfolgerung.

Aber spielt das wirklich eine Rolle? Ist das nicht bloß Stoff für Philosophievorlesungen? Hatte Kallikles Recht, als er Sokrates entgegnete, die Philosophie sei eine edle Betätigung in der Jugend, wer aber als Erwachsener sich noch damit beschäftige, verdiene Prügel? Ich denke, es spielt eine wichtige Rolle, und Kallikles hatte definitiv Unrecht. Selbst wenn die Frage der Skeptiker, ob wir zu einem Bewusstsein außerhalb von uns selbst Zugang finden, ob wir überhaupt sicher sein können, dass ein solches existiert, von rein philosophischem Interesse wäre: Für unser Vorhaben, unser Verhältnis zu Tieren besser zu verstehen, brauchen wir eine Grundlage, um zu klären, warum wir nicht daran zweifeln, dass Hunde Sinnesempfindungen haben. Bekommen wir die nicht, werden wir spätestens bei der Frage ins Schleudern geraten, warum wir sicher sind (oder es sein sollten), dass Hunde sich nicht mit höherer Mathematik die Zeit vertreiben. Die meisten Menschen befassen sich kaum mit solchen Problemen. Dass sie am Vorhandensein von Sinnesempfindungen bei Hunden nicht zweifeln, stört sie nicht weiter, und auf lästige Skeptikerfragen haben sie schnell die Antwort parat, dass wir am Ende vermutlich überhaupt nicht wissen können, was ein Hund denkt. Sie haben ihre eigene, keinen Deut bessere Version der 99-Prozent-Option: Wir sind zu 99 Prozent sicher, dass Gypsy nicht über Mathematik oder die Ereignisse des Tages nachsinnt, wenn sie am Strand sitzt und aufs Meer blickt. Ebenso unwahrscheinlich ist es, dass sie erwägt, ob sie etwas aus dem Mülleimer klauen soll, und zu dem Schluss kommt, dass sich so etwas nicht gehört. Wenn sie es nicht tut, dann weil sie fürchtet, einen Rüffel zu erhalten. Da sind wir uns zu 99 Prozent sicher.

Es geht auch anders. Vielleicht sollten wir, wie Ludwig Wittgenstein vorgeschlagen hat, einfach aufhören, nach Rechtfertigungen zu suchen – ohne jedoch in diesem Schritt ein intellektuelles Scheitern zu sehen. Vielleicht sollten wir eine Grundannahme genauer unter die Lupe nehmen, die der Skeptiker mit jenen teilt, die ihn widerlegen wollen: dass nämlich jene direkten, ohne Zögern vorgebrachten Reaktionen, in denen sich unsere Gewissheit ausdrückt, auf Überzeugungen und Glaubenssätzen beruhen. Beide Parteien meinen: Ich reagiere auf Gypsys Jaulen, weil ich *glaube*, dass sie Schmerzen hat; und ich *glaube*, dass sie gerade Schmerzen hat, weil ich *glaube*, dass sie über Sinnesempfindungen verfügt. Das Gleiche gilt, ihrer Meinung nach, für unsere Überzeugung, dass unsere Mitmenschen über Geist und Bewusstsein verfügen. Hier geht es wohlgemerkt nicht um den Gegensatz von Glauben und Wissen. Wenn ich sage, dass ich etwas nicht bloß glaube, sondern weiß, meine ich damit, dass meine Überzeugung über eine besondere Art von Rechtfertigung verfügt. Auch wenn ich nur feststellen kann, dass ich etwas *schlicht und einfach weiß*, ohne dafür einen

Beleg anzuführen, und damit zugebe, dass, wenn ich einen Beleg anführen könnte, er nicht hinreichend wäre – selbst dann noch beanspruche ich, dieser Grundannahme zufolge, kognitiv auf etwas bezogen zu sein, auf einen Sachverhalt oder eine Tatsache. Manchmal wird dieser Bezug als Intuition bezeichnet, die man als eine besondere Fähigkeit des Geistes auffasst. Einstimmigkeit darüber, was genau intuitiv erfasst werden kann, besteht nicht, aber als hoffnungsvollster Bewerber gilt unser Wissen, dass wir Schmerzen haben, wenn wir Schmerzen haben: Ein anderer wird meine Schmerzen aus meinem Verhalten herleiten, ich aber weiß unmittelbar von ihnen (durch Intuition oder Introspektion). Wenn Philosophen auf der Flucht vor dem Skeptizismus anfangen, Listen der Dinge zu erstellen, die wir mit Sicherheit wissen, steht dieses Beispiel immer an erster Stelle.

Wittgenstein fand selbst das suspekt. Wenn jemand Schmerzen hat, schreibt er in den *Philosophischen Untersuchungen*, kann er von sich nicht sagen, dass er weiß, dass er Schmerzen hat, außer vielleicht im Scherz. Diese Äußerung erschien vielen Philosophen ungeheuerlich, sie waren sicher, Wittgenstein habe sie nicht ernst gemeint, sondern nur zum Ausdruck bringen wollen, dass der Satz unter normalen Umständen nicht funktioniert – im Sinne eines Aussagesatzes, der jemandem eine Information übermitteln soll –, weil es derart offensichtlich ist, dass man, wenn man Schmerzen hat, davon weiß. Aber Wittgenstein meinte es ganz wörtlich. Er schreibt, man könne den Satz »Ich weiß, dass ich Schmerzen habe« nicht einmal in einer Skeptizismus-Debatte heranziehen als Beispiel für etwas, das man sicher weiß. Nicht weil man ihn nicht anzweifeln könne, sondern eher, weil der Tatsache, dass sich nichts anzweifeln lässt, nichts hinzugefügt wird, indem man sagt, der *Grund*, dass man nicht zweifeln könne, sei, dass man es doch wisse. Zu sagen, man wisse etwas (durch Intuition oder Introspektion), erzeugt die Illusion, man verfüge über gute Gründe, etwas nicht anzuzweifeln. Wittgenstein hielt die Formulierung »Man kann nicht daran zweifeln, dass man Schmerzen hat, weil man es (aufgrund eines besonderen Erkenntnisvermögens) weiß« für einen (erkenntnistheoretischen) Scheinsatz. Sag einfach, dass es sich nicht anzweifeln lässt, und lass es dabei, lautete sein Vorschlag.

Ein radikaler Gedanke, soviel ist sicher! Einer der radikalsten, die die Philosophie hervorgebracht hat. Wie immer man sich letztlich dazu stellen will, er verdient eingehende Betrachtung, denn er stellt eben jene Grundannahme in Frage, auf welcher der Skeptizismus ebenso beruht wie die unbefriedigenden Reaktionen auf ihn. Wittgensteins Gedanke ist keine Antwort auf den Skeptizismus, er entzieht ihm die Grundlage – und hebt den Gegensatz auf zwischen dem, was einem reinen Geist als zweifelhaft erscheinen mag, und dem, was von Kreaturen wie uns gar nicht in Zweifel gezogen werden kann.

Fast alle philosophischen und wissenschaftlichen Arbeiten über Tiere basieren auf der Grundannahme, die Wittgenstein in Frage gestellt hat: dass wir Tieren unterschiedliche »Bewusstseinszustände« nur in dem Maße zuschreiben dürfen, als wir sie nachweisen können. Das Bild, das sich in dieser Grundannahme niederschlägt, ist das Gleiche, das dem Skeptizismus insgesamt die Prägung verliehen hat: Wir sind in der Welt nur Beobachter, unfehlbar unserer eigenen Zustände bewusst durch Introspektion, aber fehlbar in der Unterstellung dieser Zustände bei anderen. Wenn wir beginnen, unsere Beobachtungen kritisch zu hinterfragen, müssen wir, dieser

Auffassung zufolge, unsere Annahmen in Frage stellen. Erst so werden wir unserem Potenzial als rationale Wesen gerecht. Auf diese Weise wird aus jeder Zuschreibung eine Hypothese, die es auf Grundlage der vorhandenen Belege zu bestätigen oder zu widerlegen gilt.

Den meisten ist eine tiefgreifende Skepsis, ob ihre Mitmenschen über Bewusstsein verfügen, vollkommen fremd. Trotzdem sind eine ganze Reihe von Leuten sofort bereit, einen solchen Skeptizismus an den Tag zu legen, wenn es um Tiere geht. Viele von ihnen meinen vermutlich, der Zweifel, ob unsere Mitmenschen über Bewusstsein verfügen, werde permanent widerlegt durch die Tatsache, dass wir miteinander sprechen, dass wir eine von Sprache erfüllte Welt teilen – auch wenn sie in der Regel nicht erklären könnten, wieso. Tiere, so sagen sie, sind nicht in der Lage, uns mitzuteilen, was in ihren Köpfen vorgeht. Deshalb werden wir das auch nie herausfinden. Sie werden für uns immer ein Rätsel bleiben.

Sie hockt am Strand und blickt aufs Meer

Als sie fünf war, kam meine Tochter Katie zu mir und klagte über Bauchweh. Auf Nachfrage stellte sich heraus, dass es halb so schlimm war, und deshalb entgegnete ich: »Ich habe auch Schmerzen.«

»Wo?«, wollte sie wissen.

»In meiner Tasche«, antwortete ich.

Ohne Zögern meinte sie: »Sei nicht albern. Du kannst keine Schmerzen in deiner Tasche haben.«

Die Spontaneität ihrer Antwort und ihre Bestimmtheit weckten meine Neugier. Was als belangloses Spielchen begonnen hatte, wurde mit einem Mal von philosophischem Interesse.

»Woher willst du wissen, dass ich keine Schmerzen in meiner Tasche haben kann? Du hast gerade Schmerzen im Bauch, letztens hattest du welche im Kopf und davor in deinem Fuß. Ich habe auch überall dort und noch anderswo schon Schmerzen gehabt, und jetzt habe ich eben welche in meiner Tasche. Es gibt sogar Leute, die haben Schmerzen in der Luft neben ihrem Körper. So was nennt man Phantomschmerzen.«

Katie war nicht im mindesten beeindruckt. Sie blieb bei ihrer Einschätzung: »Du machst Spaß.« Daran änderte sich auch nichts, als ich ihr vorwarf, dogmatisch zu sein und nicht bereit, auf erfahrene Menschen zu hören. »Du bist doch erst fünf«, gab ich zu bedenken. »Wie willst du jetzt schon wissen, wo man überall Schmerzen haben kann? Sei offen für Neues. Lerne von anderen. Die Welt ist voller unglaublicher Dinge.«

Dabei war Katie kein sonderlich skeptisches Kind. Wie die meisten Kinder glaubte sie an den Weihnachtsmann und den Osterhasen. Und zur gleichen Zeit, als ich mich abmühte, ihr eine offenere Sichtweise über das Auftauchen von Schmerzen abzuringen, teilte sie mit mir eine komplexe Phantasiegeschichte, die wir über mehrere Jahre hin entwickelten. In London, hatte ich ihr erzählt, gleich neben dem King's College, hätte ich in einer Konditorei einen Löwen getroffen. Wir seien ins Gespräch gekommen, und er habe mir erzählt, dass er und sein Freund, das Nilpferd, Probleme mit den Zähnen hätten, seit der Löwe die Konditorei entdeckt habe und immer Süßigkeiten für sie beide mit in den Zoo bringe. Sein Name, habe er gesagt, sei Löwe-aus-der-Konditorei. Die Geschichte sollte ursprünglich einfach auf die Moral hinauslaufen, wie wichtig es ist, immer ordentlich die Zähne zu putzen. Aber bald wurde sie immer kunstvoller und entwickelte ein Eigenleben. Der Löwe, erzählte ich ihr, fuhr manchmal mit dem Nilpferd nach Afrika und aufgrund unserer wachsenden Freundschaft frage er auch häufiger nach Katie. So kam es, dass er ihr Urlaubsphotos aus Afrika schickte, auf denen er mit seinen Freunden zu sehen war. Irgendwann begann er sogar, regelmäßig mit ihr zu telefonieren, um zu fragen, wie es ihr ging, und um von seinen Abenteuern zu berichten.

Ob sie das alles wirklich glaubte oder die Ungereimtheiten nur akzeptierte, um an unserer Phantasiegeschichte teilzuhaben, kann ich nicht sagen. Ich vermute, es war eher das Zweite als das Erste. Auch wenn sie erst fünf war: Sie verfügte über das Wissen und die Intelligenz, um auf die Frage zu kommen, wieso es auf der Welt bloß einen einzigen solchen Löwen geben sollte. Aber sie stellte sie nicht. Und als sie irgendwann verkündete, den Löwen-aus-der-Konditorei gebe es gar nicht, hörte sich das ganz anders an als ihre Verlautbarung, es gebe keinen Weihnachtsmann.

Warum war Katie so sicher, dass man keine Schmerzen in seiner Tasche haben konnte, ungerührt von meinem Appell, ein wenig mehr Offenheit gegenüber der Welt und dem, was sie dort lernen könne, zu zeigen? Wenn wir erklären sollen, woher wir wissen, was jemand fühlt, wo er es spürt und wie es sich für ihn anfühlt, berufen wir uns auf eigene Erfahrungen, auf etwas, das wir selbst gesehen, gehört oder in uns gespürt haben. Oder wir berufen uns auf anerkannte Autoritäten. Das sagt die Wissenschaft, stellen wir fest, oder: Das ist Allgemeinwissen, das war schon immer so. Eventuell berufen wir uns direkt auf einen Priester oder Guru. In all diesen Fällen handelt es sich um Wissen über die Welt, das durch Erfahrungen abgesichert ist. Würde Katies Gewissheit, dass man in seiner Tasche keinen Schmerz haben kann, in diese Kategorie von Wissen gehören, hätten meine Einwände sie verunsichern müssen. Aber das taten sie nicht. Und genauso verhält es sich mit meiner Gewissheit, dass Gypsy nicht über ihre Sünden oder die Probleme der Philosophie nachdenkt, dass es dem Stein nicht wehtut, wenn ich ihn wegkicke, und dass Frösche sich nicht in Prinzen verwandeln.

Natürlich haben wir einige Dinge, die wir über den Schmerz wissen, aus Erfahrung gelernt. Durch Innenschau lernen wir unsere Schmerzen zu beschreiben: dass sie mitunter zu wandern scheinen oder dass sie dort auftauchen, wo einmal ein Arm war, aber nun nicht mehr ist. Und selbstverständlich wissen wir etwas über ihre physiologischen Grundlagen. Wir kennen die Geschichten anderer Leute, wir lesen Berichte über wissenschaftliche Erkenntnisse. Aber dass man in seiner Tasche keine Schmerzen haben kann, dass man nicht unter schrecklichen Schmerzen leiden kann, ohne sich dessen bewusst zu sein, und dass man seine Schmerzen nicht beim Doktor zur Untersuchung abgeben kann – das sind keine Verallgemeinerungen, die auf Erfahrung beruhen und abgesichert sind durch die innere Wahrnehmung des eigenen Schmerzes oder das sorgsame Abwägen dessen, was andere berichten. Ich hatte behauptet, eine Erfahrung zu haben, die dem, was Katie für möglich hielt, widersprach, und ich hatte sie zunächst einmal mit väterlicher Autorität vorgebracht. Indem sie die Behauptung so kategorisch ablehnte, zeigte sie instinktiv, dass ihre Zurückweisung nichts mit einem empirisch belegbaren Sachverhalt zu tun hatte. Ebenso wenig beruhte ihre Gewissheit auf Erfahrungen mit eigenem Schmerz. Denn wie ließe sich aus der Innenschau auf die Eigenarten unserer Empfindungen die kategorische Aussage ableiten, etwas sei prinzipiell unmöglich?

Es gibt harmlose Spinner, die glauben, die Erde sei eine Scheibe, Elvis sei noch am Leben und arbeite für die CIA, oder dass man seine Zukunft im Kaffeesatz lesen könne. Wir bezeichnen sie als Spinner, weil ihnen das Urteilsvermögen fehlt, vernünftige Schlussfolgerungen aus den anerkannten Tatsachen zu ziehen. Aber es gibt keine Spinner dieser Art, die glauben, dass man Schmerzen in der Tasche haben kann. Deswegen wies Katie nicht nur meine Behauptung zurück, dass ich Schmerzen in der Tasche hätte, sondern auch meine Beteuerung, ich sei aber überzeugt davon. Nur ein sehr kleines Kind, deutlich jünger als Katie, hätte sich, und vermutlich auch nur im Ansatz, auf den Gedanken eingelassen. Denn dies kann nur tun, wer das Wesen des Schmerzes auf eine fundamentale Weise noch nicht erfasst hat. Wer aber auf eine so grundlegende Weise noch gar nicht erfasst hat, was Schmerz bedeutet, ist auch nicht in der Lage, Überzeugungen zum Schmerz zu haben, weder falsche noch richtige.

Wie hat Katie dann gelernt, dass man keinen Schmerz in der Tasche haben kann? Denn gelernt hat sie es. Sie lernte es, indem sie sprechen lernte. Wäre der Begriff des Begriffs und die Unterscheidung zwischen Begriff und Anschauung nicht so problematisch und kontrovers, würde ich sagen: Es gehört zum Begriff des Schmerzes, dass er nicht in jemandes Tasche sein kann. Wie dem auch sei, unstrittig ist, dass sich in einigen Begriffen ein Wissen angelagert hat, das aus Erfahrung gewonnen wurde und sich durch sie bewährt hat. Aber mit Sicherheit hat die Menschheit nicht Jahrhunderte damit zugebracht, herauszufinden, dass Schmerz nicht in jemandes Tasche sein kann. Oder dass wir unseren Schmerz nicht auf jemand anderen übertragen können. Wenn ich auf exakt demselben Stuhl sitze, auf dem du am Vortag gesessen hast, und merke, dass ich den gleichen Schmerz verspüre wie du gestern, dann heißt das nicht, dass ich exakt denselben Schmerz spüre, den du gestern gefühlt hast, und dass er heute zu mir gewandert ist.

So wie es aussieht, besteht ein entscheidender Unterschied zwischen der Erfahrung, dass Schmerz kommt und geht, dass Tabletten manchmal Linderung verschaffen, dass er oft mit Verletzungen einhergeht, dass die Beschädigung bestimmter Teile des Körpers diesen fühllos machen kann, und dem Wissen, dass Schmerz nicht in jemandes Tasche sein kann. Sagt jemand, es sei unmöglich, etwas zu spüren, wenn das Nervensystem geschädigt ist, meint er eine andere Form nicht bestehender Möglichkeit als jemand, der sagt, es sei nicht möglich, Schmerzen in der Tasche zu haben. Es handelt sich nicht um zwei Spielarten der gleichen Art nicht vorhandener Möglichkeit, die sich nur dadurch unterscheiden, dass die zweite stärker eingebürgert ist. Im ersten Fall ist es sinnvoll, nach Belegen zu fragen. Selbst wenn es sich um ein Wissen handelt, das nur ein Spinner in Zweifel ziehen würde, könnte man die historische Spur zurückverfolgen zu jenem Moment, an dem die zusammengetragenen Hinweise das erste Mal eine Schlussfolgerung nahe legten, die sich bewährte, bis ihre Gültigkeit außer Frage stand. Aber es macht keinen Sinn, von einem langwierigen Zusammentragen von Hinweisen auszugehen, an dessen Ende schließlich außer Frage stand, dass Steine keinen Schmerz empfinden. Ungeachtet dessen, was man über den Animismus sagt: Nichts in unserer Geistesgeschichte – die randvoll ist mit religiösen Ideen, mit Mythen und Aberglauben – weist darauf hin, dass sie eine Entwicklung durchlaufen hat, an deren Anfang der Glaube stand, dass Steine Schmerz fühlen, und die in der heutigen Überzeugung endet, dass sie das sicher nicht tun.

Unsere Unfähigkeit, an dem Bestehen von Sinnesempfindungen bei unseren Mitmenschen und bei Tieren zu zweifeln, gleicht eher Katies Unfähigkeit, meiner Aufforderung Folge zu leisten und die Möglichkeit in Betracht zu ziehen, ich hätte Schmerzen in meiner Tasche. Sie gleicht weniger unserer Unfähigkeit, die Behauptung ernst zu nehmen, dass die Erde eine Scheibe sei oder dass Elvis für die CIA arbeite.

In den *Philosophischen Untersuchungen*, in einer der radikalsten Passagen der Philosophiegeschichte stellt Wittgenstein die folgende Überlegung an:

»›Ich glaube, dass er leidet.‹ – Glaube ich auch, dass er kein Automat ist? ...

›Ich glaube, dass er kein Automat ist‹ hat, so ohne weiteres, noch gar keinen Sinn.

Meine Einstellung zu ihm ist eine Einstellung zur Seele. Ich habe nicht die Meinung, dass er eine Seele hat.«

Man sollte sich hüten, in Wittgensteins Verwendung des Wortes »Seele« etwas hineinzugeheimnissen; er meint nichts weiter als ein Wesen mit Gedanken und Gefühlen. Er meint ein Innenleben, ja, aber nicht in dem Sinne, in dem wir von inneren Werten sprechen, über die jemand mehr oder weniger reichhaltig verfügt. Wittgenstein will auf folgenden Punkt hinaus: Ich kann generell nicht daran zweifeln, dass die anderen empfindende Wesen sind, aber das ist nicht deshalb so, weil ich weiß, dass sie es sind. Das Verhalten einer Person (und die Umstände, unter denen es auftritt) lässt sich als Hinweis auf ihren psychischen Zustand nur vor dem Hintergrund werten, dass (unter normalen Umständen) niemand ernsthaft bezweifeln kann, dass sie ein menschliches Wesen mit Gedanken und Gefühlen ist. Vielleicht wird deutlicher, was Wittgenstein will, wenn man »Einstellung« in der Weise versteht, wie man von einer Kompassnadel sagt, dass sie sich zum Nordpol hin einpendelt. Stellen wir uns den Menschen gewissermaßen eingespannt vor in ein Wechselspiel von Reaktionen auf die Ausdrucksformen des lebenden Körpers. Oder, besser noch, denken wir, wie der englische Philosoph Peter Winch vorgeschlagen hat, an die legendären Liedzeilen von Marlene Dietrich: »Ich bin von Kopf bis Fuß auf Liebe eingestellt.« Aus dieser Art Einstellung entwickeln wir unser Verständnis der verschiedenen Formen von Bewusstsein, einschließlich unseres Verständnisses von Überzeugung und Gewissheit.

Deshalb sollten wir uns hüten, die spontane Anerkennung des anderen auf die Annahme zurückzuführen, dass auch er über Geist verfügt. Annahmen ziehen die Frage auf sich, ob sie gerechtfertigt sind. Und das Problem besteht nicht darin, dass sich unter dem skeptischen Blick herausstellen könnte, dass sie es nicht sind. Es besteht darin, dass, selbst wenn wir die Annahme nach bestem Wissen und Gewissen für richtig halten, wir uns bereits auf der Ausgangsposition des Skeptikers befinden. Denn dann gehen wir genauso wie er davon aus, dass unsere spontane Sicherheit eine kognitive Leistung ist, die wir nur leider nicht näher benennen können. Indem wir das tun, indem wir glauben, wir könnten die Ausgangsposition des Skeptikers einnehmen und ihn dann widerlegen – und nur von dieser Position aus *kann etwas als Widerlegung gewertet werden* –, verkennen wir die Rolle, die das Verhalten für unser Verständnis von uns selbst und von unseren Mitmenschen spielt. »Woher kommt uns auch nur der Gedanke: Wesen, Gegenstände könnten etwas fühlen?«, fragt Wittgenstein. Seine Antwort ist, dass es sich gar nicht um einen Gedanken handelt. Es geht nicht um eine Annahme, Vermutung oder Überzeugung, nicht einmal um Wissen.

Wittgenstein aufgreifend, hat Peter Winch in dem Aufsatz *Eine Einstellung zur Seele* solche Verhaltensformen untersucht und eine Reihe von ihnen als nicht reflektierte

»primitive Reaktionen« beschrieben. In seinem Essay, der auch in seinem Buch *Versuchen zu verstehen* abgedruckt ist, legt er dar, dass dieses grundlegende Reagieren auf andere nicht aus der Unterstellung folgt, dass sie über Bewusstseinszustände verfügen, sondern eher die Voraussetzung bildet, von der aus wir dies überhaupt unterstellen können.

Dieser unwillkürliche Grundstock des Verhaltens, ein Repertoire wechselseitiger Reaktionen auf die Haltung des jeweiligen Gegenübers, trägt wesentlich zur Konstitution der Begriffe bei, in denen wir über den körperlichen Ausdruck sprechen: stöhnen, lächeln, Grimassen ziehen und so weiter. Dieser Begriffe bedienen wir uns, wenn wir beschreiben, was man üblicherweise als Verhalten bezeichnet: jene subtilen Wendungen, die man unter dem Schlagwort »Körpersprache« zusammenfasst und anhand derer wir unterscheiden zwischen nicht bedeutsamen Körperbewegungen und dem Verhalten, das stets etwas zum Ausdruck bringt. Einer Person ins Gesicht zu sehen, während man ihre Wunde verbindet – das ist ein Beispiel für die Einstellung zur Seele. Es erscheint uns nahezu selbstverständlich, zu denken, dass wir uns anderen gegenüber verhalten, als seien sie Personen – als verfügten sie über einen Geist wie den unseren –, weil wir wissen, glauben oder vermuten, dass sie Gemüts- oder Bewusstseinszustände haben, die den unseren gleichen. Wittgensteins radikale Bemerkung stellt diesen Gedanken auf den Kopf.

Wittgensteins Bemerkung bezieht sich auf die Art und Weise, in der Menschen miteinander umgehen. Aber es gibt gute Gründe anzunehmen, dass dasselbe auf unser Verhalten gegenüber Tieren zutrifft und (bis zu einem gewissen Grad) auch auf deren Verhalten uns gegenüber.

Unser Verständnis von Verhaltensformen, beispielsweise was es heißt, Absichten zu verfolgen, entwickeln wir nicht zunächst ausschließlich im zwischenmenschlichen Kontext und übertragen es dann erst auf das Verhalten von Tieren, beispielsweise wenn wir einen Hund hinter einer Katze her rennen sehen. Gerade das würden wir als Anthropomorphismus kritisieren: Das Verständnis eines Gemüts- oder Bewusstseinszustands, das sich berechtigterweise in Bezug auf menschliche Wesen herausgebildet hat, wird auf die Tierwelt übertragen, ohne dass es dafür eine Berechtigung gäbe. Ich habe versucht zu zeigen, dass wir unser Verständnis der verschiedenen Gemüts- und Bewusstseinszustände ebenso in der Begegnung mit Tieren entwickeln wie mit Menschen. Das ist der eigentliche Grund, warum ich glaube, mich nicht des Anthropomorphismus schuldig zu machen, wenn ich sage, dass Gypsy etwas beabsichtigt, glaubt oder hofft.

Wenn Hunde auf unsere Stimmungen reagieren, auf unser Freud und Leid, wenn sie unsere Absichten vorwegnehmen oder uns durch ihr aufgeregtes Gebaren auffordern, mit ihnen rauszugehen, dann unterstellen sie nicht, dass wir empfindende Wesen mit Intentionen sind. Ich denke mir, dass es bei uns Menschen in einer ursprünglichen Entwicklungsstufe ähnlich war: Aus der unwillkürlichen Interaktion untereinander und mit den Tieren entwickelten wir – nicht Überzeugungen, Annahmen und Vermutungen über Geist und Bewusstsein, sondern das *eigentliche Verständnis* von Denken und Fühlen, von Absicht, Glaube, Zweifel und dergleichen. Wir haben das in der Vergangenheit nicht recht begriffen, weil wir gefangen waren in einem Bild von uns selbst als Beobachter, die ihrer eigenen Gemüts- und Bewusstseinszustände sicher sind, über die der anderen jedoch nur Hypothesen aufstellen können. Deshalb haben wir die Geschichte der Entstehung des Bewusstseins falsch geschrieben. Wir haben uns eine Fiktion ausgedacht: dass wir an einem bestimmten Punkt der intellektuellen Entwicklung zu der Überzeugung auf Abstand gehen mussten, dass auch andere über Geist und Empfindung verfügen, und dass wir seitdem nach Bestätigung für diese Annahme suchen. Erst durch diesen Schritt hätten wir uns der Gabe der Vernunft würdig erwiesen. Die Geschichte ist erbaulich, aber sie ist, meiner Meinung nach, frei erfunden.

In einer Hinsicht hat der Skeptiker recht. Gypsys Jaulen in der Acland Street ist kein Beweis dafür, dass es gerechtfertigt ist, nicht den geringsten Zweifel zu hegen, ob sie Sinnesempfindungen hat. Nichts kann das beweisen. Aber er hat Unrecht, wenn er daraus folgert, dass unsere Gewissheit nicht hinreichend begründet ist, egal was wir uns einfallen lassen – denn damit setzt er voraus, dass man eine solche Begründung braucht. Gypsys Jaulen bewies, dass sie schreckliche Schmerzen litt. Aber nur, weil man nicht ernsthaft bezweifeln kann, dass sie ein empfindendes Lebewesen ist. Würde jemand das in Zweifel ziehen, könnte weder ihr Heulen noch das einer Million Hunde ihn vom Gegenteil überzeugen. Und das ist in Bezug auf Menschen nicht anders. Ich konnte der angefahrenen alten Dame in der Acland Street die furchtbaren Schmerzen am Gesicht ablesen. Ich hörte sie im Klang ihrer Stimme. Aber würde für mich ernsthaft in Frage stehen, ob sie oder ein anderer Mensch außer mir Schmerz empfindet: Nichts, was Körper und Stimme zum Ausdruck brächten, würde mir noch etwas bedeuten. Es gibt für die Gültigkeit unserer Gewissheit keinen Beweis, so einfach ist das. Und das tut ihr keinerlei Abbruch.

Worin aber besteht dann das Rätselhafte, auf das ich anspiele, wenn ich sage, dass mich zuweilen Gypsys geheimnisvolle Andersartigkeit anrührt, zum Beispiel wenn sie am Strand hockt und aufs Meer blickt. Und warum habe ich gesagt, das, was mich anrührt, sei nicht das Geheimnis des tierischen Bewusstseins?

Mit dem Wort »Bewusstsein« kann man eine Menge Unfug veranstalten. Wenn es ein Geheimnis des Bewusstseins gibt, dann ist es das metaphysische Rätsel, warum etwas Derartiges in einer materiellen Welt existiert. Nun zweifle ich nicht daran, das habe ich bereits mehrfach betont, dass Gypsy manchmal denkt, sie bekommt ihr Futter, dass sie manchmal glücklich, manchmal traurig ist. Wenn das Wort »Bewusstsein« irgendetwas bedeutet, dann habe ich keinen Zweifel, dass Gypsy ein Wesen mit Bewusstsein ist. Ebenso sicher bin ich mir, dass sie nicht über die Fähigkeit zur Reflexion verfügt. Andere Dinge wiederum sind mir nicht so klar: Ich weiß beispielsweise nicht, ob sie die Mittel abwägt, um ein Ziel zu erreichen. Aber diese Unsicherheit kostet mich kaum mehr als ein müdes Achselzucken. Nichts von dem, was mir unklar bleibt, ist entscheidend dafür, dass ich sie mitunter als rätselhaft erlebe. Für mich besteht ihr Geheimnis nicht darin, wie sie wohl die Welt sehen mag oder wie es ist, ein Hund zu sein. Es geht mir nicht um ihre Subjektivität oder wie es in ihr aussieht.

Wenn ich sehe, mit welcher Leichtigkeit Gypsy es sich bei uns gemütlich macht; wie sie neben meinem Stuhl am Esstisch sitzt und geduldig wartet, bis ich ihr etwas abgebe; oder wie sie auf ihrem Platz in meinem Arbeitszimmer liegt und, sobald sie hört, dass ich den Computer ausschalte, aufspringt, um mit mir den Raum zu verlassen – dann denke ich manchmal: Wie merkwürdig, dass ein

Hund Teil unserer Familie ist. Wenn wir dann spazieren gehen und ich andere Leute mit Hund am Strand sehe, bin ich immer wieder fasziniert von der außergewöhnlichen Beziehung zwischen Mensch und Tier. Ich denke, die Karikaturisten zeichnen nicht ohne Grund so gerne menschliche Wesen mit ihren vierbeinigen Begleitern.

Es grenzt an ein Wunder, dass zwei derart unterschiedliche Arten von Lebewesen so komplex miteinander interagieren können. Meine Verwunderung hat aber nichts damit zu tun, wie es dazu kommen konnte, sie betrifft die Tatsache, dass es so ist, wie es ist. Und auch wenn diese Interaktion erstaunlich scheint: Auch zwischen anderen Spezies findet sich Vergleichbares. Wir freuen uns über das Zusammenspiel von Hunden und Katzen, Vögeln und Krokodilen und sind erstaunt, wenn wir es zwischen einer Schlange und ihrer Beute antreffen. Ich habe eine australische Teppichpython mit einer Maus Freundschaft schließen sehen, die man ihr vorsetzte, als sie bereits satt war. Später wurde mir berichtet, die Schlange würde eher sterben, als diese Maus zu fressen. Eine erstaunliche Geschichte, und trotzdem trifft sie nicht wirklich das, was mich an Gypsys Verhältnis zu unserer Familie so verwundert, denn das Erstaunliche dieser Beziehung erschöpft sich nicht darin, dass wir unterschiedlichen biologischen Arten angehören.

Während ich Gypsy auf ihrem Platz in der Küche oder im Schlafzimmer betrachte oder zuschaue, mit welcher Selbstverständlichkeit sie sich im Haus bewegt, erlebe ich hin und wieder ein Umspringen der Wahrnehmung, wie man es hat, wenn man in einem Vexierbild erst die eine, dann die andere Gestalt sieht. Gypsy ist in jeder Hinsicht ein Mitglied der Familie und nimmt auf intelligente und gefühlvolle Weise an unserem Leben teil. Dann wieder tut sie etwas – sie versucht beispielsweise eine Katze zu töten, die ihren Jagdinstinkt geweckt hat –, das gänzlich triebbestimmt ist, und mit einem Mal erscheint sie mir vollkommen animalisch. Natürlich töten auch Menschen. Sie sind dabei schlimmer als die Tiere, weil sie mitunter anfangen, das Töten zu genießen und daraus ein Fest der Grausamkeit zu machen, wie Nietzsche es nennt. Aber was mich an Gypsys Verhalten so verstört, ist das völlige Fehlen einer psychischen Dimension in ihrem Instinkt zu töten. Das ist es, was sie so anders macht, was sie so eindeutig als eine andere Art von Lebewesen erscheinen lässt. Die Gelegenheiten, in denen sich solche Umschwünge der Wahrnehmung ereignen – bei denen ich Gypsy einmal als Teil der Familie, dann wieder in ihrer vollkommenen Andersartigkeit erlebe –, sind längst nicht immer sonderlich dramatisch. Sie können sich ereignen, wenn ich beobachte, wie sie am Urin eines anderen Hundes schnuppert. Oder wenn ich ihr zuschaue, wie sie ins Leere blickt, ganz offensichtlich ohne den leisesten Gedanken in ihrem Kopf. Oder, wie Yael es einmal ausdrückte, »wenn man sieht, wie dieses Ding mit Schwanz durchs Haus läuft«.

Gypsy ist alt geworden

Man sieht Gypsy ihr Alter an. Ihre schöne Zeichnung ist verblichen und sie ist grau geworden. Ihre Augen sind getrübt, sie sieht nicht mehr gut und ist fast taub. Leute, die sie durch den Park rennen sehen, halten sie oft für jünger, als sie ist, aber das spricht wohl eher für ihr noch immer lebhaftes Temperament. Die Wahrheit ist, dass ihr das Alter an Leib und Seele zu schaffen macht. Das wurde mir zum ersten Mal klar, als wir wieder einmal an einem Haus vorbeikamen, das von einem neurotischen Collie bewacht wird, der alles und jeden anbellt. Nur ein Jahr zuvor hatte Gypsy dem nervenden Biest eine Lektion erteilt und zugebissen, als der Collie es gewagt hatte, die Nase unter dem Vordertor hervorzustecken. Heute beschleunigt sie ihren Schritt, um so schnell wie möglich an dem Tor vorbeizukommen. Einmal erschreckte ich mich, als der Collie plötzlich wütend losbellte, obwohl ich innerlich darauf eingestellt war. Gypsy, die hinter mir hergeschlichen kam, warf mir einen kurzen Blick zu, in dem Demütigung und Scham zu liegen schien – und die Frage: »Du auch?«

Ich kann nicht beschwören, dass ihr Gebaren diesen fragenden Unterton wirklich hatte. Ich würde ebenfalls nicht auf meinem Eindruck bestehen, dass sie gedemütigt aussah. Denn daraus ergeben sich offensichtliche Verwicklungen, auch wenn ich glaube, dass man diese in den Griff bekommen könnte. Was mich beschäftigt, ist meine Schwierigkeit, ihre Haltung und ihren Blick in diesem Moment zu beschreiben. Irgendetwas liegt hier anders, als wenn ich Mühe habe, den Blick eines Menschen wiederzugeben. Yael schaut mich in einer ganz bestimmten Weise an. Ist sie gekränkt oder irritiert? Unter Umständen werde ich es nie erfahren. Vielleicht weiß sie es selbst nicht. Aber ich kann mir die Frage stellen, weil ich weiß, dass – sie ein Wesen ist, bei dem – beides zutreffen könnte.

Ich habe kein Problem damit, aus Gypsys Verhalten eine Frage herauszulesen. Manchmal ist es ganz offensichtlich, dass ihr ganzer Leib von einer Frage bewegt wird. Gehen wir raus? Gibst du mir jetzt was zu fressen? Ich bezweifle auch nicht, dass es manchmal eine Art stillschweigendes Einverständnis zwischen uns gibt, dass wir manchmal Freud und Leid teilen. Gypsy hat immer wieder Spaß daran, etwas gemeinsam mit uns zu tun. Wenn wir zusammen arbeiten, ich beispielsweise in meinem Schuppen mit Werkzeug hantiere, während sie sich damit beschäftigt, alles in die Schnauze zu nehmen, was nicht niet- und nagelfest ist, dann genießen wir das beide. Unser Vergnügen an unserem Tun wird gesteigert durch die Tatsache, dass wir es gemeinsam tun, und durch das Wissen, dass wir dieses Vergnügen teilen. Gypsy schaut immer wieder zu mir hin, was ich wohl gerade vorhabe, und sobald sie sich ihren Reim darauf gemacht hat, unternimmt sie etwas, das dazu passt. Das Problem, das ich habe, wenn ich nicht genau weiß, wie ich Gypsys Gebaren beschreiben soll, ist Folgendes: Ich bin versucht, den

Blick, den sie mir zuwarf, als sie sich am Tor vorbei-
schlich, zu deuten als Ausdruck ihrer Einsicht in unser
beider Sterblichkeit.

Vor zehn Jahren, vielleicht sogar noch vor fünf, hätte
mich das plötzliche Bellen eines Hundes, von dem ich
wusste, dass ich durch ein Gitter vor ihm geschützt war,
nicht erschreckt. Dass es mir mit Anfang Fünfzig mit
einem Mal geschah, ist vermutlich Ausdruck des gleichen
biologischen Prozesses, der Gypsy instinktiv am Tor vor-
beischleichen ließ. Zwar erregt ihre Haltung bei Passanten noch immer Bewunderung, und es gelingt ihr auch immer noch, den Briefträger und den Mann vom Gaswerk
in Angst und Schrecken zu versetzen, aber der Unterschied in der Muskulatur zwischen ihr und einem jungen,
kräftigen Hund springt sofort ins Auge. Sie kennt diesen
Unterschied, und auch die Konsequenzen, falls sie ihn
unterschätzen sollte. Bei älteren Menschen ist dieses in-
stinktive Wahrnehmen zunehmender Schwäche und Anfälligkeit geprägt von dem Wissen um die eigene Sterblichkeit. Aber wie ist das bei Tieren?

Wenn ich Gypsy heute anschaue, überkommt mich immer wieder der schmerzliche Gedanke, dass sie nicht
mehr lange zu leben hat. Mein Mitgefühl für ihren Zustand wird noch gesteigert durch die Tatsache, dass sie
selbst nicht weiß, dass sie sterben muss. Damit meine
ich: Wenn sie auf ihrer Decke in der Küche liegt oder auf
ihrem Platz in meinem Arbeitszimmer hockt, weiß sie
nicht, dass der Tod sie erwartet. Ich drücke mich hier bewusst vorsichtig aus, weil ich fürchte, missverstanden zu
werden. Elizabeth Costello, die Hauptfigur in dem Roman *Das Leben der Tiere* von J. M. Coetzee, wird fast zum
Wahnsinn getrieben durch die ignorante Art, in der ihre
Mitmenschen Tiere quälen und entwürdigen. Die folgen-

den Worte entgegnet sie einem Philosophen, der, wie so viele seiner Zunft, meint, Tiere könnten nicht wissen, dass sie sterben müssen, da sie nicht über die Begriffe – des Selbst und der Zukunft zum Beispiel – verfügten, die Voraussetzung für ein solches Wissen seien.

»Jeder, der behauptet, das Leben sei für Tiere weniger wichtig als für uns, hat noch kein Tier in den Händen gehalten, das um sein Leben kämpft. Das Tier wirft sich mit seinem ganzen Sein besinnungslos in diesen Kampf. Ihrer Bemerkung, dem Kampf fehle die Dimension der Furcht, die sich in Gedanken oder in der Phantasie ausdrückt, pflichte ich bei. Es gehört nicht zur Seinsweise von Tieren, Gedanken der Furcht zu hegen: ihr ganzes Sein ist im lebendigen Fleisch.

Wenn ich Sie nicht überzeuge, dann deshalb, weil es meinen hier geäußerten Worten an Kraft fehlt, Ihnen die Ganzheit, die nicht abstrakte, nicht intellektuelle Natur dieses Tierseins nahe zu bringen. Deshalb lege ich Ihnen ans Herz, die Dichter zu lesen, welche das lebendige, spannungsgeladene Sein in Sprache verwandeln; und wenn die Dichter Sie nicht bewegen, dann fordere ich Sie auf, gehen sie Seite an Seite mit dem Tier, das den Laufgang hinunter- und seinem Henker engegengetrieben wird.

Sie sagen, der Tod habe kein Bedeutung für ein Tier, weil das Tier den Tod nicht versteht. Das erinnert mich an einen der gelehrten Philosophen, die ich in Vorbereitung meiner gestrigen Vorlesung studiert habe. Das war ziemlich deprimierend, und es hat in mir eine Reaktion à la Swift geweckt: Wenn menschliche Philosophie nichts Besseres zu bieten hat, sagte ich mir, dann würde ich lieber unter Pferden leben.«

Ich mag diese Textstelle sehr und kann die darin zum Ausdruck gebrachten Gefühle gut verstehen. Den Philosophen, den Coetzee hier aufs Korn nimmt, werden diese Worte aber nicht von seiner Meinung abbringen. Und das sollten sie auch nicht. Wie ich schon sagte: Es ist leicht, die Obsessionen der Philosophen auf die Schippe zu nehmen, aber manchmal steckt auch eine Menge dahinter. Nur wer sich ernsthaft und ausdauernd an den Grundproblemen der Philosophie abgearbeitet hat, versteht, wie leicht zuweilen der größte Denker Unsinn redet, ohne es zu bemerken. Ebenso wahr ist, dass die Zweifel, die Philosophen anmelden, manchmal so radikal sind, dass es schwer fällt, sie ernst zu nehmen. Zweifel, inwieweit Hunde über eine Vorstellung von bestimmten Zusammenhängen verfügen, führen schnell zu dem Zweifel, ob sie zu dieser Art von Verständnis überhaupt fähig sind. Nimmt man an, dass ihnen solche Vorstellungen gar nicht zur Verfügung stehen, dann, meinen einige Philosophen, sei auch ausgeschlossen, dass sie denken oder hoffen, dass ihr Fressen kommt. Andere wiederum, die einen solchen radikalen Skeptizismus vermeiden wollen, versuchen es mit dem Kompromiss, dass Hunde vermutlich ihre eigene Form von Vorstellungen haben. Nun sind aber weder der radikale Skeptizismus noch der Glaube an »Hundevorstellungen« besonders glückliche Lösungen. Und damit drängt sich die Frage auf, ob das Problem nicht in einer Annahme liegt, die beide Positionen teilen. Vielleicht besteht der Haken darin, dass beide voraussetzen, ein Hund müsse, damit er denken, hoffen, wünschen kann, dass sein Fressen kommt, über eine klare Vorstellung verfügen, was das heißt.

Coetzee scheint genau diese Annahme in Frage zu stellen. Aber ebenso stellt er unsere Bereitwilligkeit in Frage, von unserem Gespür für den Körperausdruck und das Verhalten eines Tieres allzu schnell zu Behauptungen überzugehen, ein Tier wisse oder glaube dieses oder jenes. Er fordert uns auf, die zentrale Rolle in den Blick zu nehmen, die der lebendige Körper aus Fleisch und Blut für das Reifen unseres Verständnisses der Dinge spielt, auch für die Konstituierung der Begriffe des Glaubens und des Wissens. Wie Wittgenstein, scheint auch er darauf hinaus zu wollen, dass wir die Bedeutung der vielfältigen Formen des Körperausdrucks falsch einschätzen, wenn wir in den subtilen Regungen und Haltungen des Leibes nur Ausgangsmaterial für unsere Hypothesen zu Gemüts- und Bewusstseinszuständen sehen. Vielmehr sind es diese Regungen und Haltungen, so scheint er sagen zu wollen, die zu einem großen Teil die Bedeutung bestimmen, die Worte wie »wissen« und »glauben«, »hoffen« und »fürchten« in einem lebendigen Umgang mit Sprache haben – in einer Sprache, die wir aus dem Umgang mit Tieren schöpfen und in der Literatur weiterentwickeln.

Die Art und Weise, wie wir über Wissen und Glauben sprechen, wird nicht erst im Umgang mit unseren Mitmenschen entwickelt und fertig geformt, um sie dann probeweise auf die Tierwelt anzuwenden. Sie hat sich in gleichem Maß und zu gleicher Zeit in unserem Leben mit den Tieren herausgebildet. Und nur ein verschwindend geringer – und noch dazu vollkommen künstlicher – Anteil dieses Lebens besteht in der wissenschaftlichen Erforschung von Tieren. Die philosophische Analyse der Art und Weise, wie wir über Tiere sprechen – stellen sie sich einen Philosophieprofessor vor, der ausruft: »Sie denken also, Tiere haben *Gedanken*?« –, hat oft den Kontakt zu unserem schöpferischen und lebendigen Umgang mit ihnen verloren und weiß viel zu wenig von der Rolle, die dieser Umgang für die Herausbildung unserer Begrifflichkeit spielt. Ich hoffe, dass ich hier nicht zuviel Wittgenstein in die Worte von Coetzee hineinlese. Sollte dieser Eindruck entstanden sein, bitte ich, meine Ausführungen weniger als Interpretation des Textes zu verstehen denn als philosophische Vertiefung dessen, was ich an der zitierten Passage so treffend finde. Nun ist eine Vertiefung noch keine Verteidigung, aber ich hoffe, dass ich mit dem Herausarbeiten einiger Voraussetzungen den Eindruck vermindert habe, die Position Coetzees sei überzogen.

Wenn ich eben sagte, mein Mitgefühl für Gypsy sei davon geprägt, dass sie eine sterbliche Kreatur ist, die nicht weiß, dass sie sterben muss, steht das meines Erachtens nicht im Gegensatz zu dem, was ich von Coetzee zitiert oder in meiner Vertiefung seiner Gedanken ausgeführt habe. Ich möchte weder einfach behaupten, dass Tiere wissen, dass sie sterben müssen, noch, dass sie es nicht wissen. Ich glaube, die Gelegenheiten, bei denen ein Tier weiß, dass es sterben wird, sind begrenzt auf Situationen, wie Coetzee sie in der zitierten Passage beschreibt oder, noch stärker und bewegender, in seinem Roman *Schande*:

»Sein ganzes Wesen wird ergriffen von dem, was im Behandlungszimmer geschieht. Er ist überzeugt, die Hunde wissen, daß ihre Zeit gekommen ist. Trotz der Geräusch- und Schmerzlosigkeit der Prozedur, trotz der guten Gedanken, die Bev Shaw denkt und die er zu denken versucht, trotz der luftdichten Säcke, in die sie die neugeschaffenen Tierleichen verpacken, riechen die Hunde im Hof, was drinnen vor sich geht. Sie legen die Ohren an, sie lassen die Schwänze hängen, als spürten auch sie die Schande des Sterbens. Weil sie sich mit den Beinen dagegen stemmen, müssen sie über die Schwelle gezogen oder geschoben oder getragen werden. Auf dem Tisch schnappen einige wild um sich, andere winseln kläglich; keiner blickt direkt auf die Nadel in Bevs Hand, die Nadel, von der sie auf irgendeine Weise wissen, daß sie ihnen Schreckliches antun wird.«

Das ist Wissen im Angesicht des Todes. Und es ist praktisches Wissen, zugeschrieben aufgrund der Art und Weise, wie Tiere sich in höchster Gefahr verhalten. Unter den von Coetzee beschriebenen Umständen bin ich bereit, zu glauben, dass Hunde ebenso von ihrem bevorstehenden Tod wissen wie Katzen, wenn sie sich, wie wir es nennen, zum Sterben zurückziehen – und zwar, weil unter diesen Umständen die Intelligenz des Tieres sich vollständig in Aktivität äußert. Gypsy glaubt, dass Yael heimkommt, wenn sie das Geräusch ihres Wagens hört und zur Tür rennt. Aber wenn sie auf ihrer Decke liegt, fragt sie sich nicht, ob Yael bald da ist oder wieder mal zu spät kommt. Wenn es auch manchmal zutreffen mag, dass sie sich des Todes bewusst ist – es ist keinesfalls zutreffend, zu behaupten, sie frage sich, wann sie wohl sterben werde, ob dies wirklich sein müsse oder ob es erstrebenswert sei, ewig zu leben.

Nehmen wir also, rein theoretisch, an, Gypsys Blick – der mir zu sagen schien: »Du auch?« – brachte nicht nur das Gewahrwerden ihrer Verletzlichkeit zum Ausdruck, sondern auch ihr praktisches Bewusstsein vom Tode. Dann steht das, soweit ich sehe, nicht im Widerspruch zu meiner Unterscheidung zwischen einem praktischen Bewusstwerden des Todes und einem reflexiven Verständnis der Sterblichkeit. Nun war ich aber versucht zu sagen, dass in Gypsys Blick ein tiefes Empfinden für unser beider Sterblichkeit lag. Ich denke, hier handelt es sich um meine Reaktion auf ihren Blick. So ging es mir, als ich ihn wahrnahm. Für sie, da bin ich mir sicher, kann das nicht so gewesen sein.

Sterblichkeit ist ein Wort mit ernstem Beiklang. Es verweist nicht allein darauf, dass wir, wie alle Lebewesen, sterben werden. Wir Menschen sind uns, vermutlich als einzige Lebewesen, ständig bewusst, dass wir sterben müssen. Dem entspricht auch die Tatsache, dass wir die Unausweichlichkeit unseres Sterbens und unser Wissen darum ebenso reflektieren wie unser Bemühen, dieses Wissen zu vergessen. Wäre der Tod für uns kein Problem, würde er nicht unausweichlich die Frage nach seiner Bedeutung für unser Leben aufwerfen – wir hätten niemals gelernt, über unsere Sterblichkeit mit Schmerz und Anteilnahme zu sprechen, und wir würden kaum zu Selbsterkenntnis gelangen.

Da Tiere nicht über ein reflexives Wissen vom Tode verfügen, können sie ihn auch nicht fürchten. Und wären sie in der Lage, ihn zu fürchten, könnten sie keinen Trost darin finden, dass sie nicht allein stehen mit ihrer Sterblichkeit. Es ist eine unabdingbare menschliche Grunderfahrung, Trost zu finden in dem Wissen, dass unsere Mitmenschen leiden wie wir und sterben müssen wie wir. Das mag auf den ersten Blick wie falscher Trost auf Kosten des Leidens anderer aussehen. Aber das ist es in Wirklichkeit nicht, jedenfalls meist. Wir sind Wesen, die versuchen, ihrem Leben Sinn zu geben, und dieser Sinn ist niemals reine Privatsache. Denn welchen Sinn wir unserem einzelnen Leben zu verleihen suchen, hängt zu einem Großteil ab von dem Sinn, den wir dem menschlichen Leben insgesamt zusprechen. Der Drang, dem Tod einen Sinn abzuringen, ist nicht allein von der Furcht vor dem eigenen Ende geprägt. Es gibt ganz offensichtlich ein darüber hinausgehendes Bedürfnis, zu verstehen, was es bedeutet, ein menschliches Leben zu führen, und was der Tod zu dieser Bedeutung beiträgt.

Der Tod ist auf eine so fundamentale Weise mit unserem Verständnis von uns selbst verknüpft, dass wir erst, wenn wir ernsthaft über ihn nachdenken, erkennen können, wer wir sind. Das gilt auch für jemanden, der sich dem Tod erst in der Konfrontation mit dem eigenen Ende stellt. Auch dann wird er den Tod als etwas begreifen, das uns alle betrifft, das unsere menschliche Existenz wesentlich bestimmt. Für die alten Griechen – darauf hat Hannah Arendt verwiesen – war der Tod derart wichtig zur Bestimmung des Menschlichen, dass sie die Menschen als »Sterbliche« bezeichneten.

Die wichtigste Unterscheidung in der Einschätzung unseres Selbst und unseres Umfeldes ist, meiner Meinung nach, die Unterscheidung zwischen Wirklichkeit und Schein. Lieben wir wirklich, oder ist es nur etwas zum Verwechseln Ähnliches wie Verliebtheit? Ist unser Kummer echt, oder bemitleiden wir uns bloß selbst? Sehen wir dem Tod klar und gefasst ins Auge, oder haben wir falschen Trost in Jenseitshoffnungen und zweitklassiger Naturlyrik gefunden? Spielen Geld und gesellschaftliche Stellung wirklich eine Rolle? Diese und ähnliche Fragen kreisen um den Sinn im Leben, wenn auch nicht immer um den Sinn *des* Lebens. Menschen sind Wesen, die Sinn zum Leben benötigen. Viktor Frankl, der nach seiner Befreiung aus dem Konzentrationslager die Logotherapie entwickelte, hat immer wieder betont, seine Erfahrung als Psychiater habe ihn gelehrt, dass die Menschen Sinn brauchen, dass sie um ihn verzweifelter ringen als um das Glück. Es gibt Leute, die auf dieses drängende Bedürfnis herabschauen. Sie sagen, wer ihm nachgibt, betreibt nichts als Nabelschau. Die meisten von ihnen können sich diese Herablassung nur leisten, solange sie selbst von Schicksalsschlägen verschont bleiben.

Manchmal kommt ihre ablehnende Haltung daher, dass sie fälschlicherweise glauben, das Bedürfnis nach Sinn wäre gleichbedeutend mit dem Wunsch, an ein Ziel, einen Zweck des Lebens zu glauben. Es ist erstaunlich, wie viele Menschen davon ausgehen, dass Fragen nach Sinn im Leben auf die Frage hinauslaufen, ob das Leben eine äußere Bestimmung hat. Aber Ziele allein verbürgen noch keinen Sinn, und manche Zwecke heiligen kein Mittel. Wittgenstein fasst das Thema noch weiter, wenn er die verbreitete Ansicht in Frage stellt, ein Leben nach dem Tode könne die Probleme des Diesseits lösen oder ihm Sinn verleihen: Warum sollte die Frage des Sinns im nächsten Leben nicht ebenso problematisch sein wie in diesem? Sokrates scheint auf etwas Ähnliches hinauszuwollen, wenn er den Richtern, die sein Todesurteil gefällt hatten, erklärte, er hoffe, im nächsten Leben das Gleiche zu tun wie in diesem: sich selbst und andere mit der Frage zu konfrontieren, wie man leben soll.

Wenn ich von Sinn im Leben spreche, meine ich nicht eine Bestimmung *des* Lebens, noch nicht einmal Ziele und Zwecke *im* Leben. Ich würde sogar, der Deutlichkeit halber etwas übertrieben, sagen, dass Sinn da beginnt, wo die Fixierung auf den Zweck in den Hintergrund tritt oder ganz entfällt. Wenn eine Person die Wahrheit über ihre Vergangenheit herausfinden will und dabei keine künftige Nutzbarkeit ihrer Erkenntnisse im Auge hat, dann beschäftigt sie sich mit dem Sinn ihrer Vergangenheit, mit deren Bedeutung für ihr Leben. Wenn eine Person sich weigert, mit einer Lüge zu leben, egal, welche Konsequenzen das haben mag, dann geht es ihr um Sinn – in der Weise, wie ich den Begriff verwende.

Es gibt nichts in der uns umgebenden Realität, das Gedanken dieser Art erfordert. Aber ein Leben, das keine Antworten auf solche Fragen zu geben vermag, wird uns nicht erfüllt, ja kaum menschlich erscheinen. Es fällt schwer, sich eine Person vorzustellen, die nicht wissen will, was der Seitensprung ihres Partners für sie und ihre gemeinsame Vergangenheit bedeutet, der egal ist, ob sie tiefe Liebe oder kurzfristige Verliebtheit erlebt, die im Angesicht des Todes nicht Schauder, Furcht und Bestürzung verspürt. Wenn wir eingestehen, dass diese Fragen im engen Zusammenhang mit der Suche nach Lebenssinn stehen, heißt das weder, dass wir uns in die Gefilde der Metaphysik verirrt haben, noch, dass wir einem Hang zum Übernatürlichen frönen.

Platon hat gesagt, wir Menschen würden beständig das (moralisch) Gute mit dem (bloß) Nützlichen verwechseln. Seiner Ansicht nach glauben wir allzu leicht, dass die Dinge, auf die wir angewiesen sind, unserem Leben seinen Wert verleihen, weil es uns ohne sie möglicherweise bedeutungslos erscheint. Es sind die Dinge, auf die wir unsere gesamte Energie verwenden, solange der Tod fern scheint: Geld, Status, Karriere und dergleichen. Das Gute mit dem Nützlichen zu verwechseln, ist so etwas wie der praktische Ausdruck dessen, was jemand für das Wichtigste hält, in dessen Licht er alles andere bewertet. Und das unterscheidet sich üblicherweise von dem, wovon er sagt, dass es ihm darauf eigentlich ankommt. Unter dem Eindruck eines Schicksalsschlages bewerten Menschen oft gründlich neu, was für sie wirklich zählt. Damit implizieren sie – manchmal sprechen sie es auch aus –, dass wir unserem Gefühl für das, worauf es ankommt, nur trauen können, wenn es dem vollen Bewusstsein unserer Sterblichkeit standhält. Diese Art von Bewusstsein ist ein Wissen im Herzen und in den Knochen. Kein junger Mensch wird leugnen, dass er sterblich ist. Und doch versteht jeder, wovon ich spreche, wenn ich das als ein bloßes Kopfwissen bezeichne. Aus diesem Grund halten wir junge Leute nicht für weise, denn über Weisheit verfügt nur, wer das Wissen um die Sterblichkeit im Herzen trägt, wer weiß, dass ein Unglück uns jeden Moment all das rauben kann, was unserem Leben Sinn verleiht.

Hannah Arendt zufolge hielten die Griechen den Menschen für das einzige sterbliche Wesen, weil sie überzeugt waren, dass er allein über eine Form der Individualität verfügt, die es ihm erlaubt, die Vorgaben der biologischen Art zu überwinden. Tiere haben, da sie die Charaktervorgaben der Spezies nicht überschreiten können, dieser Logik folgend, in gewisser Weise Teil an der Unsterblichkeit. Ich glaube, dass Hannah Arendt das griechische Denken nur zum Teil richtig wiedergibt, aber darum geht es mir hier nicht. Denn der Gedanke, den sie dort zu finden glaubt, ist verblüffend und tiefsinnig. Menschen sind auf eine Weise Individuen, wie wir das sonst nirgendwo in der Natur finden.

Es lassen sich mindestens vier unterschiedliche Arten skizzieren, menschliche Individualität zu kennzeichnen. Zunächst der uninteressanteste Punkt: Wir sind Individuen, da wir uns numerisch von den uns umgebenden Wesen und Dingen unterscheiden. Wir sind, zweitens, Individuen, weil wir über verschiedene Biographien und unterschiedliche Eigenschaften verfügen. Und, drittens, weil einige dieser Eigenschaften uns auf eine bemerkenswerte Weise von anderen unterscheiden und aus uns ausgeprägte Persönlichkeiten machen. Dies ist die Art von Individualität, die der Liberalismus kultiviert. Grundlegender als diese drei ist jene Auffassung von Individualität, die zum Ausdruck kommt, wenn wir davon sprechen, dass der Einzelne einzigartig und unersetzbar ist. Und zwar, ohne damit auf seine besonderen Fähigkeiten und Eigenschaften Bezug zu nehmen oder auf die Menschen, die ihn lieben. Sondern schlicht und einfach einzig und unersetzbar. Punkt. Diese Auffassung zeigt sich nicht in unserer Kultivierung der Unterschiede, sie erweist sich in unserem unergründlichen Angewiesensein auf bestimmte Menschen. Die Kultivierung der Unterschiedlichkeit kann der Vernunft und der Moral entsprechen, sie kann sich ihnen aber auch entgegenstellen. Das hängt ganz davon ab, welche Unterschiede man kultiviert. Aber die Tatsache, dass einzelne Menschen, ohne Grund oder Verdienst, für unsere Zuneigung und Anhänglichkeit vollkommen unersetzbar sind, hat Rationalisten und Moralisten aufgebracht seit Anbeginn des Denkens.

Bis zu einem gewissen Grad teilen Tiere diese Art der Individualität mit uns. Sie entwickeln Zuneigung zueinander und zu uns. Manche Tiere trauern um andere Tiere oder um einen Menschen. Weil sie an unserem Leben teilhaben und unsere Zuverlässigkeit und Zuwendung beanspruchen, billigen wir ihnen, in abgeschwächter Form, eine Form von Individualität zu, die es nur beim Menschen gibt. Wir geben ihnen beispielsweise Namen, auch wenn das in der Regel Tiernamen sind. (Gypsy ist ein guter Name für einen Hund, aber ich stöhne immer auf, wenn der Tierarzt Gypsy Gaita aufruft.) Und wenn Hunde keinen Namen haben oder wenn sie ihre Namen verlieren und im Tierheim eine Nummer bekommen, dann reagieren wir darauf anders, als wenn Menschen der Name abgesprochen wird und sie stattdessen mit Nummern gekennzeichnet werden. Für einen Menschen hat es immer etwas Degradierendes, wenn ihm sein Name aberkannt wird.

Die Abschwächung des Verständnisses von Individualität beim Tier zeigt sich vielleicht am deutlichsten darin, dass wir keine Biographien über sie schreiben. Die Figur einer Erzählung von Isak Dinesen sagt: »Sie haben gefragt, wer er war. Lassen Sie mich in althergebrachter Weise antworten. Ich erzähle Ihnen eine Geschichte.« Dies ist nur möglich, weil unser Verständnis von einem menschlichen Leben gut zu unserer Vorstellung einer Geschichte passt, die eine ganz bestimmte Identität ans Licht bringt. Wer jemand ist, erscheint uns in dieser Beziehung wichtiger als die Summe seiner Leistungen. In diesem Sinne sprechen wir davon, dass jemand sein Leben ruiniert hat, von seinem Weg abgekommen ist, sein Leben ihm wertlos erscheint, oder dass jemand in seinem Leben Glück und Erfüllung gefunden hat. Der Philosoph Rush Rhees hat darauf hingewiesen, dass wir all dies nicht über das Leben eines Tieres sagen könnten. Zwar erzählt man auch über Tiere Geschichten, wie ich es in diesem Buch tue. Aber diese Geschichten fügen sich nicht zu einer Biographie, weil die Begebenheiten nicht zeigen können, wie Orloff, Gypsy oder Jack etwas aus ihrem Leben machen oder wie das Leben etwas aus ihnen macht. Das Leben eröffnet ihnen weder Möglichkeiten, noch enthält es ihnen welche vor. Und sie können sich des Lebens weder freuen, noch an ihm verzweifeln.

Isak Dinesen hat gesagt: »Leid lässt sich ertragen, wenn man es in eine Geschichte packen, wenn man jemandem davon erzählen kann.« Das ist, denke ich, eine tiefe Einsicht. Sie vernachlässigt aber etwas Fundamentales. Es mag uns trösten, unser Leid mit anderen zu teilen, aber die Furcht vor dem Tode ist so unmittelbar, dass sie jenseits der tröstenden Kraft des Erzählens und der Dichtung liegt. Die unmittelbare Todesangst beim Menschen wird manchmal mit der des Tieres gleichgesetzt. Und sie ist tatsächlich in vieler Hinsicht gleich; das abzustreiten, hieße unsere Kreatürlichkeit leugnen. Aber zumindest ein Element dieser Angst ist eindeutig menschlich, denn es ist unauflösbar mit der Tatsache verknüpft, dass uns das Verschwinden der menschlichen Persönlichkeit vollkommen rätselhaft erscheint. Und weder eine naturwissenschaftliche Erzählung über das, was aus dem Körper wird, noch eine übernatürliche Erzählung über das, was mit der Seele geschieht, können dieses Rätsel und den damit verbundenen Schmerz auflösen.

Man kann nicht erkennen, wer man ist, was einen von anderen unterscheidet, ohne zu verstehen, was einen mit den anderen verbindet. Aber die Begriffe, mit denen wir bestimmen, was wir als Menschen gemeinsam haben, zwingen uns zugleich, anzuerkennen, dass ein jeder von uns einzigartig und unersetzbar ist – und zwar in einer Weise wie nichts sonst in der Natur.

Diese Art der Individualität ist keine objektive Eigenschaft von Menschen oder Tieren im Sinne eines Unterscheidungsmerkmals. Manche Menschen sind klug, andere dumm; manche nett, andere unfreundlich; manche gutherzig, andere böswillig. Diese Eigenschaften, auch wenn sie nicht auf gleiche Weise objektiv sind wie Unterschiede der Größe oder des Gewichts, erlauben uns, sinnvoll davon zu sprechen, dass wir Menschen unterschiedlich behandeln, *weil* sie unterschiedlich *sind.* Wir wüssten, auf was wir uns beziehen könnten, um eine solche Aussage zu rechtfertigen. Wenn aber jemand sagt, dass er alle Menschen als einzigartig und unersetzbar behandelt, *weil* sie einzigartig und unersetzbar *sind* – auf was könnte er sich beziehen? Es scheint da nichts zu geben.

Es ist merkwürdig und verstörend, dass etwas derart Wesentliches für unser Verständnis des menschlichen – und bis zu einem gewissen Grad auch des tierischen – Lebens über keinerlei objektive Grundlage verfügen soll. Daher scheint es nahe liegend zu sagen, jemand sei nur für diejenigen unersetzbar, die das so empfinden. Habe ich nicht selbst gerade betont, dass diese Art der Individualität mit Zuneigung und Anhänglichkeit verknüpft ist? Das Problem ist, dass wir es so nicht meinen. Wir meinen, dass jeder Mensch einzigartig und unersetzbar ist – Punkt. Eine Reihe von Dingen sind für uns unersetzbar in einem relativen Sinn. Dinge, die, wie man sagt, für uns »sentimentalen Wert« besitzen: ein Ring, ein Buch, das uns eine bestimmte Person geschenkt hat, ein Haus oder ein Land, das in unserem Leben eine wichtige Rolle gespielt hat. Aber würden wir davon sprechen, dass ein Mensch für einen anderen sentimentalen Wert hat?

Rush Rhees, den die Art, wie über Individualität geredet wird, offensichtlich stört, hat gemeint: »Wenn jemand von ›Individualität‹ sprechen will, soll er das tun. Ich denke, es bedeutet kaum mehr als ›etwas, das geliebt werden kann‹. Und auf jeden Fall muss es Menschen wie Tieren zugestanden werden.«

Das ist zum Teil richtig, zum Teil falsch. Erwägungen in Bezug auf die Liebe lassen es mir eher als falsch erscheinen. Liebe kann wahr und tief sein oder unecht. Rhees selbst hat festgestellt, dass es Liebe nicht geben kann ohne eine Sprache der Liebe. Diese Sprache hat etwas Pathetisches, aber sie ist auch kritisch. Sie kann tatsächlich das eine nur sein, weil sie auch das andere ist. Im Zentrum ihrer kritischen Aufmerksamkeit steht die

Frage, ob die unabhängige Realität des geliebten Menschen im Blick bleibt – denn das ist die Bedingung, damit etwas als echte Liebe zählen kann. Das heißt, man muss die Entscheidungsfreiheit des anderen respektieren, versuchen zu verstehen, wie er die Dinge sieht, und noch einiges mehr. Alle diese Bemühungen sind ganz und gar geprägt davon, dass ich mich auf den anderen als einzigartiges und nicht ersetzbares Wesen beziehe. Im weiteren Verlauf des Textes werde ich eine bestimmte Form rassistischer Herabwürdigung beschreiben und dabei wird sich zeigen: Wenn Menschen sich nicht in der eben genannten Weise aufeinander beziehen, dann zählt nichts, was sie tun, als Versuch, den Anderen in seiner unabhängigen Seinsweise zu verstehen, seine Willensfreiheit zu respektieren oder ihm eine ganz andere Sichtweise auf die Welt zuzugestehen. An dieser Stelle möchte ich es bei folgendem Vorschlag bewenden lassen: Wäre die Art, wie wir uns als Menschen aufeinander beziehen, nicht ganz und gar geprägt durch die Einstellung, dass der Andere einzigartig und unersetzbar ist, dann könnten wir tatsächlich nicht unterscheiden zwischen der Macht der Liebe, die einen bestimmten Menschen für uns zu etwas Besonderem macht, und ihrer Kraft, unbelebten Gegenständen jene Besonderheit zu verleihen, die wir als sentimentalen Wert empfinden.

Für Søren Kierkegaard, der den »subjektiven Denker« als Ideal aufstellte, konnte nur als Individuum gelten, wer »sein eigenes Leben« lebte und nicht »das eines anderen«. Von einem solchen Menschen sprach Kierkegaard mit großer Hochachtung, wusste er doch, wie schwer es ist, sich ein solches »Selbst-Sein« zu erkämpfen. Zugleich, betonte er, gebe es keinerlei Sicherheit, dass man es ein für alle Mal geschafft habe. Die Aufgabe, »ich selbst« zu sein, ist seiner Meinung nach jedem von uns gestellt und steht weit über der Verpflichtung – falls eine solche überhaupt besteht –, die eigenen Fähigkeiten zu entwickeln. Durch diese Aufgabe ist, nach Kierkegaard, die menschliche Existenz wesentlich bestimmt. Der Preis dafür ist, dass wir an ihr scheitern können. Das klingt anspruchsvoll, vielleicht sogar ein wenig nach Elfenbeinturm. Aber wen würde es nicht kümmern, wenn etwas, das ihm am Herzen liegt, sich als Allgemeinplatz und Klischee entpuppt? Wem wäre es egal, ob seine Gedanken aus zweiter Hand sind? Für wen spielt es nicht eine Rolle, ob das, was er fühlt, wahre Liebe ist und nicht bloße Vernarrtheit oder eine der vielen Spielarten der Selbstverliebtheit? Wem ist gleichgültig, ob er authentische Trauer durchlebt oder in Selbstmitleid zerfließt? Wer wäre nicht froh, als jemand zu gelten, mit dem man wirklich reden kann, und zwar weniger in dem Sinn, dass man ihn gerne ins Vertrauen zieht, sondern eher in dem Sinn, der in dem spontanen Ausruf zum Ausdruck kommt: »Endlich ein Mensch, mit dem man reden kann!« So könnte man fortfahren. Und hätte am Ende einen guten Überblick über die verschiedenen Formen, in denen sich unser existenzielles Bedürfnis nach Klarheit äußert.

Die Freude, jemanden zu finden, »mit dem man reden kann«, beruht auf dem Vergnügen an einem Gespräch, in dem Persönlichkeiten ihre Erfahrungen austauschen, die »ihr eigenes Leben« gelebt haben und nicht »das eines anderen«. Jede von ihnen hat etwas zu sagen, und das heißt auch: Beide treffen den richtigen Ton. Der Genuss, den ein solcher Austausch bringt, liegt nicht darin, dass man Neuigkeiten oder etwas gänzlich Neues erfährt. Auf gar keinen Fall geht es darum, dass sich geistreiche Personen voreinander aufspielen. Die Art von Erfahrung, die ich meine, zeigt sich eher bei Gelegenheiten, in denen Worte, die man schon hundertmal vernommen hat, von jemandem auf eine Weise gesagt werden, dass man ihnen plötzlich aufmerksam lauscht und zum ersten Mal das Gefühl hat, sie wirklich zu verstehen. Das sind Erlebnisse, die einen verändern können. Wollen wir verstehen, was dabei vor sich geht, müssen wir auf eine andere Begrifflichkeit zurückgreifen als jene, mit der versucht wird, die Freude an neuen Theorien oder die Ausstrahlung charismatischer Persönlichkeiten zu entschlüsseln.

Wenn wir in Worten Weisheit finden, weil ein bestimmter Mensch sie gesagt hat, wenn uns die Überzeugungskraft einer Rede oder eines praktischen Vorbilds dazu bringt, etwas ernst zu nehmen, das wir vorher nicht ernst genommen haben, oder tiefe Wahrheiten zu finden, wo wir sie vorher nicht gesehen haben, dann beginnen wir uns nach einer gewissen Zeit, wenn auch nicht immer ganz bewusst, zu fragen, ob es berechtigt war, den Worten eine solche Bedeutung beizumessen und sich derart von ihnen bewegen zu lassen. Dann versuchen wir uns selbst zu überzeugen, dass unsere Zustimmung nicht auf Naivität, Unreife, Sentimentalität, Leichtgläubigkeit, Verführbarkeit oder Ähnlichem beruhte. Um in solchen Fragen Klarheit zu gewinnen, ist es notwendig, unser Denken für ein kritisches Verständnis zu öffnen, das über jene Begrifflichkeit hinausgeht, mit der man Tatsachenwissen überprüft, und das auf eine andere Weise ebenso wenig subjektiv ist wie das sachliche Prüfen von Fakten. Es ist jene Unabhängigkeit von subjektiven Voreingenommenheiten, die man erlangt, wenn man die selbstsüchtigen Wunschvorstellungen durch geistige Schulung zum Schweigen bringt und den Geist von Banalitäten und Meinungen aus zweiter Hand, von Klischees und Sentimentalitäten befreit. Auch wenn es zunächst wie ein Paradox klingt: Erst diese Form der Selbst-Überschreitung ermöglicht es dem Menschen, zu einem Individuum zu reifen, das den Anforderungen des Dialogs gewachsen ist, oder, wie Martin Buber, einer der führenden Philosophen des Dialogischen, es ausdrücken würde, zu jemandem, der ein »ich« geworden ist für ein »du«.

Unter den Begriffen, mit denen wir kennzeichnen, was wir gemeinsam haben, ist derjenige der Sterblichkeit von herausragender Bedeutung. Er besagt weit mehr als den bloßen Fakt, dass wir alle sterben werden. Er spricht von diesem Schicksal im Ton von Schmerz und Mitgefühl. Es sind die Einzigartigkeit und der unschätzbare Wert jedes einzelnen Menschen, die unserem Sterben die Bedeutung und den leidvollen Beiklang verleihen, der die Griechen veranlasste, uns als »Sterbliche« zu bezeichnen. Derselbe Ton von Schmerz und Mitgefühl kommt in der Fürbitte für die Toten aus dem anglikanischen *Book of Common Prayer* zum Ausdruck: »Der Mensch wird vom Weibe geboren und sein Leben währet kurz und ist voll Mühsal. Er wächst und verdorrt wie die Blumen, wird geschnitten wie das Gras. Ein Schatten sind seine Tage auf Erden und nirgends hat er eine bleibende Statt.«

Die Notwendigkeit, beides zu würdigen: das, was wir mit allen gemein haben, und unsere radikale Individualität sowie die Tatsache, dass wir das eine ohne das andere nicht begreifen können, erzeugt eine unauflösbare Spannung zwischen untröstlicher Einsamkeit und den Tröstungen der Gemeinschaft. Diese Spannung ist tief im Herzen unserer Identität als sterbliche Wesen verwurzelt. Der Kopf allein wird dies niemals begreifen. Wirkliches Verstehen kann es nur da geben, wo Kopf und Herz untrennbar verbunden sind. Und ich denke, dieses Verständnis kann von niemandem erlangt werden, der Angst vor den eigenen Gefühlen hat. Ebenso wenig von jemandem, der in seinem Leben niemals tiefes Leid durchlebt hat.

Hunde, das ist ganz klar, haben ein solches Verständnis nicht. Sie mögen ein praktisches Bewusstsein vom Tod haben, über ein reflektiertes Bewusstsein von Sterblichkeit verfügen sie nicht. Unsere Art, von Sterblichkeit zu sprechen, ist dagegen mit Reflexion geradezu vollgesogen. Das zeigen die Beiklänge, die sie prägen und die auch dann noch mitschwingen, wenn der Begriff eher gedankenlos verwendet wird. Zugleich fühle ich mich mit Gypsy verbunden über eine abgeschwächte Form von Individualität, die sie mit einigen Tieren gemeinsam hat. Und diese Verbundenheit wird noch vertieft durch mein Wissen, dass wir beide sterbliche Wesen sind.

Die Würde der Leichname

Warum hob mein Vater Orloff über den Zaun, der unser Grundstück von den umgebenden Weiden trennte, um ihn »zu Hause« beizusetzen? Warum standen er und ich einige Minuten weinend am Grab? Warum hat mein Vater Orloff nicht einfach irgendwo weitab vom Haus abgeladen, damit wir nicht vom Gestank seines verwesenden Leibs belästigt wurden? Die Weiden in Australien sind schließlich übersät von Knochen toter Schafe.

Was wir für Orloff taten, war in vereinfachter Form das, was Menschen füreinander in einer solchen Situation tun. Wir haben nicht allein aus den vielen praktischen Gründen, die dafür sprechen, eine Grube gegraben, ihn hineingelegt und Erde darüber geschaufelt. Wir haben ihn »begraben«. Und eine Weile am Grab zu stehen, war ein einfaches Trauerritual. Aber am Grab wurde keine Rede gehalten, es wurde kein Grabstein aufgestellt, und wir haben auch nicht am Jahrestag seines Todes Grablichter entzündet. Was wir taten, brachte zum Ausdruck, wie sehr Orloff zur Familie gehörte und wie weit er »einer von uns« geworden war. Dass wir es bei dem, was wir taten, bewenden ließen, verwies auf den Abstand, der immer noch zwischen uns bestand und den wir zum Ausdruck bringen, wenn wir zwischen Menschen und

Tieren unterscheiden und kritisch nachfragen: »Für einen Hund?«

Die Rituale für verstorbene Menschen sind nicht nur komplexer, sie erstrecken sich auch über größere Zeiträume, zum Teil über mehrere Generationen. Kinder, manchmal sogar Enkel, besuchen das Grab, pflegen es und stellen zum Todestag Kerzen auf, manchmal noch dreißig Jahre, nachdem jemand gestorben ist. Vielleicht sind wir deshalb so schnell bereit, der Halbwahrheit zuzustimmen, diese Rituale, einschließlich der Beerdigung, seien für die Lebenden da.

Ein angemessenes Verständnis dieser Dinge wird man nur mit Hilfe einer Psychologie gewinnen, welche die Vorstellung des Selbst und die Art, wie es sich aufbaut oder zerfällt, ebenso ernst nimmt wie die im Tiefen wirkende Kraft, die unbewusste Absichten in unserem Leben spielen können. Verfügt eine solche Psychologie dann noch über einen theoretischen Rahmen, der adäquate Interpretationen ermöglicht, wird sie uns eine Menge zu sagen haben über das, was die Trauer und die sie begleitenden Rituale »für uns sind«. Die Psychoanalyse hat eine Menge zum Thema beizusteuern, und mittlerweile gibt es eine fast unüberschaubare Menge an Ratgeberliteratur, die uns helfen will, richtig »Abschied zu nehmen«, wie wir heute sagen. Ich möchte das hier nicht vertiefen, sondern es bei dem psychologischen Rahmen für eine angemessene Herangehensweise belassen, den ich gerade skizziert habe. Ich denke aber, jede Erklärung von Trauerritualen greift zu kurz, wenn sie es versäumt, herauszustellen, dass sie immer auch »für die Toten sind«, egal ob Mensch oder Tier. Ein solcher Reduktionismus lässt sich vermeiden, indem man zeigt, dass ein Trauerritual um einen Toten für uns nur dann Sinn macht, wenn es ihm und keinem anderen gilt – diesem einen Gestorbenen als nicht hintergehbarem Objekt unserer Zuneigung und Verbundenheit, unseres Mitgefühls und Kummers. An diesem Punkt erweisen sich Freud und seine Anhänger, gelinde gesagt, als unentschieden.

Der Glaube, dass wir den Toten ein »treues Andenken bewahren« sollten, ist tief im menschlichen Herzen verwurzelt. Ebenso wahr ist, dass sich das Leben mit Macht – und ohne Skrupel – durchsetzt und wir manchmal ein schlechtes Gewissen haben, weil die Trauer um einen geliebten Menschen allzu schnell dem wiedererwachenden Leben Platz gemacht hat. Simone Weil schreibt darüber in ihren *Cahiers* mit kaum verhohlener Bitterkeit:

»In der Ilias gibt es zwei Zeilen, die mit unvergleichlicher Kraft die elende Begrenzung der menschlichen Liebe ausdrücken. Die eine: ›am Boden lagen sie, kostbarer den Geiern als ihren Frauen‹. Die andere: ›Doch sie dachte zu essen, als sie der Tränen müde war.‹«

Angesichts dieser menschlichen Schwäche haben einige Kulturen strikte Bestimmungen für ausführliches Trauern erlassen. In den hoch entwickelten westlichen Staaten haben solche Rituale aber weitgehend an Geltung verloren. Und gäbe es dort eine Debatte darüber, ob das gut oder schlecht sei, sie würde sich hauptsächlich um die Frage drehen, ob diese Praktiken für die Toten oder für die Lebenden von Bedeutung sind. Aus vielerlei Gründen favorisiert der moderne Mensch die zweite Option. Genauer gesagt, ist der moderne Mensch geradezu gekennzeichnet dadurch, dass er die zweite Option bevorzugt.

Als mein Vater gestorben war, erhielt er eine Bestattung, wie sie mittlerweile in Australien üblich geworden ist. Sein Sarg wurde auf ein Geflecht aus gespannten Textilbändern gestellt, die ihn über dem offenen Grab hielten, bis das letzte Gebet gesprochen war. Dann wurde er mechanisch in das Grab gesenkt. Ich wusste, dass es mittlerweile so üblich ist, hatte es aber in meiner Trauer vergessen. Als ich sah, wie der Sarg meines Vaters auf die Bänder gesetzt wurde, fühlte ich mich um die Möglichkeit betrogen, bei der Absenkung selber Hand anzulegen. Es ging nicht nur darum, dass ich nicht gefragt worden war, ich fühlte mich betrogen, weil es mir, vielleicht zu Unrecht, schien, als sei diese mechanische Absenkung ein weiterer Beleg für die Art und Weise, wie unsere Kultur die Menschen ermuntert, die Realität des Todes zu leugnen. Natürlich nicht ohne unsere Beihilfe. Ich machte mir Vorwürfe, dass ich mich an die Bestattungspraxis nicht erinnert hatte. Sonst hätte ich darauf bestanden, dass wir Trauernde den Sarg in die Grube gelassen und das Grab mit Erde aufgefüllt hätten, wie das bei jüdischen Begräbnissen noch immer der Brauch ist. Es mag sich merkwürdig anhören, aber ich hatte einfach das Bedürfnis, meinem Vater und seinem Leben gerecht zu werden, und in diesem Moment bedeutete das, mich geradeheraus der Tatsache zu stellen, dass er tot war.

Das ist meine persönliche Einstellung. Ich weiß, dass Menschen unterschiedliche Auffassungen haben, welche Rituale dem Tod angemessen sind und was es heißt, sich der Wirklichkeit des Todes zu stellen. Allein daraus wird schnell verständlich, warum es so viele verschiedene psychologische Theorien darüber gibt, wie wir uns am besten mit dem Tod und den komplexen Gefühlen, die er in uns aufwühlt, auseinander setzen. Aber eines sollte man dabei nicht vergessen: Der Tod ist für uns schon immer ein Rätsel gewesen, schrecklich und Furcht einflößend. Sich mit dem Tod auseinander zu setzen, heißt, sich gerade mit seinen beängstigenden Aspekten auseinander zu setzen. Das Rätselhafte des Todes zeigt sich zum Teil in der Oberflächengrammatik der Sprache, die wir benutzen, wenn wir über die Toten sprechen: Wir zollen *ihnen* Respekt. Wir errichten *ihnen* Grabmale. Wir bringen *ihnen* Blumen. Wir erfüllen unsere Verpflichtungen *ihnen* gegenüber. Sie tun uns Leid, wenn schlecht über sie geredet wird, und wir freuen uns für sie, wenn etwas im Leben Unerledigtes sich im Tode löst, oder wenn beispielsweise ihre Kinder glücklich und gesund sind. Manche Leute sehen in dieser Oberflächengrammatik den Indikator für den Glauben an ein Leben nach dem Tode oder für die Weigerung, anzuerkennen, dass die Toten tot und ein für alle Mal fort sind. Ich denke, dass in diesen Deutungen ein grundlegendes Missverständnis in Bezug auf unser Verhältnis zu toten Menschen und Tieren zum Ausdruck kommt. Warum hat mein Vater Orloff auf der »richtigen« Seite des Zauns begraben? Warum haben wir an seinem Grab gestanden und geweint? Wir taten es für Orloff.

In seinem Roman *Schande* beschreibt J. M. Coetzee eindringlich den Versuch eines Arbeiters in einem Tierheim, die dort eingeschläferten Hunde vor der Entwürdigung zu bewahren, der ihre Leichen bei der Beseitigung ausgesetzt werden:

»Am Morgen nach den Tötungsrunden fährt er den beladenen Kombi … zur Verbrennungsanlage des Settlers Hospitals, und er übergibt dort die Tierkörper in ihren schwarzen Säcken den Flammen.

Es wäre einfacher, wenn er die Säcke sofort nach der Runde zur Verbrennungsanlage brächte und es den hier Beschäftigten überließe, sie zu entsorgen. Aber das würde bedeuten, daß er sie bei den übrigen Abfällen des Wochenendes abladen müßte, beim Müll von den Krankenstationen, bei Kadavern, aufgesammelt am Straßenrand, übelriechenden Abfällen von der Gerberei – ein Gemisch, zufällig und schrecklich zugleich. Er bringt es nicht über sich, ihnen solchen Schimpf anzutun.

Deshalb nimmt er die Säcke sonntagabends im Laderaum von Lucys Kombi mit auf die Farm, parkt sie dort über Nacht und fährt sie montagmorgens zum Krankenhaus. Dort belädt er selbst den Beschickungswagen mit ihnen, setzt kurbelnd den Mechanismus in Bewegung, der den Wagen durch das stählerne Tor in die Flammen zieht, und kurbelt ihn zurück, während die Arbeiter, deren Aufgabe das normalerweise ist, dabeistehen und zuschauen.

An seinem ersten Montag hatte er ihnen die Einäscherung überlassen. Rigor mortis hatte die Tierleichen über Nacht steif gemacht. Die Beine der toten Tiere verfingen sich in den Stangen des Wagens, und wenn der Wagen von seiner Reise zum Verbrennungsofen zurückkam, kam nicht selten der Hund mit zurückgefahren, schwarz verkohlt und grinsend, nach verbranntem Fell stinkend, denn die Plastikhülle war verbrannt. Nach einer Weile begannen die Arbeiter vor dem Aufladen mit der Rückseite ihrer Schaufeln auf die Säcke einzuschlagen, um die steifen Glieder zu brechen. Da schaltete er sich ein und übernahm die Sache selbst ...

Warum hatte er diese Aufgabe übernommen? Um Bev Shaw zu entlasten? Dann würde es reichen, wenn er die Säcke bei der Abfallhalde ablüde und fortführe. Den Hunden zuliebe? Aber die Hunde waren tot; und was bedeuten Ehre und Schande überhaupt für Hunde?

Dann also für sich selbst. Für sein Konzept von der Welt, einer Welt, in der Männer nicht Schaufeln benutzen, um mit ihnen auf Tierleichen einzudreschen, damit sie bequemer weiterzuverarbeiten sind.

Man bringt die Hunde in die Tierklinik, weil sie unerwünscht sind ... Da tritt er in ihr Leben. Er ist vielleicht nicht ihr Retter, der eine, für den sie nicht zu viele sind, aber er ist bereit, sich um sie zu kümmern, wenn sie außerstande sind, gänzlich außerstande, sich um sich selbst zu kümmern, wenn sogar Bev Shaw sie verlassen hat ... Er rettet die Ehre von Tierleichen, weil kein anderer blöd genug ist, es zu tun.«

Selbst verwirrt von dem, was er tut, fragt sich Coetzees Romanfigur, worin der Schaden besteht, den ein Hund erleidet, wenn sein toter Körper roh misshandelt wird. Da er darauf keine Antwort findet, meint er zunächst, dass er nicht um der Hunde willen so handelt, sondern um einer Welt willen, in der so etwas nicht mehr vorkommen wird. Es wird ihm aber bald klar, dass das Furchtbare, das geschieht, das Furchtbare ist, das man Hunden antut, und dass die Welt, für die er kämpft, eine Welt ist, in der Hunden die Entwürdigung erspart bleibt, dass ihre Leichen zur »bequemeren Weiterverarbeitung« kaputtgeschlagen werden. Deshalb, schließt er, gilt sein Handeln den Hunden. Er sieht seine Aufgabe darin, für sie zu sorgen, nachdem sogar Bev Shaw sie im Stich gelassen hat. Es geht darum, die Würde ihrer Leichname zu wahren.

Die gleichen Fragen, die Coetzees Figur in Bezug auf Tiere stellt, werden manchmal auch in Bezug auf Menschen aufgeworfen. Was kann man ihnen noch antun, nun, da sie tot sind? Was für eine Bedeutung kann der Begriff »Entwürdigung« für einen Toten noch haben? Die Gestorbenen sind tot und unerreichbar für jede Form von Verletzung, sie stehen damit auch außerhalb jedes vernünftigen Mitempfindens – es sei denn, man geht davon aus, dass sie ihren leiblichen Tod in irgendeiner Weise überleben. Die Vorstellung, dass den Toten kein Schaden mehr zugefügt werden kann, basiert, meiner Meinung nach, auf der Annahme, dass eine Person, um geschädigt zu werden, zumindest fähig sein muss, wahrzunehmen, wenn ihr Schaden zugefügt wurde. Aber für die Toten ist nichts mehr von Bedeutung, demnach können sie auch nicht geschädigt werden.

Nun ist es wahr, dass für die Toten nichts mehr von Bedeutung ist. Sie können nicht besorgt, bestürzt, wütend oder entrüstet sein, ihre Gefühle können nicht verletzt werden. Aber heißt das, dass man ihnen keinen Schaden zufügen kann? Ist es eine unumstößliche Wahrheit, dass man den Toten – wenn sie wirklich tot sind und nicht in immaterieller Form weiterhin Interesse haben an dem, was ihren sterblichen Überresten, ihren Gräbern oder den Menschen widerfährt, die sie liebten – nicht mehr schaden kann? Wenn das so offensichtlich ist, warum haben es die Menschen dann jahrhundertelang übersehen?

Priamos litt für Hektor, dessen Leichnam am Streitwagen des Achill um die Stadtmauern von Troja geschleift wurde. Antigone litt für ihren Bruder Polyneikes, dessen Leichnam außerhalb der Stadtmauern den Hunden vorgeworfen wurde. Ihr Schmerz erhielt seine spezifische Prägung durch ihre Trauer und den Zorn über die Schmach, die man in dem einen Fall Hektor, in dem anderen Fall Polyneikes angetan hatte. Als die Meldung verbreitet wurde, Charlie Chaplins Leichnam sei aus seinem Grab entwendet worden, bedauerten ihn Menschen auf der ganzen Welt und fragten: Konnten sie ihn nicht in Frieden ruhen lassen? Nur wer das in falscher Weise wörtlich nimmt, kann davon ausgehen, dass diese Menschen meinten, Charlie Chaplin sei in irgendeiner Weise unglücklich über das, was mit ihm geschehen war. Es ist bemerkenswert, wie leicht uns das »mit ihm« über die Lippen kommt, genau so, wie es vollkommen normal ist, davon zu sprechen, dass es uns Leid tut für *ihn*, weil sein Grab geschändet wurde, oder weil es seinen Kindern nicht gut geht, oder weil man über ihn als Toten schlecht redet. Biographien greifen häufig über das Lebensende der beschriebenen Person hinaus, und je nachdem, wie es weitergeht, freuen wir uns möglicherweise für den Gestorbenen, oder wir bedauern ihn. Gibt es ernsthaft Stimmen, die fordern, dieser Teil müsste von der übrigen Lebensgeschichte deutlich abgetrennt und beispielsweise in ein Nachwort verschoben werden?

Wenn jemand fragt, wer nun, da es Charlie Chaplin nicht mehr gibt, dadurch geschädigt sei oder entweiht wurde, dass Charlie Chaplins Körper aus dem Grab entwendet wurde, muss die Antwort lauten: Es war Charlie Chaplin, dem Schaden zugefügt wurde. Die Feststellung, dass es Charlie Chaplin nicht mehr gibt, heißt nichts anderes, als dass er gestorben und möglicherweise durch Verwesung zu Staub geworden ist. Aber bedeutet das etwa, dass es nicht Charlie Chaplin war, dem die Anteilnahme galt, dass nicht um seinetwillen eine Suchaktion gestartet und ein neuer Grabstein errichtet wurde, dass die Menschen nicht ihm als unersetzbarem Objekt ihrer Zuneigung frische Blumen aufs Grab stellten? Natürlich können wir gemeinsam mit den Angehörigen entsetzt darüber sein, dass das Andenken eines Verstorbenen verletzt wurde, oder wir sind selber entrüstet, dass so etwas geschehen konnte. In erster Linie berührt uns aber, dass es für den Verstorbenen schlecht ist, dass sein Andenken beschmutzt wurde, nicht, dass seine Witwe darunter leidet. Und wenn sie uns Leid tut, ist es dann nicht deshalb, weil sie um *ihn* bekümmert ist?

Das Gleiche kann von unserer Einstellung bestimmten Tieren gegenüber gesagt werden – mit all den Einschränkungen ihrer abgeschwächten Form von Individualität, die sich in der Tatsache zeigt, dass wir keine Biographien über sie schreiben. Auch sie können durch die Art und Weise, wie man ihre Leichname behandelt, entehrt werden. Aber ich bin bereit anzuerkennen, dass es manchen Leuten schwer fallen wird, das zu akzeptieren, auch wenn sie ohne Zögern bereit sind, zuzugestehen, dass man einem verstorbenen Menschen Schaden zufügen kann. Ich habe Coetzee so ausführlich zu Wort kommen lassen in der Hoffnung, dass diese Leute ihn überzeugend finden, selbst wenn sie am Ende nicht überzeugt sind – und weil ich im Folgenden genauer anschauen möchte, was es heißt, zu Recht von einem Dichter überredet worden zu sein, dessen Worte über solche Kraft verfügen.

Wer nach der Lektüre zwar bewegt ist, aber nicht überzeugt, dass man Hunde entehren kann durch das, was man ihren toten Körpern antut, der wird seine Meinung auch nicht aufgrund von Fakten über Hunde ändern, wie Wissenschaftler sie beisteuern. In der Geschichte von Coetzee ist der Mann, der glaubt, dass die Würde der Hunde nach ihrem Tode verletzt wird, auch der Überzeugung, sie wüssten, dass sie sterben müssten, oder zumindest, dass ihnen etwas Schreckliches bevorstehe. Aber ich denke, das ist nicht entscheidend.

Es wird einem auch kaum gelingen, jemanden zu überzeugen, indem man ihm seine eigenen Grundsätze (sofern er welche hat) für den richtigen Umgang mit Hunden vor Augen führt. Die Frage, um die es hier geht, ist nicht, wie man mit Hunden umgehen soll oder wie man es vermeidet, ihre Würde zu verletzen, sondern was das überhaupt heißt, »einen Hund zu entehren«, vor allem wenn er tot ist. Hätte meine Frau mir, als ich Tosca mit der Schaufel erschlagen wollte, zugerufen: »Siehst du denn nicht, was du tust?«, dann hätte sie damit die *Bedeutung* meines Vorhabens angesprochen. Natürlich wäre der Ausruf als Plädoyer gemeint, es zu unterlassen, und zwar aufgrund der Bedeutung meines Vorhabens. Würde ich sie im Nachhinein bitten, zu erläutern, was meine Handlung ihrer Meinung nach bedeutet hätte, dann würde sie mir nichts über empirisch nachweisbare Eigenschaften von Katzen erzählen. Denn darüber, das weiß sie, sind wir nicht verschiedener Meinung. Sie würde auch kein übergeordnetes Prinzip anführen, unter das meine beabsichtigte Handlung gefallen wäre. Oder, wenn sie es täte, müsste es ein Prinzip bezüglich dessen sein, was die Handlung bedeutete, die ich vorhatte. Und wenn ich mich davon überzeugen ließe, dann nicht, weil mein Vorhaben unter dieses Prinzip fällt, sondern weil mir durch ihre Betrachtungsweise klar geworden wäre, was meine Handlung bedeutet.

Warum hätte ich Toscas Würde verletzt, wenn ich sie mit der Schaufel erschlagen hätte? Diese Frage ist auf dem gleichen begrifflichen Territorium angesiedelt wie die Frage: Was bedeutet das, was mein Vater und ich taten, als wir Orloff begruben? Die Frage zu Orloff zielt nicht darauf, wie wir uns bei der Zeremonie *gefühlt* haben. Sie zielt auf die Art und Weise, wie unsere Gefühle verändert wurden durch unser *Verständnis* dessen, was wir taten, als wir ihm »ein Begräbnis gaben«. Das heißt, sie zielt darauf, ob es in unserem Verständnis den Spielraum gibt, ein bestimmtes Konzept auf Hunde zu übertragen – das Konzept, jemanden auch nach seinem Tode noch zu ehren. Darüber ernsthaft nachzudenken, kann keine bloße Übung in Sprach- oder Begriffsanalyse sein. Es ist ein

Nachdenken über die Art und Weise, wie wir mit diesem Teil der Sprache leben. Damit meine ich: Alles hängt davon ab, inwieweit die Sprache, in der wir über diese Dinge sprechen, für uns in kreativer Weise lebendig wird, sei es in Poesie und Prosa, im Theater oder im Film. Wenn wir innerlich bewegt sind, können wir neue Erfahrungen machen und Bedeutung erkennen, wo wir sie zuvor nicht gesehen haben. Hätte meine Frau mir die Bedeutung dessen, was ich mit Tosca vorhatte, klar machen wollen, sie hätte mir am besten eine Geschichte erzählt, ein Gedicht vorgelesen oder den Text von Coetzee gegeben.

Das Reich der Bedeutung

Fragen nach der Bedeutung unseres Handelns sind uns aus dem Alltag vollkommen vertraut: »Wie kannst du an dem Obdachlosen, der um ein paar Cent bittet, einfach vorbeigehen? Weißt du nicht, was es heißt, Hunger zu leiden und gedemütigt zu werden?« Oder denken wir an einen Menschen, der, von Reue überwältigt, sagt: »Erst jetzt verstehe ich, was ich getan habe.« Die Frage nach der Bedeutung – auf was läuft sie hinaus? Manchmal, wenn wir jemanden an die Bedeutung seines Tuns erinnern, wollen wir ihn nur auf bestimmte Konsequenzen seines Handelns hinweisen. So hat ein Arbeitgeber unter Umständen nicht an die Notlage gedacht, in die er eine ganze Familie bringt, wenn er den Vater entlässt, und wir sagen zu ihm: »Ihnen war wohl nicht ganz klar, was sie da getan haben.« Fordern wir jemanden auf, die Bedeutung dessen, was er tut oder getan hat, zu bedenken, sind die Fakten in der Regel offensichtlich und nicht strittig.

Liegt da nicht die folgende Vermutung nahe? Geht es uns, wenn wir jemanden drängen, die Bedeutung seines Handelns ins Auge zu fassen, nicht letztlich darum, ihn dazu zu bringen, eine angemessene Haltung den Tatsachen gegenüber einzunehmen, sei es, dass er die entsprechenden Gefühle zeigt oder den passenden Zusammenhang erkennt, beziehungsweise eine Kombination aus beidem findet? Der Begriff »Tatsachen« ist dabei ganz umgangssprachlich verwendet, so wie ein Richter zu jemandem sagen würde: »Bleiben Sie bitte bei den Fakten!« Diese Sichtweise beruht auf der Annahme, dass der eigentliche Job des Verstehens sich auf die Feststellung der Tatsachen und auf ihre Zuordnung zu Normen und Gesetzen beschränkt. Allenfalls wird dem Verstehen noch die Aufgabe zuerkannt, bestehende Normen und Gesetze aufzudecken oder sinnvoll zu ordnen. Heraus kommt eine Auffassung vom kognitiven Inhalt als Kern in der Nussschale: Ein kühler Kopf ist in der Lage, ihn aus Gefühlsäußerungen und ausgeschmückten Erzählungen herauszuholen.

Das Verstehen – sogar die Wahrnehmung – der Tatsachen kann durch Emotionen beeinträchtigt werden, das weiß jeder. Es gibt kaum eine kognitive Leistung des Menschen, die immun wäre gegen die Störung durch Gefühle, Wünsche, Ängste und Phantasien. Selbst das abstrakte philosophische Denken ist anfällig für Eitelkeit, Profilneurosen und all die anderen Zustände, in denen, wie Iris Murdoch sagen würde, das gnadenlose fette Ego uns beherrscht.

Spätestens seit den Zeiten des Sokrates arbeitet der Westen sich ab an der Unterscheidung zwischen rechtmäßiger Überzeugung und unrechtmäßiger Überredung. Eine Fassung dieser Unterscheidung, die – meines Erachtens zu Unrecht – Sokrates zugeschrieben wird, besagt, dass Überzeugung eher an den Kopf als an das Herz appelliert, eher an Verstand und Logik als an das Gefühl. Mit dieser Art, die Trennlinie zu ziehen, geht oft eine starke Skepsis gegenüber der Dichtung und dem Geschichtenerzählen einher. Die Kunst mag uns erfreuen, aber wollen wir von ihr lernen, wie die Welt wirklich ist, gilt es, aus dem betörenden und verführerischen Blendwerk den harten kognitiven Kern herauszufiltern.

Eine andere Entwicklungslinie hat dagegen immer von einem Verstehen des Herzens gesprochen. Die Wirklichkeit eines anderen Menschen zu erfassen, ist ein Werk der Liebe, der Gerechtigkeit und des Mitgefühls, meinte Iris Murdoch und stellte sich damit in eine bedeutende Tradition, die auch die Liebe als Form des Verstehens auffasst. Iris Murdoch hat uns die profunde Einsicht vermittelt, wie wenig Realität das gnadenlose fette Ego verkraften kann, und kämpfte darum, die verschiedenen Formen seines Selbstbetruges zu durchschauen, beispielsweise durch Überwindung des Kitsches in der Kunst. Sie war überzeugt, auf diese Weise den Weg dafür zu ebnen, dass Liebe, Gerechtigkeit und Mitgefühl ihre kognitive Rolle entfalten und uns die Wirklichkeit wahrhaft erschließen können.

Angenommen eine Person ist mit der Diagnose einer tödlichen Krankheit konfrontiert und beschließt, sich ihrer letzten Lebensspanne ehrlich und mutig zu stellen. Sie wünscht sich ein gutes Ende, weil dies für sie einen Wert in sich selbst darstellt und weil sie das Gefühl hat, dass es Rückwirkung darauf haben wird, was ihr Leben als Ganzes bedeutet. Die Bedeutung dessen, was wir in der Vergangenheit erlebt und erlitten haben, hängt zu einem nicht unwesentlichen Teil davon ab, wie wir in der Gegenwart leben. Was geschehen ist, kann man nicht mehr ändern, aber seine Bedeutung steht selten fest. In ihrem Leben hat diese Person weitgehend nach dem Grundsatz gehandelt, dass wir durch Klarheit und Aufrichtigkeit uns selbst und anderen gegenüber unserer Existenz als Menschen gerecht werden. Würde sie nun die Augen verschließen oder falschen Trost suchen, stünde mit einem Mal die Bedeutung ihrer Vergangenheit in Frage. Deshalb versucht sie sich ein Bild der Fakten zu verschaffen und bittet den Arzt, ihr die Wahrheit zu sagen, ohne Beschönigung oder Schonung. Er sagt: Es gibt keine Aussicht auf Heilung, nicht einmal die Möglichkeit, den Prozess zu verlangsamen, Sie haben noch zwei Monate zu leben. Und sie glaubt ihm. Sie hört sich nach alternativen Heilmethoden um, aber auch diese können ihr keine oder nur so wenig Hoffnung geben, dass sie ihrem Entschluss, sich dem Tod zu stellen, untreu würde, wenn sie sich daran klammerte.

Soweit klingt das unproblematisch – vor dem Hintergrund der Frage, wie wir uns von etwas überzeugen lassen. Aber nun kommt ein Freund und ermahnt sie, nicht so schnell aufzugeben. Er will sie mit einem Dylan-Thomas-Zitat motivieren, »sich aufzulehnen gegen das Sterben des Lichtes«, ihre Wut über die Krankheit zu spüren und zum Ausdruck zu bringen. Sie erwidert: So wie sie das sieht, hätte jemand, der weiß, was Todesangst ist, diese Worte niemals schreiben können. Aus ihnen spreche nicht große Würde, sondern billige Romantik. Sie hoffe, dass sie ihre Angst vor dem Tod überwinde und lerne, ihn anzunehmen. Darin erwarte sie Trost zu finden. Aber sie sei nicht bereit, Tröstungsversuche zu akzeptieren, die sich mit der Todesangst gar nicht erst auseinander setzen.

Die eine Aufgabe, sagt sie, ist es, falschem Trost zu widerstehen. Die andere besteht darin, Trost überhaupt annehmen zu können, wo soviel sich letztlich als falsch erweist. Das erfordert nicht nur Mut, sondern auch Weisheit. Sie erzählt, dass sie einen Text über die letzten Tage des Sokrates gelesen hat, der sie sehr bewegt hat. Was sie aber überhaupt nicht verstanden habe, war, wie dort jemand ohne Wenn und Aber die Frage aufwerfen konnte, ob der Tod überhaupt ein Übel sei. Wie könne jemand, der das in Frage stelle, noch mit den Hinterbliebenen trauern oder begreifen, was an einem Mord so verwerflich ist? Wenn sie sich hingegen fragt, ob der Tod immer von Übel sei, ob wir wirklich Angst vor ihm haben müssten, ob Trost tatsächlich nur falscher Trost sein könne – dann, so glaubt sie, versucht sie, die Dinge so zu sehen, wie sie sind, und nicht, wie sie sie gerne haben möchte; sie bemüht sich redlich, zu verstehen; sie versucht nicht bloß, ihre Gefühle in Ordnung zu bringen, nachdem die Tatsachen auf dem Tisch sind.

Damit ihr Nachdenken über ihren bevorstehenden Tod und seine Bedeutung streng und klar bleibt, muss sie sich natürlich an die Fakten halten. Sie darf sie nicht verbiegen oder verdrängen, auch wenn sie unangenehm sind. Sie muss rational, das heißt logisch, denken, um zu sehen, was woraus folgt. Denn alle Versuche, zu verstehen, werden wertlos, wenn man leichtfertig von einem Gedanken zum anderen übergeht. Hinzu kommt, dass sie ein Abgleiten ins Weinerliche oder Pathetische verhindern muss. Stets kämpft sie an gegen das Klischee und jene Trägheit des Geistes, die einen, selbst in einer solchen Krise, für den Ernst der Situation blind macht – und dankbar für Worte, die die Wirklichkeit verschleiern.

Ich möchte an dieser Stelle eine wichtige Unterscheidung einführen: Sentimentalität kann einmal der *Grund* sein, warum es uns nicht gelingt, die Dinge so zu sehen, wie sie sind, und ein anderes Mal die *Form* dieses Misslingens. Als Grund beeinträchtigt sie das Denken auf gleiche Weise wie Ermüdung, Trunkenheit oder Hast. Als Form misslingt sie genau so wie eine falsche Tatsachenbehauptung oder ein ungültiger Schluss. Diese Unterscheidung von Grund und Form betrifft auch unsere Neigung zum Pathetischen, zum Banalen und zum Klischee, um nur einige der Gefahren zu nennen, die wir bei der Frage, was etwas zu bedeuten hat, umschiffen müssen. Die Fraktion, die uns nur dann zugesteht, zu Recht von etwas überzeugt zu sein, wenn eher der Kopf als das Herz angesprochen wurde oder erst der Kopf und dann das Herz, sieht in diesen Gefahren ausschließlich Gründe für das Scheitern unserer Suche nach Klarheit. Die andere Fraktion, die eine Erkenntnis des Herzens zulässt und ernst nimmt, sieht sehr wohl, dass diese Gefahren mitunter Gründe des Scheiterns sind. Sobald aber das Verstehen im Reich der Bedeutung misslingt, erkennt sie in ihnen stets die Form des Misslingens.

Die Person, die wir in diesem Abschnitt bei ihrem Versuch begleiten, sich ernsthaft und ehrlich mit ihrem bevorstehenden Tod auseinander zu setzen, geriet eine Zeit lang unter den Einfluss eines charismatischen Gurus, der sie dazu brachte, an die Wirksamkeit bestimmter alternativer Heilmethoden zu glauben. Was sie überzeugte, waren nicht so sehr die anekdotischen Berichte über spektakuläre Genesungen, es war seine persönliche Ausstrahlung. Geschickt bediente er ihre Bereitschaft, sentimentalen Erzählungen Glauben zu schenken, in denen Menschen mit einem unabhängigen Standpunkt sich mutig der Engstirnigkeit der klassischen Schulmedizin widersetzen. Das Ganze ist ein gutes Beispiel dafür, wie Sentimentalität die Wahrnehmung der Fakten beeinträchtigen kann. Das Gegenmittel wäre, sie vom Einfluss des Gurus zu befreien und sie zu ermuntern, den Tatsachen ins Auge zu blicken: den medizinischen Befund und die gestellte Prognose zu berücksichtigen, herauszufinden, wie weit sich die Behauptungen des Gurus bestätigen lassen, indem man zum Beispiel seine Anhänger anschaut, und dergleichen mehr. »Sie müssen jetzt stärker auf Ihren Verstand hören als auf Ihre Gefühle«, wäre in dieser Situation ein guter Rat.

Ein anderer Fall ist ihre Auseinandersetzung mit Dylan Thomas. Zunächst war sie von dem Gedanken angezogen worden, »sich aufzulehnen gegen das Sterben des Lichtes«, aber dann erschien er ihr doch bloß als Romantik, für die ihre Sentimentalität sie empfänglich gemacht hatte. Sie war zu der Überzeugung gekommen, dass diese Auflehnung zwar den Eindruck erweckt, man würde sich mit dem Tod auseinander setzen, in Wirklichkeit jedoch der Versuch ist, seine Unausweichlichkeit zu leugnen. Sicher war dies eine andere Form des Leugnens als bei ihr, unmittelbar nach dem positiven Krebsbefund, als sie einige Wochen lang völlig grundlos davon überzeugt war, es könne sich nicht um ihre Testergebnisse handeln, es müsse eine Verwechslung sein. Was Thomas ihrer Meinung nach leugnet, ist nicht die Tatsache des Todes, sondern seine Bedeutung. Von seinem Gedanken wurde sie auf eine ähnliche Weise angezogen wie von sentimentalen Vorstellungen der Rückkehr zur Natur. Damit soll nicht gesagt werden, dass alle diese Vorstellungen sentimental sind. Der Gedanke, sich mit der Natur zu versöhnen, eins mit ihr zu werden, kann viele Formen annehmen. Manchmal geht es um schlichte metaphysische Annahmen über den Fortbestand des Geistes, des Ichs oder der Seele. Wird diese Klippe umschifft, findet dieser Gedanke seinen Ausdruck zuweilen in Poesie von großer Schönheit, mitunter aber auch in Lyrik von schwer erträglicher Plattheit.

Mein Vater und ich haben für Orloff weder Kerzen entzündet, noch einen Gedenkstein aufgestellt oder sein

Grab auf eine andere Weise kenntlich gemacht. Andere Leute tun solche Dinge, und manchmal kann man sie deshalb zu Recht sentimental nennen. Wenn jemand zum Todestag seines Hundes alljährlich eine Kerze aufstellt, wäre das für mich ein Beispiel. Jemand, der zu Hause jedes Jahr eine Kerze anzündet und auf dem Tierfriedhof ein großes Grabmal mit einem kitschigen Denkmal für seinen Hund unterhält, hat vermutlich Vorstellungen über das Tier gehabt, deren Unangemessenheit man beschreiben kann, ohne auf seine Sentimentalität Bezug zu nehmen. So glaubt er möglicherweise, sein Hund habe die deutschen Sätze, die er zu ihm gesagt hat, voll und ganz verstanden. Er denkt vielleicht, sein Hund habe über telepathische Fähigkeiten verfügt. Und wenn ich sage, dass ich sicher bin, dass ein Hund nicht über seine Sünden oder philosophische Probleme nachdenkt, wird er antworten: meiner schon. All das, und Schlimmeres, ist möglich. Aber es muss nicht so sein. Wenn Sentimentalität nicht der Grund für einen Irrglauben ist, so dass dieser sich – wie bei einem faktischen oder logischen Fehler – auch ohne Bezug auf sie aufdecken lässt, wenn sie eher die Form ist, in der etwas falsch verstanden wird, dann muss sie weder auf falschen Überzeugungen beruhen, noch zum Anlass für solche Irrtümer werden.

Das Erfassen und Verfehlen von Bedeutung wird fast immer in einer Sprache zum Ausdruck gebracht, die nicht zwischen Form und Inhalt unterscheidet. Wenn Sentimentalität zum *Grund* für einen Irrtum wird, beispielsweise im Bereich des Faktischen, dann ist es möglich, den sentimentalen Ausdruck vom Tatsachengehalt zu trennen. So könnte jemand zu unserer todkranken Person sagen: »Ich spüre, dass es sentimentale Gründe sind, die dich an die Heilkraft der alternativen Behandlung glauben lassen. Das höre ich an der Art, wie du über deinen Guru sprichst. Aber das sagt noch gar nichts darüber, ob das, was du über diese Heilbehandlung sagst, richtig oder falsch ist. Um faktische Behauptungen zu überprüfen, verfügen wir über eine ganze Reihe erprobter Methoden.« Ist Sentimentalität aber als *Form* ins Reich der Bedeutung eingedrungen, lässt sich nicht mehr auf diese Weise unterscheiden zwischen dem Gefühlsanteil und der Wahrheit beziehungsweise Falschheit dessen, was die betreffende Person behauptet. Wenn Sentimentalität die Form des Irrtums annimmt, dann ist es sinnlos zu sagen: »Ich weiß, dass es sentimental ist, aber das ist mir egal. Ich will bloß wissen, ob es wahr oder falsch ist.« Es fällt schwer, sich jemanden vorzustellen, der meint: »Ich finde die Bergpredigt sentimental. Aber das macht nichts, ich lese die Bibel nicht wie Literatur. Ich suche darin nach ethischen Wahrheiten.« Wäre das nicht absurd?

Was es heißt, die Sentimentalität zu überwinden, ist daher abhängig davon, ob sie im Bereich des Faktischen, des Logischen oder der Metaphysik zu Tage tritt, oder im Reich der Bedeutung. Gerade das Reich der Bedeutung, in dem Form und Inhalt nicht zu trennen sind, ist nicht bloß in Ausnahmefällen störanfällig gegen Sentimentalität, es ist prinzipiell empfänglich für sie. Wir können davon träumen, Sentimentalität, Banalität und Pathos zu überwinden, aber von einem Reich der Bedeutung, in dem diese Fehlleistungen gar nicht erst auftreten, können wir nicht träumen, denn schon die Vorstellung wäre sinnlos.

Das, worum es im faktischen, rein logischen, metaphysischen oder naturwissenschaftlichen Diskurs geht, scheint für einen Denker jenseits aller realen Lebensbindungen zugänglich zu sein. Hierin zeigt sich der Traum vom reinen Denken, die Hoffnung, die Welt so zu sehen, wie Gott sie sehen würde, oder, wie Thomas Nagel es in seinem Buch *Der Blick von nirgendwo* genannt hat, die Welt von einem externen Standpunkt aus zu beobachten. Als das, was wir sind, nämlich Menschen aus Fleisch und Blut mit Gefühlen, werden wir diesem Ideal niemals gerecht werden können. Es scheint dennoch sinnvoll zu sein, ein solches Ideal aufrechtzuerhalten: und zwar, um an ihm unsere Leistungen und Ziele in einem bestimmten Bereich des Geisteslebens auszurichten. Selbst wenn wir der Vorstellung, die Welt von einem Standpunkt außerhalb zu beobachten, keinen rechten Sinn abgewinnen können, dem Ideal einer Befreiung des Denkens von Trägheit, Eitelkeit und vorgeprägten Mustern werden wir zustimmen. Wenn wir nun aber feststellen, dass Sentimentalität, Klischee und dergleichen das Denken auf ähnliche Weise beeinträchtigen, dann ist es sinnvoll, auch hier von Befreiung zu träumen. Vielleicht findet sich ja irgendwo da draußen jemand, der diesem Gedanken zustimmt.

Wer die Welt betrachten möchte, wie Gott sie sehen würde, ist notorisch unzufrieden mit den Bordmitteln der Umgangssprache. Es ist kein Zufall, dass diejenigen, die die Welt von einem externen Standpunkt aus erfassen wollen, immer wieder nach einer eigens konstruierten Idealsprache verlangt haben, die ihren strengen intellektuellen Anforderungen besser entspricht. Könnten auch die Dichter einem solchen Ideal folgen und versuchen, den Unzulänglichkeiten des Deutschen oder Englischen, des Französischen, Hebräischen oder Arabischen zu entfliehen? Man muss die Frage nur formulieren, um zu merken, dass sie nur rhetorisch gemeint sein kann. Schriftsteller ringen darum, die Sprache mit Leben zu füllen. Sie kämpfen gegen die vielen Arten, in denen Worte für uns leer und hohl werden können, aber ihnen geht es nicht darum, eine neue Sprache zu erschaffen, die niemals leblos werden kann. Der lebendige Sinn, den die Dichtung in unserer Sprache aufrechterhält, ist ein prekärer Zustand, der immer und überall von unserem Hang zu Sentimentalität, Klischee, Banalität, Pathos und dergleichen gefährdet ist. Es ist kennzeichnend für die Klärung, die wir erreichen, wenn wir diese Gefahren überwinden, dass sie nur mitten im Leben gelingen kann und niemals ein für alle Mal – und dass die Ergebnisse dieser Klärungsprozesse keinen Eingang finden in Lehrbücher und Lexika.

Erzählung, Philosophie und Wissenschaft

Fast alles, was im Leben wichtig ist, findet seinen Niederschlag im Reich der Bedeutung. Deshalb hat für unseren Versuch, das Leben zu verstehen, die Literatur schon immer eine bedeutende Rolle gespielt. (Unter Literatur soll hier, nach heute verbreiteter Auffassung, ein Schreiben verstanden werden, in dem Inhalt und Ausdrucksform nicht ohne Weiteres voneinander gelöst werden können und in dem, wie Cora Diamond es ausdrückt, die Möglichkeiten der natürlichen Sprache bis zum Rand ausgeschöpft werden.) Was uns in den Sinn kommt, wenn wir an die Probleme des Lebens denken und deren Bedeutung zu klären versuchen, ist wesentlich durch Literatur geprägt – und zwar durch die gesamte Kulturgeschichte hindurch. Wie oft haben literarische Werke oder generell Äußerungen der Kunst uns dazu gebracht, Bedeutung zu finden, wo wir vorher keine gesehen haben, oder tiefere Bedeutung, als wir für möglich gehalten hatten, oder sogar Sinn, wo etwas sinnlos erschien.

Historisch gesehen, haben zunächst die Philosophie und dann die Naturwissenschaft die Neigung an den Tag gelegt, einen Gehalt nur in dem Maße als kognitiv anzuerkennen, wie man Inhalt und Ausdrucksform voneinander trennen konnte. Gelang dies nicht, war er nicht geeignet, zum Aufbau des Wissens verwendet zu werden. Daran ist auch etwas Wahres, schließlich habe ich selbst gesagt, dass die Ergebnisse unserer Klärungsprozesse im Reich der Bedeutung keinen Eingang finden in Lehrbücher und Lexika. Es spricht eine Menge dafür, dass unser Konzept von »Wissen« wesentlich von einer bestimmten Art kognitiver Erkenntnisse geprägt ist, die sich von der Form trennen lassen, in der sie ihren Ausdruck finden, und die sich deshalb in besonderer Weise eignen, in Lehrbücher und Lexika aufgenommen zu werden. Es spricht aber nichts dafür, das Diktat dieser Prototypen auf alle wesentlichen Konzepte unseres Verstehens auszudehnen, zum Beispiel unsere Versuche, die Dinge so zu sehen, wie sie sind. Ich bin sofort bereit, zuzugestehen, dass ein Verstehen des Herzens nicht zu jener Art Wissen führen wird, das sich über die Jahrhunderte ansammelt und in den Enzyklopädien unserer Kultur festgehalten wird. Aber das heißt nicht, dass es sich nicht um eine eigenständige und legitime Form des Verstehens handelt.

Wenn man über das Erfassen von Bedeutung redet, liegt es näher von Weisheit, Einsicht oder Durchblick zu sprechen als von dem angelernten Wissen eines Gelehrten oder Fachmanns. Wie können wir herausfinden, was für das Verstehen spezifisch ist und was für das kognitive Erkennen? Ich glaube, nur, indem wir die Begriffe anschauen, mit denen wir unterschiedliche Erkenntnisarten danach beurteilen, ob sie gelingen oder misslingen. Wenn wir so an die Sache herangehen, werden wir, wie ich gezeigt habe, entdecken, dass, was wir als emotionale Gründe für die Störung kognitiver Funktionen eingestuft haben, sich tatsächlich als eigenständige Form des Irrtums erweist. Und wenn das so ist, wird der Weg frei, im Reich der Bedeutung ein eigenständiges Verstehen am Werk zu sehen, das sich vom Verstehen im Bereich des Faktischen unterscheidet, aber deshalb noch lange nicht in Anführungsstriche gesetzt werden muss.

Unser Verständnis der Tiere und unseres Verhältnisses zu ihnen ist häufig durch Geschichten geformt worden. Nun sind sich Philosophie und Naturwissenschaft darin einig, dass Geschichten nur insofern etwas zu unserem Verständnis beitragen können, wie man ihren kognitiven Gehalt von der Erzählform lösen und auf seinen faktischen und konzeptionellen Wert hin überprüfen kann. Dieses Dogma, wie ich es nennen möchte, dass man den kognitiven Gehalt von der literarischen Form trennen muss, im Verein mit der Annahme, dass wir als Beobachter in der Welt stehen, die eigenen Geistes- und Gemütszustände sicher, aber die der anderen nur bruchstückhaf erschließend, hat in der Erforschung von Tieren zu einem Reduktionismus geführt, der streckenweise wahnhafte Züge annimmt.

Tierisch klug ist ein unterhaltsames, wenn auch mitunter polemisches Buch von Eugène Linden. Der Autor erzählt darin wunderbare Anekdoten über wilde Tiere und Haustiere. In der Vergangenheit hatte Linden sich den Gepflogenheiten des Wissenschaftsbetriebs angepasst, in der Hoffnung, seine naturwissenschaftlichen Kollegen durch Tatsachenmaterial zu bewegen, das Verständnis des »tierischen Bewusstseins« weiter zu fassen, als die Tierforschung das momentan zulässt. Nun, so schreibt er, hat er genug davon, sich vom Gegner die Spielregeln vorschreiben zu lassen. An einer Debatte, die den Boden des gesunden Menschenverstands unter den Füßen verloren hat und ausgeartet ist zu einem »teuflischen Streit«, mag er nicht mehr teilnehmen. Stattdessen will er Geschichten weitergeben, die ihm Menschen erzählt haben, die Tiere kennen und deren Wahrnehmung nicht von der neurotischen Furcht vor Anthropomorphismen verzerrt ist – Tierpfleger, Trainer und andere. Jeffrey Masson, der sein Buch *Wie Tiere fühlen* im gleichen kämpferischen Geist verfasste, schreibt über *Tierisch klug*: »Eine sehr persönliche Zusammenstellung von Tiergeschichten – wundervoll, menschlich, anrührend –, die man nicht lesen kann, ohne tief bewegt zu werden. Dieses Buch eröffnet eine neue Art und Weise, über Tiere zu schreiben.«

Bedauerlicherweise erzählt Linden, trotz seines löblichen Vorsatzes, auf neue, nämlich erzählerische Weise über Tiere zu schreiben, im Grunde gar keine Geschichten. Er reiht Anekdote an Anekdote, wenig sorgsam und mit unverkennbar polemischer Zielrichtung. Das sind, genau wie bei Masson, keine Geschichten zum Nachdenken. Beide Männer sind von dem Bedürfnis angetrieben, einen in ihren Augen irregeleiteten Skeptizismus in Bezug auf »tierisches Bewusstsein« zu bekämpfen, und zugleich scheinen beide diesen Kampf für aussichtslos zu halten, als ahnten sie, dass es nicht in ihrer Macht steht, diesen Skeptizismus zum Verstummen zu bringen. Der Grund dafür liegt meines Erachtens in Folgendem: Beide gehen zwar von der Überzeugung aus, dass die rigiden Anforderungen an Objektivität und Beweiskraft in der Verhaltensforschung die Wahrnehmung tierischen Lebens verzerren, sie stehen aber selbst im Bann dieser Vorstellungen. Ihre Arbeiten bleiben jenen Standards der Tatsachenprüfung verpflichtet, die anzulegen sie für verfehlt halten.

Was soll man anfangen mit hunderten von nicht überprüfbaren Berichten, dass Tiere diese oder jene ungewöhnlichen Dinge geleistet haben, beispielsweise gezählt, geredet, getrauert, bereut? Entweder tut man sie gleich mit einem Achselzucken ab, oder man verlangt genauere Beschreibungen sowie eine systematische und kontrollierte Forschung. Dabei sollte man aber weder die Probleme aus dem Blick verlieren, die Beschreibungen grundsätzlich aufwerfen, noch die Frage, welche Erkenntnisse man sich von einer solchen Forschung genau verspricht. Man wünscht sich, in anderen Worten, die Naturwissenschaft in Eintracht mit einer wissenschaftlich bewanderten Philosophie. Und genau das wollen Linden und Masson nicht. Genau genommen, sind sie auf dem philosophischen Auge blind. Eine Auseinandersetzung mit dem Skeptizismus ist nicht im Ansatz zu erkennen; und zwar nicht nur auf der Ebene der grundlegenden Annahmen, sondern bereits auf einer recht allgemeinen Ebene wie der Frage, wie unsere Überzeugungen zustande kommen. Der Schaden, den diese philosophische Unreflektiertheit ihren Überlegungen zufügt, ist nicht zu beheben. Sie wagen sich auf ein Feld, in dem Behauptungen nur ernst genommen werden, wenn sie durch Tatsachenmaterial belegt werden, das streng gesiebt und geprüft wurde. Und dann ist es eben diese Art von Belegen, die sie beisteuern müssen.

Wenn Wissenschaftler sagen, sie wollen Belege, keine Anekdoten, dann meinen sie in der Regel nicht, dass Belege und Anekdoten in vollkommen unterschiedliche Kategorien gehören. Sie meinen, dass beide der gleichen Kategorie – empirische Begründungen für Überzeugungen – zuzuordnen sind, dass aber Anekdoten ein Beispiel von minderem Wert darstellen. Nicht einmal Tausende von ihnen würden für die Wissenschaft als Wissen zählen.

Linden und Masson haben meine volle Sympathie, aber irgendetwas ist gründlich schief gelaufen. Ich denke, es liegt daran, dass Linden und Masson mit denen, die sie kritisieren, eine Reihe von Annahmen teilen, deren Falschheit ich bereits zu zeigen versucht habe. Erstens gehen auch sie von folgender Annahme aus: Da wir nicht in die Köpfe der Tiere schauen können und sie uns auch nicht erzählen können, was darin vorgeht, sind wir auf unsere Schlussfolgerungen angewiesen; und die Absicherung dieser Zuschreibungen von Gemüts- und Bewusstseinszuständen muss durch Verhaltensbeobachtungen oder andere uns zur Verfügung stehende Belege erfolgen. Zweitens unterstellen auch sie das Faktische als allein verbindliches Leitbild für das Kognitive, und zwar, indem sie das Geschichtenerzählen lediglich nutzen, um anekdotische Belege vorzubringen. Die Probleme, die sich die beiden mit diesen Annahmen einhandeln, werden noch dadurch abgerundet, dass ihnen der Unterschied zwischen einer empirischen und einer begrifflichen Zuweisung nicht wirklich klar ist. So verfällt Masson auf den absurden Gedanken, eine Spinne verfüge möglicherweise über »ein reiches Seelenleben und einen Wirrwarr der Gefühle«, weil er nicht begreift, worin die Absurdität dieses Gedankens besteht.

Was die zuerst genannte Annahme angeht, haben Linden und Masson Recht, wenn sie die geltenden Standards zurückweisen. Die herrschende Beschränkung, welche Belege eine Zuschreibung von Gemüts- und Bewusstseinszuständen bei Tieren legitimieren können, ist weniger wissenschaftlich als wissenschaftsgläubig. In ihr kommt die geradezu abergläubische Überzeugung zum Ausdruck, das naturwissenschaftliche Wissen sei das allein seligmachende Vorbild für jede Form von Wissen und die Methode, mit der es gewonnen wird, sei das einzige Leitbild für jede Form von ernsthafter Erforschung.

So grob der naturwissenschaftliche Dogmatismus auch mitunter sein mag; er ist ein komplexes Phänomen. So beruht er auf einer ganzen Reihe von Annahmen darüber, was als objektives Wissen zu gelten hat und wann man Zweifel legitimerweise beiseite lassen darf. Einige dieser Annahmen sind recht oberflächlich und kaum mehr als Vorurteile – beispielsweise, dass man alles quantifizieren können muss oder dass ohne Quantifizierung präzise Erkenntnis nicht möglich sei. Andere Annahmen haben mehr Tiefgang. Eine von ihnen teilen Linden und Masson mit nahezu jedem, der das Verhalten von Tieren erforscht – nämlich dass die Rechtfertigung der Behauptungen, die wir über »tierisches Bewusstsein« aufstellen, unmittelbar abhängt von dem Beweis- und Belegmaterial, das wir vorbringen können, und zwar persönlich, aufgrund eigener Erlebnisse, und kollektiv, aufgrund der Erfahrungen von Generationen. Da Linden und Masson an dieser Annahme festhalten, gelingt es ihnen nicht, dem Skeptizismus zu entkommen, der zwangsläufig aus ihr folgt. Deshalb häufen sie Anekdote auf Anekdote, bedenkenlos, hastig, ohne sich genügend Zeit zur Reflexion zu nehmen. Und deshalb ist es nicht ganz abwegig, den einzigen Unterschied zwischen ihnen und jenen, denen sie vorwerfen, einen »höllischen Streit« zu entfachen, darin zu sehen, dass Linden und Masson weniger strenge Maßstäbe an ihr Beweismaterial anlegen.

Die zweite Annahme, die das Faktische als Leitbild jeder Form von Wissen unterstellt, hindert Linden und Masson daran, zu begreifen, welche Rolle das Geschichtenerzählen in ihrem Unternehmen spielen könnte. Sie behandeln die Fragen, ob beispielsweise Spinnen über Bewusstsein verfügen, ob Papageien sprechen oder Hunde Reue spüren, als seien sie faktisch zu beantworten. Über

Geschichten, so scheinen sie zu denken, lässt sich ein faktisches Wissen erschließen, das dem Wissenschaftsbetrieb in seinem »höllischen Streit« verborgen bleibt, da er einer dogmatischen Beschränkung des zugelassenen Beweismaterials ebenso verhaftet ist wie einem Objektivitätsanspruch, der eine neurotische Furcht vor Anthropomorphismen erzeugt. Da sie glauben, dass der kognitive Gehalt der Geschichten im Wesentlichen faktisch ist, nehme ich an, dass sie auch glauben, dass man ihn aus den Geschichten herauslösen kann – und dass eine Wissenschaft, die sich von den Verirrungen der heutigen Zeit befreit hat, mit ihm arbeiten und ihn kritisch prüfen wird. Wie dem auch sei, Linden und Masson entwickeln kein angemessenes Verständnis für das Wesen begrifflicher Fragestellungen, deshalb begreifen sie das entscheidende Potenzial des Geschichtenerzählens nicht, nämlich, uns zu zeigen, wie wir Vorstellungen, Begriffe und Konzepte auf Tiere übertragen können, von denen wir vorher nicht gedacht hätten, dass sie auf Tiere passen.

Wenn uns die Einschätzung von Tieren unklar oder verwirrend erscheint, liegt das meist nicht daran, dass wir uns nicht sicher sind, ob hinreichende Hinweise und Belege vorliegen. Stattdessen wissen wir häufig einfach nicht, wie wir das, was vorliegt, beschreiben sollen. So mag eine nahe liegende Beschreibung bestimmte Schlüsselbegriffe enthalten, und wir sind vielleicht nicht sicher, ob wir diese einem Tier zusprechen können. Manchmal kann die Anwendung solcher Begriffe, sozusagen neutral, im Rahmen einer allgemeinen philosophischen Überlegung reflektiert werden. Nämlich dann, wenn eine Redewendung beleuchtet wird, in der Inhalt und Ausdrucksform unterschieden werden können. Manchmal ist das nicht der Fall. Dann vollzieht sich der Klärungsprozess im Reich der Bedeutung – und das Geschichtenerzählen kommt zu seinem Recht.

Hier ist ein Beispiel für eine neutrale Form der begrifflichen Untersuchung, Hand in Hand mit einer empirischen Untersuchung. Einer unserer Nachbarn fand Gypsy eines Tages mit dem unteren Ende eines Spatens im Maul – die Schippe und zwischen acht und zehn Zentimeter vom Griff, den Rest hatte sie abgebissen. Sie stand vor einem Erdloch am Zaun zum Nachbargrundstück, das sie mit ihren Pfoten gebuddelt hatte, um zu dem Hund auf der anderen Seite zu gelangen, und wirkte verdutzt und frustriert.

Fragte sie sich gerade, was sie mit der Schaufel anfangen sollte? Ging es hier um eine primitive Form des Abwägens von Mitteln und Zielen? Natürlich steht außer Zweifel, dass Hunde und andere Tiere zuweilen Werkzeuge benutzen, um einen bestimmten Zweck zu erreichen. Aber das heißt nicht, dass sie über diese Werkzeuge und ihre Vorzüge nachdenken: ob es mit diesem geht oder ob sich nicht doch noch etwas Besseres finden lässt. Eine Reihe von Leuten würde nicht zögern zu behaupten, dass Gypsy gerade überlegte, wie sie die Schaufel benutzen sollte. Andere würden diesen Gedanken zurückweisen. Das Thema ist auf eine klare Weise kontrovers, und ich denke, die Meinungsunterschiedenheiten ließen sich beheben durch genaue Beobachtung unter kontrollierten Bedingungen, bei denen nach und nach verschiedene Möglichkeiten ausgeschlossen werden können. Begleitend sollte eine philosophische Reflexion, was es eigentlich heißt, Mittel und Ziele abzuwägen, in diese Forschung einfließen und aus ihr neue Anregungen beziehen.

Eine Reihe von Arbeiten über Tiere folgt diesen Vorgaben – Wissenschaft in Verbindung mit Philosophie, eine die andere vertiefend. Es ist schnell ersichtlich, warum wir unser Verständnis der Tierwelt auf genaue und kontrollierte Forschungen gründen sollten, die nur außerordentlich vorsichtig zu Schlussfolgerungen kommen. Aber die Wissenschaft braucht auch die Philosophie, um nicht zu kurz zu greifen. Die Frage beispielsweise, ob Zeichen gebende Schimpansen eine Sprache benutzen, kann man nicht allein dadurch beantworten, dass man sie beobachtet, weil sich auf diese Weise nicht klären lässt, was als Sprache zu gelten hat. Diese Klärung kann man ebenso wenig per Definition herbeiführen. Wir wissen beispielsweise, dass Kühe miteinander kommunizieren, wenn sie muhen. Aber niemand denkt ernsthaft, dass sie miteinander sprechen oder dass »Muh« ein Wort in der Kuhsprache ist. In einem solchen Fall wird sofort klar, dass ein wesentlicher Unterschied besteht zwischen einem Laut, der in einem Kommunikationssystem – und das kann ein sehr komplexes System sein – einen bestimmten Zweck erfüllt, und einem Laut, dem Bedeutung in der Art zukommt, wie wir sie einem Wort zuschreiben. Wann genau wir etwas als ein Wort bezeichnen können, hat sich allerdings als außerordentlich sperriges Problem erwiesen. Die Debatte darüber hält bis heute an, nicht nur in der Philosophie, sondern auch in den Naturwissenschaften, die auf einen langen Streit um die Frage zurückblicken, ob ein Schimpanse, der gelernt hat sich über Zeichen zu verständigen, eine Sprache erlernt hat.

Ich hoffe daher, dass diejenigen Leser, die mich aufgrund meiner Äußerungen zu Zweifel, Gewissheit und Rechtfertigung im Verdacht hatten, das Nachdenken über Tiere am liebsten im wissenschaftsfreien Raum anzusiedeln, nun einigermaßen beruhigt sind. Selbstverständlich haben auch Hypothesen, wissenschaftliches Denken und Experimente ihre Berechtigung. Ich denke nur, der konzeptionelle Rahmen, in dem man sie ansiedelt, sollte drei grundlegende Richtlinien berücksichtigen. Erstens: Es ist keine *Vermutung*, dass Hunde über Sinnesempfindungen verfügen oder sich nicht in die Probleme der Philosophie vertiefen. Zweitens: Die Interpretation der empirischen Befunde sollte im vollen Bewusstsein der begrifflichen Probleme geschehen, die beim Übergang von der Beobachtung zur Beschreibung auftreten. Und drittens: Während manche begrifflichen Klärungsprozesse sich am besten als neutrale philosophische Untersuchungen betreiben lassen, können andere nur adäquat erfasst werden, wenn Wissenschaft und Philosophie sich der Literatur öffnen, statt auf sie herabzuschauen.

Coetzee lädt uns ein, den Begriff der Entwürdigung auszudehnen auf das, was toten Hunden angetan wird. Dieses Angebot können wir annehmen oder ablehnen. Nehmen wir es an, werden wir es vielleicht noch weiter fassen oder mit unserem Verständnis verbinden, was wir für tote Tiere sonst noch tun können. Und wenn wir sein Angebot annehmen, dann wegen der Art, in der es verfasst ist und uns bewegt hat, da bin ich mir sicher. Versuchen wir nun aber, von dem Umstand, dass es uns bewegt hat, einen kognitiven Gehalt faktischer oder begrifflicher Art abzulösen, irgendetwas, das nicht zwangsläufig anfällig ist gegen die vielen Arten, in denen wir zu Unrecht bewegt werden, dann heißt das nicht, dass es uns auf diese Weise gelingen wird, unseren Gegenstand für die Untersuchung durch, beispielsweise, Philosophie und Wissenschaft aufzubereiten. Es heißt, dass unser Gegenstand dabei auf der Strecke bleiben wird.

Ich möchte das letzte Wort hierzu Rush Rhees überlassen. Rhees schreibt einen Brief an jemand, der ihm Ratschläge zur Erziehung seines Hundes Danny gegeben hat. Rhees scheint damit weitgehend gescheitert zu sein, meint jedoch, am Ende seiner Bemühungen wüssten er und Danny immerhin, wie sie zueinander stehen. In einer Weise, die nicht von Rhees persönlicher Darstellung zu lösen ist, erfahren wir meines Erachtens, wie man den Begriff des Zueinanderstehens auf Tiere übertragen kann. Wir erfahren ebenso, wie sich der Begriff des Respekts auf die Würde eines Hundes übertragen lässt:

»Ich war alles andere als glücklich über Dannys nervöse und überdrehte Art. Ebenso unzufrieden war ich mit meiner eigenen Ungeduld *ihm* gegenüber. Aber ... nach und nach lernten wir einander kennen. Und was ich meine, wenn ich davon spreche, ihn zu kennen – oder wenn Sie so wollen, was ich meine, wenn ich über *ihn* spreche –, ist für mich untrennbar verbunden mit der unmittelbaren Erfahrung seiner verrückten Aufgedrehtheit, seiner unüberwindbaren Dickköpfigkeit und seines völligen Ungehorsams, permanent und dauernd. Es ist nicht davon zu lösen, dass ich mich mit seinen ständigen Boshaftigkeiten unablässig auseinander setzen musste und dass sie mich, egal, ob ich sie ignorierte oder ihm heimzahlte, stets schlechter gelaunt zurückließen als ihn. Wenn ich dann die Leine nach ihm warf, er ins Haus flüchtete und ich ihm hinterherlief, dann guckte er ängstlich aus seinem Versteck hinter dem Sessel hervor und wartete auf die erste Chance, die sich bot, um zu mir zu eilen, seinen Kopf zwischen meine Knie zu drücken, als wolle er sich den Schädel brechen, und mit dem ganzen Hinterteil zu wedeln. – Langsam, sehr langsam (und sehr mühsam) lernten wir uns mit all dem kennen. Irgendwann wusste er, woran er mit mir war, ich wusste, woran ich mit ihm war. Und das war uns beiden klar.«

Diese Beschreibung findet sich in dem Buch *Moral Questions* von Rhees, und zwar in einem längeren Kapitel mit dem Titel *Death of a Dog*, das weitgehend aus Einträgen in ein Notizbuch nach Dannys Tod besteht. Es gibt vermutlich wenige Menschen, die dieses Kapitel lesen können, ohne erschüttert zu sein, so frisch ist einerseits der Schmerz, so tief und anhaltend andererseits die zum Ausdruck kommende Trauer. Fast zwei Jahre, nachdem Danny gestorben war, schrieb Rhees: »Ich erhole mich nicht mehr von diesem Verlust. Wenn etwas wieder und wieder schief läuft, dann richtet man seine ganze Aufmerksamkeit darauf. Aber es bedarf nur einer minimalen Änderung des Blickwinkels, und mit einem Mal sieht man vollkommen klar, was ebenso da war die ganze Zeit. – Selbst das Wort ›erholen‹ schmerzt; ich weiß nicht, was ich mir darunter vorstellen soll.«

Rhees hat um seinen Hund getrauert wie um eine geliebte Person. Dieser Gedanke kommt einem zwangsläufig, wenn man diese Aufzeichnungen liest. Aber so nahe liegend der Gedanke ist, Rhees bringt den Leser zugleich dazu, ihn zu hinterfragen. Denn er hat in dem Hund keine Person gesehen. Werfen wir jemandem vor, er behandele ein Tier wie einen Menschen, dann meinen wir normalerweise, dass sein Verhalten auffällig süßlich und übertrieben sentimental ist, dass er dem Tier Fähigkeiten zuschreibt, die man nur einer (menschlichen) Person zuschreiben kann, oder beides. Aber nichts davon trifft auf Rhees zu.

Er ist über den Tod seines Hundes auf eine ähnliche Weise bestürzt wie wir über den Tod eines Menschen. Er fühlt sich auf ähnliche Weise verpflichtet, das Andenken seines Hundes zu wahren, und hat das Gefühl, ihn zu verraten, wenn seine Trauer nachlässt:

> »Ich kann noch immer nicht verstehen, was passiert ist. Ich verstehe nicht, was es heißt…
>
> Ich weiß nicht, wie ich das machen soll: mit meinen Gedanken bei ihm bleiben (es zumindest versuchen) und gleichzeitig mit all dem hier weitermachen.
>
> Ich weiß nicht, was ich da eigentlich versuche; oder: was ich tue. – Eines ist es jedenfalls nicht: ›die Erinnerung lebendig halten‹.«

Im Ernst: Für einen Hund? Ich weiß nicht, wie ich die Frage zurückhalten soll. Und hier noch einmal Rhees, der beschreibt welche Rolle sein Hund in seinem Leben spielte:

> »Wenn ich versuche, meine Arbeit fortzusetzen, wenn ich versuche die Philosophie der Mathematik zu verstehen (Induktion, Rekursion), dann wird mir klar: Egal, was ich tat, ob ich gelesen oder geschrieben habe, ich habe nichts ohne ihn gemacht; ich habe ihn bei mir gehabt, was immer ich tat. (Er hat dort in der Ecke geschlafen oder da vorne.)
>
> Und jetzt, wo er fort ist – wie soll ich jetzt noch etwas tun? – was mache ich hier noch?«

Armes Lebewesen

Auf der französischen Seite des Mont-Blanc-Massivs, über Chamonix, erhebt sich eine der schönsten Formationen der Alpen, die Drus. Ihre steilen Granitwände, die bald tausend Meter aufragen, bevor sie von Eis überzogen werden, sind für einen Bergsteiger ein verheißungsvoller Anblick. An einer dieser Wände führt eine Route in atemberaubender Kühnheit direkt zum Gipfel hinauf: Es ist der Südwestpfeiler, auch Bonattipfeiler genannt, weil Walter Bonatti ihn als Erster alleine erklommen hat.

Im Alleingang die Berge zu besteigen, heißt nicht nur, ohne jemanden auszukommen, der einen bei einem Sturz abfangen kann, es heißt auch, auf die Gesellschaft und Ermunterung von Gefährten zu verzichten. Bonatti, einer der wichtigsten und vor allem leidenschaftlichsten Alpinisten, war sich der spirituellen Dimension seiner Berufung vollkommen bewusst, und die Idee, den Südwestpfeiler alleine zu meistern, kam ihm während einer Lebens- und Sinnkrise. Ein Jahr zuvor hatte er im Himalaja eine grauenhafte Nacht auf dem zweithöchsten Berg der Welt, dem K2, durchgestanden. In der dünnen Luft auf fast 8000 Metern Höhe kurz unterhalb des Gipfels war sein Sherpa vor Erschöpfung psychisch zusammengebrochen, und auch Bonatti war kurz davor gewesen, den Verstand zu verlieren. Die Nacht vor seiner Besteigung der Westwand der Drus wollte er in einer Schutzhütte am Envers les Aiguielles verbringen, der von seinem Ziel durch das Mer de Glace getrennt ist. Aber bereits am späten Nachmittag brachte er den Sack mit Ausrüstung und Proviant hinüber zum Fuß des Pfeilers. Über eine Stunde saß er dort und schlug sich mit dem Gedanken herum, ob es nicht vollkommen verrückt war, sich ein Projekt in den Kopf zu setzen, das ihn mit ziemlicher Wahrscheinlichkeit das Leben kosten würde. In seinem Buch über diese Erfahrung, *Berge – meine Berge*, schreibt Bonatti:

»Der Einbruch der Dunkelheit in dieser kalten und unfreundlichen Umgebung erfüllt mich mit Furcht, und ich bedaure fast meinen gewagten Entschluss. Ich beneide … alle Menschen, die nicht, wie ich, eine solche Aufgabe bewältigen müssen, um wieder zu sich selbst zu finden. Unterdessen mache ich mich, in Gedanken versunken, auf den Weg zur Schutzhütte. Plötzlich sehe ich einen kleinen Schmetterling, den der warme Hauch des Tages hier heraufgetragen hat. Er legt sich ganz nah neben mir auf dem Schnee nieder. Armes Lebewesen, das durch einen unglücklichen Zufall in eine grausige Welt geriet, von deren Existenz es nie eine Ahnung hatte, und dort nun den Tod erleidet … Armes Tierchen, mein Unglücksbruder, … wie fühle ich mich mit dir verbunden. Deine Tragödie ist die meine. Was ich im Kampf um die Drus suche, unterscheidet sich in nichts von der Trunkenheit, die dich hierher trug … Was hätte ich anderes tun sollen, als sanft und liebevoll den kleinen Schmetterling in meine warmen, hohlen Hände zu nehmen und ihn in die Hütte zu tragen – an einen sicheren Ort.«

Bonattis Mitgefühl mit dem Schmetterling bewegt mich vor allem deshalb, weil es von dem Gefühl durchdrungen ist, ein und dasselbe Schicksal mit ihm zu teilen. Zugegebenermaßen ist seine Ausdrucksweise ein wenig melodramatisch – »Deine Tragödie ist die meine« –, aber ich finde nichts Pathetisches oder Sentimentales an seinem letzten Satz, der dieses Mitgefühl in überzeugende Worte fasst. Gegen den Eindruck, den die zitierte Passage als ganze hinterlassen mag, neige ich dazu, den letzten Satz in das Vorhergehende hineinzulesen und Bonatti einiges an Pathos nachzusehen.

Ist Bonattis Mitgefühl davon abhängig, dass er dem Schmetterling Bewusstseinszustände zuschreibt? Ist es abhängig davon, dass er glaubt, der im Eis gefangene Falter habe Angst? Glaubt er, dass der Schmetterling Kälte und Schmerz spürt, als er sich müht freizukommen? Und ist es notwendig, dass er das glaubt? Ich bin mir sicher, die Kraft seines Mitgefühls, die mich bewegt, hängt in keiner Weise von der Annahme ab, dass er Dinge dieser Art unterstellt oder dass ich es tue. Würde mir jemand sagen, auch er finde die Passage bewegend, sei aber skeptisch, weil er fürchte, ihre Überzeugungskraft beruhe darauf, Reaktionen, die nur bei höher entwickelten Lebewesen vorkommen, auf den Schmetterling zu projizieren, dann würde ich ihm einen Mangel an Phantasie vorwerfen. Nicht, weil es ihm nicht gelingt, sich die inneren Zustände eines Schmetterlings vorzustellen, sondern weil er nicht sieht, dass das gar nicht notwendig ist, um angerührt zu sein und um diese Rührung zu akzeptieren. Und zwar allein aufgrund des Mitgefühls, das Bonatti selbst zum Ausdruck bringt. In der zitierten Passage weist nichts an Bonattis Vorstellung, ein und dasselbe Schicksal mit dem Schmetterling zu teilen, darauf hin, dass er irgendwie empathisch in dessen Empfindungswelt vorgedrungen wäre.

Der Kampf einer Motte, die sich, angezogen vom Licht, im Lampenschirm verfangen hat und verzweifelt versucht, der Hitze der Glühbirne zu entkommen, ist für manche Menschen schwer zu ertragen. Das Gleiche gilt, wenn einer Fliege die Flügel langsam herausgerissen werden, ein Akt, der für uns zu einer Art Richtmaß der Grausamkeit geworden ist. »Der hat als Kind bestimmt Fliegen die Flügel ausgerissen«, sagen wir über einen Sadisten. Und das tun wir meiner Meinung nach nicht, weil wir annehmen, dass die Fliege besonders große oder überhaupt irgendwelche Schmerzen gespürt hat, sondern deswegen, weil der Junge ganz offensichtlich Gefallen an der vorsätzlichen Verstümmelung eines Lebewesens gefunden hat. Um die Handlung zu missbilligen, muss man allerdings weder die Annahme ins Spiel bringen, dass die Fliege Schmerz verspürt, noch, *a fortiori*, die Annahme, dass der Junge Gefallen daran findet.

Es ist nun an der Zeit, dass ich ein Geständnis ablege: Ich habe nur einen Teil der Passage aus Bonattis Buch wiedergegeben. Hier ist sie in ganzer Länge.

»Der Einbruch der Dunkelheit in dieser kalten und unfreundlichen Umgebung erfüllt mich mit Furcht, und ich bedaure fast meinen gewagten Entschluss. Ich beneide Professor Ceresa und alle Menschen, die nicht, wie ich, eine solche Aufgabe bewältigen müssen, um wieder zu sich selbst zu finden. Unterdessen mache ich mich, in Gedanken versunken, auf den Weg zur Schutzhütte. Plötzlich sehe ich einen kleinen Schmetterling, den der warme Hauch des Tages hier heraufgetragen hat. Er legt sich ganz nah neben mir auf dem Schnee nieder. Armes Lebewesen, das durch einen unglücklichen Zufall in eine grausige Welt geriet, von deren Existenz es nie eine Ahnung hatte, und dort nun den Tod erleidet. Es ist wie ein menschliches Drama, das sich hier vor meinen Augen mit dem letzten Flügelschlag abspielt. ›Wer weiß‹, denke ich, ›mit welcher Furcht du die letzten Strahlen der untergehenden Sonne schwinden sahst! Wer weiß, wie groß dein Entsetzen war, als du die ersten Wunden des Hagels spürtest und die grausame Gewissheit des Todes vor dir sahst. Deine Angst war die meine! Armes Tierchen, mein Unglücksbruder an diesem schrecklichen Ort, wie fühle ich mich mit dir verbunden. Deine Tragödie ist die meine. Was ich im Kampf um die Drus suche, unterscheidet sich in nichts von der Trunkenheit, die dich hierher trug, und die Drus, denen ich die Stirn bieten werde, sind für mich vielleicht das, was für dich dieser letzte Sonnenstrahl war. Wenn es mir morgen nicht gelingt, den Überhang zu überwinden, werde ich denselben Tod erleiden wie du.‹ Was hätte ich anderes tun sollen, als sanft und liebevoll den kleinen Schmetterling in meine warmen, hohlen Hände zu nehmen und ihn in die Hütte zu tragen – an einen sicheren Ort.«

Auf den ersten Blick scheint der ungekürzte Text meinen Worten eindeutig zu widersprechen. Ich habe gesagt, es bestünde kein Grund zur Annahme, dass Bonatti sich in den Gemütszustand des Falters hineinversetzt hätte. Aber genau das scheint er getan zu haben; und die ganze Passage scheint darauf hinauszulaufen, dass sein Mitgefühl eben daraus entsprang.

So scheint es zu sein, das gebe ich zu, aber ich glaube nicht, dass es so ist. Die Textstellen, die Bonattis Ansichten, wie der Schmetterling sein Schicksal erlebt haben mag, wiederzugeben scheinen, sind nichts weiter als rhetorische Ausschmückungen eines Mitgefühls, das solcher Ausschmückungen nicht bedarf, sondern besser ohne sie zum Ausdruck gebracht wird. Ich habe zuerst die gekürzte Version gebracht, weil ich etwas zeigen wollte: Das Mitgefühl für den Schmetterling, das darin so schön zum Ausdruck kommt, braucht solche unterstützenden Spekulationen nicht, um verständlich zu werden. Es ist der besonderen Qualität des letzten Satzes zu verdanken, dass er letztlich den Schwulst des Vorangehenden abmildert.

Manchen Männern macht es Spaß, auf Spinnen oder Insekten zu pinkeln, die in ein Pissoir geraten sind. Ein derbes Vergnügen, das einen Mangel an Vorstellungskraft erkennen lässt. Die Spinne mit dem Urinstrahl die Rinne entlang bis zum Ablauf zu treiben, ist schlimmer, als sie einfach wegzuspülen, aber nicht, weil es schlimmer für die Spinne ist. Es ist schlimmer, dies zu tun, und ich würde hinzufügen, es ist auch schlimmer, *dies der Spinne anzutun*, aber nicht, weil sie den Unterschied bemerken würde. Wenn man seinen Kindern beizubringen versucht, so etwas nicht zu tun und Spinnen noch nicht einmal im Waschbecken fortzuspülen, sollte man der Versuchung widerstehen, zu sagen: »Stell dir nur vor, wie die Spinne sich dabei fühlt.« Der Grund dafür ist nicht, dass die Spinne sich auf die eine oder andere Weise schrecklich fühlen muss, sondern, dass wir uns nie ein Bild davon werden machen können, was sie fühlt.

Was soll man also tun, wenn jemand darüber spekuliert, wie sich die Spinne wohl fühlt – außer mit der Schulter zu zucken? Das Gleiche gilt für den radikaleren Gedanken, dass sie irgendetwas fühlen muss, wir aber nie herausfinden werden, was. Angenommen, wir gehen davon aus, dass es sich für die Spinne irgendwie – vermutlich schlecht – anfühlen muss, den Ausguss hinabgespült zu werden. Dann wäre ein denkbarer Vorschlag, uns in Zukunft so zu verhalten, als hätten Spinnen und Insekten

Empfindungen. Was man auch immer zugunsten dieses Vorschlags vorbringen mag (und ich fürchte, es ist nicht allzu viel), eines sollte man nicht übersehen: Wir werden wohl kaum jemals aufrichtiges Mitgefühl für eine Kreatur empfinden allein aufgrund der Annahme, es sei angemessen, das zu tun. Die bei weitem beste Schlussfolgerung, die sich bislang ziehen lässt, ist, dass Spekulationen über die inneren Zustände von Insekten keine Rolle spielen und das auch nicht tun sollten, wenn wir manchmal Mitleid mit ihnen empfinden.

»Armes Lebewesen« – das ist der Kern in Bonattis Reaktion. Nun hat, wie ich bereits angedeutet habe, das Wort »Leben« viele Bedeutungen. Auch Pflanzen sind eine Form von Leben, aber sie sind keine lebendigen Kreaturen. Wäre eine Pflanze durch Steinschlag zerstört worden, während Bonatti am Fuß des Pfeilers saß, hätte dies nicht die gleiche Assoziationskette in Gang gesetzt. Trotz seiner begründeten Furcht, ebenfalls getötet zu werden, hätte er nicht jenes Gefühl geteilten Schicksals und gemeinsamer Sterblichkeit entwickeln können, jedenfalls nicht in der Weise, wie es im Erkennen des »armen Lebewesens« anklingt. Seine innere Haltung zu dem Falter war durch und durch geprägt von der Tragödie des schwächer werdenden Flügelschlags, von dem Bewusstsein, dass dieser in eine ausweglose Lage geraten war, und von der Erkenntnis, dass der Schmetterling von einem Ort angezogen worden war, der ihm den Tod brachte – und der, mit großer Wahrscheinlichkeit, auch Bonatti den Tod bringen würde. Alles das brachte ihn dazu, in dem Schmetterling das Opfer eines tragischen Schicksals zu sehen. Aus vergleichbaren Gründen können wir in der Spinne, die den Ausguss hinuntergespült wurde, ein Opfer unserer achtlosen Überheblichkeit sehen.

Es wäre sinnlos, in dieser Weise über Pflanzen zu reden, auch wenn wir uns um manche von ihnen – Bäume zum Beispiel – mehr kümmern, als wir es je um ein Insekt tun würden. Als in Großbritannien während eines verheerenden Sturms im Oktober 1987 Tausende von Bäumen entwurzelt wurden, verfiel die ganze Nation in Trauer. Manche Menschen betrauern den Verlust bestimmter Bäume, die ihnen seit vielen Jahren vertraut waren und die sie, ich denke, das kann man sagen, im Laufe der Zeit lieb gewonnen hatten. Aber auch, wenn es einen schmerzen mag, Bäume durch Blitzschlag oder Krankheitsbefall entstellt zu sehen, man kann in ihnen meines Erachtens nicht die Opfer eines Schicksalsschlags sehen. Auch wenn man einen Baum lieb gewinnen kann, aber, soweit ich sehe, niemals ein Insekt, und auch wenn die Zerstörung eines Baumes einen tiefer erschüttern kann, als es die Tötung eines Insekts je vermag – unser Verständnis vom Leben und Sterben eines Baums ist zu weit entfernt von unserem Verständnis, was es für lebende Kreaturen, einschließlich der Insekten, heißt, zu leben und zu sterben, als dass wir für sie empfinden könnten, was Bonatti für den Schmetterling empfand. Bonattis Bild vom »Unglücksbruder« ist eine überzogene Formulierung für etwas, das uns einleuchtet: nämlich, dass wir uns mit dem Schmetterling durch ein gemeinsames Schicksal verbunden fühlen können. Diese Einsicht erlaubt es uns im Gegenzug, den Falter als Protagonisten eines Dramas zu begreifen, das ihm am Ende den Tod bringt. Deshalb hat das Wort »töten« für uns in der Anwendung auf Schmetterlinge und Spinnen eine weit handgreiflichere Bedeutung, als wenn wir davon sprechen, dass ein Baum getötet wird, selbst wenn dies so dramatisch geschieht wie durch einen Blitzschlag.

Auf den Felserhebungen rund um Maldon in Zentral-victoria wachsen riesige Kakteen. Ich finde, sie bieten einen herrlichen Anblick, wenn sie in voller Größe an den Berghängen zwischen den Granitfelsen stehen, aber in manchen Landesteilen sind sie zur Plage geworden. Sie verbreiten sich so schnell wie weiträumig und sind nur schwer auszurotten. Davon halbwegs in den Wahnsinn getrieben, so vermute ich, hatte einer der ansässigen Farmer sie zu Dutzenden mit der Kettensäge traktiert; teils waren sie gefällt, teils waren klaffende Wunden in ihre fleischigen Arme geschlagen. Das Resultat war grotesk, weil man an der Schneise der Zerstörung die Wut des Farmers ablesen konnte. Man konnte sich vorstellen, wie er an dem Hang wie wild seine Kettensäge herumgeschwungen hatte, getrieben und besessen etwas zu tun, das nicht möglich war: Pflanzen auf eine Weise zu morden, wie man nur lebendige Kreaturen töten kann. Ich bin mir ziemlich sicher, dass seine Illusion genährt wurde vom Anblick der abgestorbenen Kakteen. Ihre abgetrennten Arme waren bräunlich verfärbt und, besudelt vom Rot der aufgeplatzten Früchte, ließen sie den Hang als Schauplatz eines Massakers erscheinen.

Unsere Bereitschaft, Spinnen und Insekten als Objekte jener Art von Mitgefühl anzuerkennen, das Bonatti dem Schmetterling entgegenbrachte, scheint davon abzuhängen, dass wir ihnen ein gewisses Maß an Handlungsvermögen zuschreiben, dass wir substantiell unterscheiden zwischen dem, was sie tun, und dem, was ihnen bloß widerfährt. So unterscheiden wir, ob eine Spinne sich bewegt, weil sie Beute jagt beziehungsweise vor einem Angreifer flieht, oder ob sie von einem starken Windzug bewegt wird. Es stimmt, dass wir diese Unterscheidung auch auf Roboter anwenden können, aber wir beeilen uns dann stets hinzuzufügen, dass ihre Bewegungen »rein mechanisch« seien, dass sie nichts aus eigener Initiative tun. Damit wollen wir meines Erachtens Folgendes sagen: Wenn Roboter etwas »tun«, handelt es sich um ein »Tun« in Anführungsstrichen.

Manche Leute glauben, dass nichts an der Erscheinung eines Insekts, nichts, das wir sehen können, uns darüber aufklären kann, ob es nicht bloß wie eine Maschine funktioniert. Das könnte nur die Gewissheit, dass es über eigenen Willen, Bedürfnisse und Gefühle verfügt. Hat es ein solches Innenleben, Wollen und Empfinden nicht (so geht der Gedankengang weiter), dann unterscheidet es sich nicht wesentlich von einem mechanischen Ding. Aus diesem Grund werden Theorien, die Verhalten, und zwar auch menschliches Verhalten, ohne Rückgriff auf innere Vorgänge, vor allem ohne Rückgriff auf Wille und Intention zu erklären versuchen, als »mechanistisch« bezeichnet.

Aber das ist nur zum Teil zutreffend. Wenn wir nicht unwillkürlich bereit wären, davon zu sprechen, dass die Motte kämpft, die Fliege zappelt und die Spinne aus dem Spülstein herauszukommen sucht – dann hätten wir ihnen gegenüber nicht die Gefühle, die wir haben, und würden nicht reagieren, wie wir es tun. Das ist das Mindeste, um Bonattis »armen Lebewesen« gerecht zu werden. Wenn uns jemand erzählt, dass die Bewegungen der Insekten nicht durch innere Vorgänge hervorgerufen werden, dass sie, wie Maschinen, nur in Anführungsstrichen etwas tun, dann muss diese Person sich die Frage gefallen lassen, woher sie diese Idee bezieht und warum sie sich da so sicher ist. Liegt das alles auf der Hand? Bestimmt nicht. Ich habe den Verdacht, diese Überzeugung beruht auf der unbewussten und ungeprüften Annahme, dass wir nur deshalb Insekten ohne Zögern Handlungen zuschreiben und unterscheiden zwischen dem, was sie tun, und dem, was in ihnen und mit ihnen geschieht, weil wir davon ausgehen, dass sie über etwas verfügen, das es psychologisch rechtfertigt, diese Zuschreibung und diese Unterscheidung auf sie zu übertragen. Eine solche Annahme ist relativ gewagt und geht weit über unsere Art, über solche Dinge zu reden, hinaus. Außerdem hat sich eine vergleichbare Annahme bereits beim Thema Hunde und Katzen als zutiefst fragwürdig erwiesen.

Bonattis Mitgefühl für den Schmetterling hätte nicht die Form angenommen, die es angenommen hat, wenn er gemeint hätte, der Falter kämpfe nur im übertragenen Sinn gegen seinen Tod im Eis an. Seine Bewegungen als Kampf zu begreifen, ist meines Erachtens eine Leistung der Vorstellungskraft. Durch sie sind wir in der Lage, eine Kreatur in eine dramatische Situation verwickelt zu sehen. Und das, nehme ich an, ist nicht bloß eine Folge davon, dass wir Schmetterlinge und Spinnen als lebende Wesen begreifen, an deren *Leben* wir in einem begrenzten Rahmen Anteil nehmen können; es ist zugleich die Grundlage eines solchen Verständnisses. Wir können eine Spinne mehrere Wochen lang beobachten und sehen, wie sie ihr Netz baut und flickt, wenn jemand es beschädigt hat, wie sie Beute fängt und selbst droht, Beute zu werden, sich aber in ihr Netz retten kann, wie sie damit zurechtkommt, dass sie ein Bein verloren hat, und so weiter. Solche Wahrnehmungen sind etwas vollkommen Alltägliches. Darin ein Drama zu erkennen, ja, sich überhaupt dafür zu interessieren, erfordert ein gewisses Maß an Phantasie. Und um im Ende eines Schmetterlings jene Tragödie zu sehen, die Bonatti erschütterte, muss man über eine solche Vorstellungskraft in hohem Maße verfügen.

Bei dieser Vorstellungskraft geht es nicht um Spekulationen, nicht darum, sich in das Insekt hineinzuversetzen. Alles ist an der Oberfläche, vorausgesetzt natürlich, man hat eine entsprechend gehaltvolle Auffassung der Oberfläche. Wie sagte die Protagonistin in Coetzees *Leben der Tiere*? »Es gehört nicht zur Seinsweise von Tieren, Gedanken der Furcht zu hegen: ihr ganzes Sein ist im lebendigen Fleisch. Wenn ich Sie nicht überzeuge, dann deshalb, weil es meinen hier geäußerten Worten an Kraft fehlt, Ihnen die Ganzheit, die nicht abstrakte, nicht intellektuelle Natur dieses Tierseins nahe zu bringen.« Die Kraft, die sie ihren Worten wünscht, ist nicht die Kraft, gedanklich unter die Haut des Tieres vorzudringen und ihre Zuhörer dorthin zu versetzen. Sie wünscht sich die Kraft, zu zeigen, dass alles Wesentliche offen daliegt, dass nichts verborgen ist und dass die Fähigkeit, es zu sehen, von unserer Auffassung der Oberfläche abhängt, von unserer Auffassung, was es heißt, ein Lebewesen zu sein, und wie man folgerichtig beschreibt, was es tut und erduldet. »Deshalb«, fährt sie fort, »lege ich Ihnen ans Herz, die Dichter zu lesen, welche das lebendige, spannungsgeladene Sein in Sprache verwandeln.« Sie meint an dieser Stelle »das lebendige, spannungsgeladene Sein« von Säugetieren. Wir könnten genauso gut vom »lebendigen, spannungsgeladenen Sein« der Insekten sprechen.

Bestünde die Schwierigkeit, über Spinnen nachzudenken, wirklich darin, dass wir herausfinden müssten, wie ihnen die Dinge subjektiv erscheinen, dann würde es sich unausweichlich um die Schwierigkeit handeln, etwas in Erfahrung zu bringen, das uns nicht zugänglich ist. Aber dagegen erhebe ich Einspruch. Unsere Schwierigkeit besteht mindestens ebenso sehr darin, herauszufinden, wann es sinnvoll ist, bestimmte Begriffe anzuwenden.

164

Diesen Gedanken möchte ich ein wenig ausführen. Ich will nicht abstreiten – und die entsprechende Vorstellung keinesfalls pauschal zurückweisen –, dass wir vielleicht eines Tages bei Spinnen eine Art Nervensystem entdecken, das in seiner Funktion dem unseren gleicht. Wenn das geschieht, wäre es vernünftig zu sagen, wir hätten guten Grund zu der Annahme, dass Spinnen über Empfindungen verfügen. Ein offensichtliches Problem ergibt sich bei der Frage, wie wir darlegen sollten, dass es ein Nervensystem ist, das »dem unseren gleicht«. Immerhin wissen wir, dass Insekten auf Wärme und Kälte reagieren sowie auf Dinge, die uns Schmerz bereiten. Aber das ist noch kein Hinweis darauf, dass ihre Reaktionen durch Empfindungen vermittelt sind. Würde dieses Etwas, das als Nervensystem bezeichnet wird, lediglich die kausale Verknüpfung zwischen der Wärme, die eine Glühbirne ausstrahlt, und dem Insekt, das davon angezogen und abgestoßen wird, aufzeigen – unsere grundlegenden Zweifel wären nicht ausgeräumt. So könnte man fortfahren, aber das erspare ich mir.

Nehmen wir an, die Forschung überzeugt uns, dass Spinnen über Empfindungen verfügen. Dann gibt es zwei Schlussfolgerungen, die wir nicht ziehen sollten. Die erste lautet: Die Wissenschaft habe uns die Grundlage für die Behauptung geliefert, wir wüssten nun, was wir bisher lediglich angenommen hätten, nämlich dass die Unterscheidung zwischen dem, was ein Lebewesen tut, und dem, was ihm bloß widerfährt, auf Spinnen in vollem Umfang und nicht nur im übertragenen Sinn zutreffe. Und die zweite lautet: Spinnen ein reiches Gefühl- und Seelenleben sowie das Vermögen der Reflexion zuzusprechen, sei deshalb abwegig, weil es faktisch nicht stimme. Diesen (zugegebenermaßen verführerischen) Schlussfolgerungen zu widerstehen, ist wichtig, um den begrifflichen Rahmen richtig zu bestimmen, in dem wissenschaftliche Entdeckungen über Insekten zu verorten sind.

Manchmal sagen wir, etwas sei abwegig oder Unsinn, weil wir wissen, dass wir uns, wenn wir es annehmen, gegen jede wissenschaftliche Erkenntnis stellen, beziehungsweise gegen das, was ohnehin jeder weiß und was deshalb gar nicht erst herausgefunden werden muss (beispielsweise, dass Gras häufig grün ist). Manchmal sagen wir, etwas »könne gar nicht sein«, und meinen damit, dass es den Naturgesetzen widersprechen würde. Wir bezeichnen es als Unsinn, wenn jemand behauptet, die Erde sei eine Scheibe, es gäbe Einhörner oder Meerjungfrauen und Elvis Presley sei lebendig und wohlauf. Wenn uns aber jemand erzählt, es sei denkbar, dass es Mäuse wie Micky Maus tatsächlich gebe, Mäuse, die sprechen, sich verlieben, mit ihren Nachbarn zanken und in kleinen Autos herumfahren – bezeichnen wir das dann in der gleichen Weise als Unsinn, wie wenn wir die Behauptung zurückweisen, es gäbe Einhörner? Gehört der Gedanke, dass Steine es nicht mögen, wenn man sie bewegt, oder dass meine Hose erleichtert ist, wenn ich den Gürtel löse, in die gleiche Kategorie von Unsinn wie die Vorstellung, dass Elvis im Untergrund für die CIA tätig ist? Ich glaube nicht. Während die erste Gruppe von Behauptungen gegen anerkannte Tatsachen verstößt oder gegen allgemein bekannte Naturgesetze, verstößt die zweite Gruppe gegen das, was sich vernünftigerweise sagen lässt, gegen das, was diese Worte, so wie wir sie gebrauchen, vernünftigerweise bedeuten können.

Uns vorzustellen, wie es wäre, wenn es Einhörner gäbe oder wenn Elvis noch lebte und für die CIA arbeitete, ist nicht sonderlich schwierig. Aber ich glaube, wir irren uns, wenn wir meinen, dass wir uns ernsthaft vorstellen könnten, wie es wäre, wenn es Steine und Hosen mit einem psychischen Eigenleben gäbe oder Nagetiere wie Micky Maus. Natürlich gibt es eine bestimmte Art, in der wir uns Hosen mit einem Seelenleben vorstellen können. Wir könnten eine Karikatur zeichnen, den Reißverschluss als Nase, den Schritt als Mund. In eine Sprechblase könnten wir alles hineinschreiben, was uns in den Sinn kommt. Aber uns etwas auf diese Weise ausmalen, ist etwas anderes, als uns etwas ernsthaft vorzustellen. Es sind keine Umstände denkbar, unter denen der Wahrheitsgehalt dieser Aussagen überprüfbar wäre. Die Ausdrücke »Spinne mit einem ausgeprägten Seelenleben« oder »Stein mit einem ausgeprägten Seelenleben« haben keinen Platz in Sätzen, die wahr oder falsch sein können, oder wie ich es ausdrücken würde, keinen Platz in ernsthaften Behauptungen, die das Bestehen von Tatsachen bestätigen oder verneinen. Die Vorstellung, es könne, auch wenn es hochgradig unwahrscheinlich ist, doch möglicherweise zutreffen, dass Spinnen über höhere Mathematik nachdenken, ist von der gleichen Art wie die Vorstellung, es könne, auch wenn es hochgradig unwahrscheinlich ist, doch möglicherweise Mäuse wie Micky Maus geben. Wenn Jeffrey Masson annimmt, Spinnen verfügten über ein ausgeprägtes Seelenleben, gehört das in die gleiche Kategorie; deshalb habe ich gesagt, diese Annahme ist nicht deshalb abwegig, weil sie eine offensichtlich falsche Behauptung aufstellt. Sein Irrtum besteht darin, dass er eine wesentliche Unterscheidung nicht kennt: zwischen der Frage, was man wissen kann, und der Frage, welchen Beschränkungen die Anwendung eines Begriffs unterliegt.

Phantasie oder Vorstellungskraft ist also keine unproblematische Gabe. Gerade die Philosophie arbeitet stark mit Gedankenexperimenten, bei denen man sich zunächst einmal etwas vorstellen soll. Ihre große Aufgabe besteht darin, zu unterscheiden zwischen einer Vorstellungskraft, die Unsinn durch Ausmalung plausibel erscheinen lässt, und einer Vorstellungskraft, die unser Verständnis von dem, was man sich ernsthaft vorstellen kann, erweitert.

Die Phantasie kann der Unterhaltung dienen, sie kann uns aber auch helfen, die Welt zu verstehen. Als wichtigste Aufgabe für das Verstehen wird allgemein die Hervorbringung von Hypothesen erachtet, die dann vor einem Tribunal aus Wissenschaft und wissenschaftsorientierter Philosophie einer kritischen Prüfung unterzogen werden. Und das ist tatsächlich eine wichtige Art und Weise, in der die Vorstellungskraft uns hilft, zu verstehen, wie es in der Welt zugeht. Aber der Begriff »Welt« hat eine Vielzahl von Bedeutungen. Die Vorstellungskraft funktioniert in der Welt der Bedeutung auf andere Weise und unterliegt, wie ich gezeigt habe, einer anderen kritischen Begrifflichkeit, als wenn sie ihre Anwendung in der Welt der Fakten findet. Als Reaktion auf die von Bonatti beschriebene Szene erkenne ich möglicherweise, wie es zwischen Menschen und Insekten steht, und aus dieser Einsicht ergeben sich eventuell weitreichende Folgen für meinen künftigen Umgang mit ihnen. All dies ist verbunden mit einem recht klaren Gefühl, »Insekten nun mit anderen Augen zu sehen« und »besser zu verstehen, was sie sind«. Der phantasievolle Umgang mit der Sprache kann uns lehren, wann man Begriffe und Konzepte auf etwas übertragen kann und wann nicht. Rhees hat uns gezeigt, wann wir die Wendung »wir wussten, wie wir zueinander stehen« in Bezug auf einen Hund akzeptieren. Und die Eindringlichkeit des Mitgefühls von Bonatti hat unser Empfinden geschärft für die Bedeutungen, die mitklingen, wenn wir vom »armen Lebewesen« sprechen und davon, dass »deine Tragödie die meine ist«. Vielleicht wird jetzt jemand einwenden, das hieße ja, Poesie und Dichtung die Aufgabe zuzuschreiben, uns darüber aufzuklären, wie die Dinge wirklich sind. Und genau das ist es, was ich sagen will. Der Einwand verrät meines Erachtens ein mangelhaftes Verständnis der Art und Weise, wie die Sprache ihre kritische Funktion im Reich der Bedeutung ausübt und wie dies sich im Wechselspiel mit einem ernsthaften Bemühen entfaltet, zu erkennen, »wie die Dinge wirklich sind«, unverstellt von den erfindungsreichen Täuschungsmanövern des »gnadenlosen fetten Egos«.

In *Romulus, mein Vater* habe ich die Einstellung meines Vaters anderen Menschen gegenüber als »mitfühlenden Fatalismus« beschrieben. Mit diesem Ausdruck wollte ich nicht auf eine metaphysische Überzeugung hinweisen, sondern auf sein Empfinden, die menschliche Existenz sei wesentlich dadurch bestimmt, dass wir dem Unglück schutzlos ausgeliefert sind. Jetzt, wo ich darüber nachdenke, begreife ich, dass seine ganze Haltung dem Leben gegenüber von dieser Einstellung geprägt war. Auf jeden Fall trifft das auf seine Haltung gegenüber den Tieren zu, die er aufzog und für die er sorgte. Sie machten ihm viel Freude, aber seine Einstellung hatte stets eine Note von Mitleid, in der sein Wissen um ihre Schutzlosigkeit mitklang, vor allem um ihr Ausgeliefertsein an die Grausamkeit der Menschen. Sein Mitgefühl erstreckte sich auf die gesamte lebende Natur, auf erkrankte Bäume, die er zu verarzten suchte, und auf die Landschaft um ihn herum, die in der sengenden Hitze vertrocknete, bis das sattgoldene Gras vollkommen ausgeblichen war und sich im Boden Risse auftaten, die bis zu drei Meter tief waren. Auf besonders erstaunliche Weise zeigte es sich jedoch im Umgang mit seinen Bienen.

Bienen haben beim Menschen seit eh und je Sympathie geweckt. Sie produzieren Honig, sie gelten als Inbegriff des Fleißes, und ihr besonderes »soziales« Leben ist seit langem bekannt. Ameisen rufen eher eine Art Respekt hervor. Sie verfügen über einige vergleichbare Eigenschaften – Fleiß und komplexe soziale Interaktion –, aber sie wecken, nach meiner Einschätzung, nicht im gleichen Maße freundliche Gefühle. In unseren Vorstellungen verknüpfen wir Bienen mit Blumen und Sommertagen, und weil sie nach einem Stich sterben, sind wir schnell bereit, ihnen den Schmerz zu vergeben, den sie uns bereiten – selbst wenn wir wissen, dass sie als Schwarm zur tödlichen Gefahr werden können.

Vielleicht war das der Grund, warum mein Vater sich ihren Stichen aussetzte und nie Schutzkleidung trug, wenn er das Nest eines Schwarms aus einem nahe gelegenen Baum oder die Waben aus dem Stock holte. Auch wenn er nie so heftig gestochen wurde, wie man vermuten würde, bekam er doch so viele schmerzende Stiche ab, dass seine Weigerung, Schutzkleidung zu tragen, meine besorgte Neugier weckte. Als ich ihn fragte, warum er sich nicht schützte, meinte er, dass für ihn die Bienen keine Feinde seien, gegen die man sich wappnen müsse. Ich habe diese Antwort nie wirklich verstanden; und ich glaube, er selbst auch nicht. Aber es hatte etwas zu tun mit seinem zarten Mitempfinden für sie, es war davon nicht zu trennen.

War es morgens kalt, lagen häufig Bienen außerhalb des Korbes, allem Anschein nach so gut wie tot. Mein Vater pflegte sie vorsichtig aufzusammeln, in der hohlen

Hand ins Haus zu tragen und auf den Küchentisch zu legen. Dann schwenkte er die eingeschaltete Glühbirne zehn oder fünfzehn Zentimeter über ihnen, nah genug, um sie zu wärmen, aber weit genug entfernt, dass sie durch die Hitze keinen Schaden erlitten. Schon als ich ihn das erste Mal dabei beobachtete, war ich angerührt von seiner zartfühlenden Zugewandtheit und vollkommen gebannt von dem Ergebnis. Nach und nach begannen die erstarrten Wesen erste Lebenszeichen von sich zu geben. Einzelne Beine zuckten kaum merklich; man wusste erst gar nicht, ob da wirklich etwas gewesen war, bis die Anzeichen immer deutlicher wurden. Der freundliche Wundertäter hatte sie ins Leben zurückgeholt. Bald mühten sie sich, auf die Beine zu kommen, und wenn es ihnen, oft mit ein wenig Hilfe von uns, gelungen war, dann fegte mein Vater sie mit der einen Handfläche von der Tischplatte in die hohle Hand am Rand, so wie man Brotkrumen fortwischt, nur vorsichtiger. Wir brachten sie nach draußen, und sie flogen fort.

Er hat mir nie erklärt, warum die Bienen außerhalb des Korbes lagen. Ich habe keine Ahnung, ob er den Grund wusste oder sich überhaupt Gedanken darüber machte. Aber ich fragte mich manchmal, ob es Bienen waren, die von den anderen ausgestoßen wurden, ob wir vielleicht jeden Morgen die gleichen Delinquenten zum Leben erweckten.

So freundlich mein Vater mit den Bienen umging, so abgrundtief hasste er Fliegen. Wagte sich eine in die Küche, was häufig genug vorkam, dann ruhte mein Vater nicht eher, als bis er sie getötet hatte. Auf diese Weise wurde er zu einem Fachmann im Fliegenfang. Er pflegte ihnen zunächst aufzulauern, dann schnappte er mit einer raschen seitlichen Bewegung der Hand zu, die geöffnete

Handfläche blitzschnell zur Faust schließend. Menschen können eine Obsession entwickeln, wenn Dinge sie stören, selbst wenn es unbelebte Dinge sind wie Staub oder herumliegendes Herbstlaub. Aber für meinen Vater waren die Fliegen mehr als eine Störung, mehr als ein Ärgernis, sie waren ein Feind, den es unbarmherzig zu verfolgen und zu vernichten galt. Er tötete sie mit sichtlichem Vergnügen. Und obwohl er ein weiser und tiefsinniger Mensch war, bin ich mir sehr sicher, dass ihm die Frage, ob seine Haltung Fliegen gegenüber nicht irgendwie im Widerspruch stand zu seiner Haltung gegenüber Bienen, nie in den Sinn gekommen ist.

Die Einstellung meines Vaters zu seinen Bienen hat mich tief bewegt und mein Verständnis der Insektenwelt derart verändert, dass ich seitdem auf dieser Grundlage weitergedacht habe. Und zwar nicht, weil sein Verhalten mir neue Erkenntnisse über Bienen vermittelt oder mich zu der Frage veranlasst hätte, ob die Fakten dafür sprachen, meine Grundsätze im Umgang mit Säugetieren auf Insekten zu übertragen. Sondern weil mein Vater mir beigebracht hat, wie Mitgefühl mit einem Insekt aussehen und was der Umgang mit ihnen bedeuten kann. Das hat er mir als lebendes Vorbild gezeigt. Und ich glaube nicht, dass es Sinn macht, aus dem, was ich durch sein Beispiel gelernt habe, einen kognitiven Kern herauszuschälen, der unabhängig wäre von seiner gelebten Autorität und der Art, wie sie mich bewegt und geprägt hat.

Ungefähr in dem gleichen Alter, in dem sie mir mit unerschütterlicher Bestimmtheit erklärte, dass man keinen Schmerz in seiner Tasche haben könne, sah meine Tochter Katie mit mir gemeinsam eine Tiersendung im Fernsehen. Gezeigt wurden neugeborene Nager, die in Saudi-

Arabien unter dem Sand der Wüste hausten und hässlicher waren als Rattenbrut. »Schau dir das an«, sagte ich zu Katie, »sind die nicht widerlich?« Sie zögerte kurz und meinte dann, aber Gottes Geschöpfe seien sie trotzdem.

Ich war von dieser Antwort ein wenig beschämt. Es war mir peinlich, dass meine wenigen Worte eine solche Rohheit der Einstellung bloßgelegt hatten, und ich konnte mir keine bessere Formulierung als die ihre vorstellen, um auf einfache Weise eine großherzige Akzeptanz aller Lebewesen zum Ausdruck zu bringen. Später, unter dem Eindruck verschiedener Lehrer, pflegte sie mitleidig von der »armen Natur« zu sprechen, wenn sie aus Versehen auf eine Schnecke oder ein anderes Kleintier getreten war, manchmal sogar, wenn sie eine Blume umgeknickt hatte. Mir erschien das immer als schaler Pantheismus, aufgepeppt mit ein wenig modischem Umweltbewusstsein. Ein schwacher Ersatz für ihre frühere Sichtweise auf die Natur.

Hätte ich ihre frühere Bemerkung, dass auch diese Nager, so hässlich sie sein mochten, Gottes Geschöpfe waren, als eine Behauptung aufgefasst, die auf metaphysischen Spekulationen über den Ursprung des Lebens beruhte – auf Spekulationen, die einem naturalistischen Weltbild den Kampf angesagt haben –, ihre Worte hätten mich nicht nachhaltig beeindruckt. Ich hätte erwidert: Auch wenn einige Leute das glauben, ich tue es nicht. So aber ließen ihre Worte mich sofort verstummen. Zugegeben, ich habe ihr nicht in dem Sinne zugestimmt, dass ich gesagt hätte: Ja, sie sind Gottes Geschöpfe. Und wenn sie mich gefragt hätte, ob ich an Gott glaube, hätte ich ihr nicht sagen können: Ja, das tue ich. Die Formulierung, dass ich nicht sagen kann, ob ich glaube, habe ich mit Bedacht gewählt. Denn die Antwort, ich glaubte nicht oder ich sei Agnostiker, trifft mein Empfinden nicht. Mir scheint nämlich, dass ich gar nicht wirklich verstehe, was das heißt: an Gott zu glauben, oder was das für eine Art Glauben ist, wenn man an ihn glaubt.

Mein Geständnis, dass ich nicht meine, zu verstehen, was das heißt: an Gott zu glauben, wird einige Leute irritieren, weil sie es in Zusammenhang bringen mit Versuchen, den Gefühlswert von Religion zu bewahren, während man sich der intellektuellen Verantwortung des Glaubens entzieht. Religiöse Aussagen sind in ihrer Bedeutung hinreichend klar, werden sie sagen. Die Frage, um die es geht, ist, ob sie wahr sind. Und wer etwas anderes behaupte, leiste dem Obskurantismus Vorschub. Das ist ein alter Streit. Ausgefochten wird er zwischen den Anhängern des Gottes der Philosophie und den Nachfolgern des Gottes der Religion.

Der Gott der Philosophen ist eine metaphysische Wesenheit, deren Eigenschaften, wenn nicht gar deren Existenz, sich allein einer Vernunft erschließen, wie ich sie in meinen Ausführungen zum Skeptizismus beschrieben habe – einem idealisierten Verstand, der einwandfrei nur arbeitet, wenn er den Störungen des praktischen und von Gefühlen durchsetzten Alltagslebens enthoben ist. Der Gott der Religion hingegen wird wesentlich charakterisiert durch den Anspruch, dass der Glaube an ihn das Verständnis des gewöhnlichen Menschen, was im Leben wirklich zählt, vertiefen soll. Niemand kann ernsthaft sagen: »Ich weiß, es ist kitschig, sentimental, banal und im täglichen Leben keinen Pfifferling wert, aber es ist nun mal meine Religion und trotz alledem die Wahrheit.« Religiöse Ansprüche werden immer ganz und gar im Reich der Bedeutung erhoben. Metaphysische Behauptungen über den Gott der Philosophen dagegen erlangen die größte Klarheit, wenn jemand die Welt wie von einem externen Standpunkt aus betrachtet. Das glauben jedenfalls seine Vertreter. Der Gott der Religion kennt unsere Sünden, unsere Freuden, unseren Kummer; und alles das ist in unseren Herzen. Der Gott der Philosophen weiß all das und unsere E-Mail-Adresse noch dazu. Wer an einen solchen Gott glaubt, lässt sich nicht weiter von der Tatsache beeindrucken, dass eine solche Auffassung von Allwissenheit vollkommen banal und nichtssagend ist. Wer aber den Gott der Religion verehrt, dem muss diese Auffassung als ein grobes Missverstehen der Art und Weise erscheinen, wie Menschen in ihren vom Glauben geprägten Leben, in Gottesdienst und Gebet von einem allwissenden Gott sprechen.

Katies Worte ließen mich verstummen, weil in ihnen eine religiöse Tradition anklang, in der von Gottes Schöpfung zu sprechen immer auch bedeutet, die Welt in tiefer Dankbarkeit als ein wunderbares Geschenk aufzufassen. In dieser Tradition nimmt man nicht zuerst die Existenz Gottes an, und dann, vermittelt durch einen Akt des Glaubens oder einen logischen Schritt, dass er die Welt geschaffen hat, und dann, in einer weiteren Ableitung, dass seine Schöpfung gelungen ist. Der Glaube an Gott als Schöpfer des Himmels und der Erden ist vielmehr untrennbar verbunden mit der Dankbarkeit für die Welt, die er uns gegeben hat. Und eine Desillusionierung in Bezug auf das Irdische geht fast zwangsläufig einher mit einer Schwächung des Glaubens. Zu sagen, man wisse, dass es Gott gäbe, aber man sei sich nicht so sicher, ob seine Schöpfung unsere rückhaltlose Zustimmung verdiene, erscheint in dieser Tradition ebenso abwegig wie die Aussage, man wisse, dass es Gott gäbe, aber man sei sich nicht so sicher, ob er die Welt geschaffen habe. Katies

Worte hatten diese starke Wirkung auf mich, weil ich aus ihnen die tiefen Einsichten dieser Tradition heraushörte. Das war auch der Grund, warum ihr späteres pantheistisches Erbarmen mit der Natur im Vergleich auf mich soviel schwächer wirkte.

Auch wenn die rückhaltlose Bejahung der Welt vermutlich ihren höchsten und einfachsten Ausdruck in Teilen unserer religiösen Tradition gefunden hat – eine solche Liebe zur Natur ist nicht notwendigerweise verknüpft mit einem religiösen Bekenntnis oder mit metaphysischen Zugeständnissen. Das hat Albert Camus in seinem *Mythos von Sisyphos* gezeigt, wo er solche Zugeständnisse nicht nur umgeht, sondern sie ausdrücklich zurückweist. Eher unausgesprochen und ohne philosophischen Anspruch, dafür aber umso schöner, kommt diese Einstellung in seinen poetischen Essays über die Städte und Landschaften Algeriens zum Ausdruck. Besonders stimmige Worte für diese Bejahung der Welt aber hat für mein Empfinden Pablo Casals in seiner Autobiographie gefunden:

»Die letzten achtzig Jahre habe ich jeden Morgen auf dieselbe Weise begonnen, nicht etwa mechanisch, aus bloßer Routine, sondern weil es wesentlich ist für meinen Alltag: Ich gehe ans Klavier und spiele zwei Präludien und zwei Fugen von Bach. Anders kann ich es mir gar nicht vorstellen. Es ist so etwas wie ein Haussegen, aber es bedeutet mir noch mehr: die immer neue Wiederentdeckung einer Welt, der anzugehören ich mich freue. Durchdrungen von dem Bewusstsein, hier dem Wunder des Lebens selbst zu begegnen, erlebe ich das schier Unglaubliche: ein Mensch zu sein ... Ich glaube, in meinem Leben vergeht kein Tag, an dem ich nicht mit immer neuem Entzücken die Wunder der Natur bestaune.«

Ich habe diese Worte schon häufiger zitiert und bitte alle um Verständnis, die ihnen bereits an anderer Stelle begegnet sind, aber ich kenne einfach nichts, das vergleichbar prägnant, kurz und, wie ich finde, überzeugend eine rückhaltlose Bejahung der Welt zum Ausdruck bringt, ohne auf religiöse Zugeständnisse zurückzugreifen. Casals sagt, in seinem Leben sei nicht ein Tag vergangen, an dem er nicht »mit immer neuem Entzücken die Wunder der Natur« bestaunt habe. Ich glaube nicht, dass er damit bloß sagen möchte, er habe das Glück gehabt, achtzig Jahre lang jeden Tag etwas zu spüren, das die meisten von uns nur ab und an erleben, beispielsweise wenn wir an einem herrlichen Frühlingstag erwachen und uns des Lebens freuen. So aufzuwachen ist natürlich eine große Freude, und es auch nur die Hälfte unserer Tage zu tun, wäre bereits wundervoll. Aber diese Erfahrung Tag für Tag zu wiederholen, achtzig Jahre lang, wäre genau das: die zufällige Wiederholung von etwas, das genauso gut auch bloß ein einziges Mal hätte auftreten können. Es könnte nicht, aus sich selbst, eine Sichtweise der Welt hervorbringen, die zum Selbstmord führt wie bei Camus, und ebenso wenig eine Perspektive, aus der heraus das Ringen um Klarheit als Ausdruck der Dankbarkeit dem Geschenk des Lebens gegenüber aufgefasst werden kann.

Casals spricht nicht ausdrücklich davon, dass er das Leben als Geschenk auffasst, aber das braucht er auch nicht: Die ganze Passage ist in einem Ton der Dankbarkeit gehalten. Wenn nun jemand fragen würde, ob man das Leben bewusst als Geschenk annehmen könne, ohne nachzuhaken, von wem es stammt, wäre meine Antwort: Die Passage von Casals zeigt, dass es geht. Und ich würde noch einen weiteren Schritt hinzufügen. Bezeichnete jemand es als intellektuell unredlich, vom Leben als Geschenk zu sprechen, ohne die Herkunft dieses Geschenkes zu klären, wäre meine Antwort: Wenn ein solches buchstabengetreues Denken nicht banal wirken soll, dann muss das Reden vom Leben als Gabe Gottes von der gleichen intensiven Empfindung erfüllt sein, wie sie in den Worten von Casals zum Vorschein kommt. Aber lässt sich das durch die bloße Zustimmung zu einer Kette metaphysischer Behauptungen erreichen? Und wenn die Metaphysik dies nicht leisten kann, wozu brauchen wir sie dann noch?

Gehen wir es einmal durch: Zunächst nimmt man eine erste Ursache an, einen Schöpfer der Welt, den man Gott nennt; dann nimmt man an, dass er uns das Leben gegeben hat und es in uns erhält; dann, dass er es uns als Geschenk überlassen hat; dann, dass dieses Geschenk unsere Dankbarkeit verdient; dann, dass es unsere rückhaltlose Zustimmung verdient. Weiter Zwischenschritte wären denkbar, aber es ist hoffentlich klar geworden, worauf ich hinauswill, auch wenn das Ganze zweifellos hoch kontrovers bleibt. Eine solche Kette von Schlüssen, so lang sie auch sein mag, kann einen nicht in die Lage versetzen, in der Casals sich befindet, wenn er ganz selbstverständlich seine Dankbarkeit über die Schönheit der Welt zum Ausdruck bringt und seine Liebe zum Leben, das ihm wie ein Geschenk erscheint.

Simone Weil, die so großartig über die Liebe zur Schönheit der Welt geschrieben hat wie kaum jemand, hat diese als eine der Formen impliziter Liebe zu Gott bezeichnet. Nun besteht eine unübersehbare Kluft zwischen denen, die Gott in Gebet und Gottesdienst anrufen, die von ganzem Herzen sagen können, dass die Welt seine Schöpfung ist und er alle seine Geschöpfe liebt, und jenen, die dies nicht können. Aber das heißt noch lange nicht, dass, wer von ganzem Herzen alle Kreaturen ohne Ausnahme als Gottes Geschöpfe bezeichnet, nichts weiter macht, als eine metaphysische Behauptung über den Ursprung des Lebens auf der Erde vorzutragen.

Als Katie mich freundlich zurechtwies, verstummte ich, aber nicht aus Ehrfurcht vor dem von Theologen und Philosophen errichteten Lehrgebäude der Metaphysik, so eindrucksvoll es auch sein mag. Was ihre Worte mir ins Gedächtnis riefen, war die tief bewegende Schönheit von Äußerungen, in denen die Liebe zur Welt und zu ihren Kreaturen zum Ausdruck kommt. Eine von ihnen ist die Hommage an das Leben von Casals. Man kann sich nicht vorstellen, dass er vom Klavier aufsteht und im Vorbeigehen ein Insekt zerdrückt oder einer Fliege die Flügel ausreißt. Wäre es vorstellbar, dass er Fliegen mit der Hand fängt und genüsslich tötet? Darüber traue ich mir kein Urteil zu.

Heilige Orte

Katies Rede von der »armen Natur« – als verallgemei-
nerte und nicht ganz authentische Sorge um die Natur
insgesamt – wirkte gegenüber ihrer Bekräftigung, dass
alle Tiere ohne Unterschied Gottes Geschöpfe seien, wie
ein müder Abklatsch. Immerhin hatte sie den Vorzug, die
Sorge um die Tierwelt mit der Sorge um die Natur in
einem weiteren Sinn zu verbinden – mit lebenden Dingen wie Gräsern, Blumen und Bäumen, die keine Kreaturen sind, und auch mit der unbelebten Natur. Bereits
dreißig Jahre bevor ich anfing, dieses Buch zu verfassen,
wollte ich über das Verhältnis des Menschen zur Natur
schreiben, ausgehend von meinen Erfahrungen als Bergsteiger. Nun, nach so vielen Jahren, werde ich das in
diesem Kapitel tun. Mir erschiene eine Bindung an die
Tierwelt merkwürdig, in der nicht zugleich die Liebe zur
Natur zum Ausdruck kommt.

Wir waren erschöpft. Keiner von uns hatte meines Wissens vorher schon einmal einen Rucksack getragen. Ich
war nicht viel weiter als bis zum Laden an der Ecke gegangen, seit ich fünf Jahre zuvor meinen Führerschein
gemacht hatte. Und jetzt schleppten wir im bergigen und

dicht bewaldeten Küstengebirge Neuseelands seit drei Tagen unsere dreißig Kilo schweren Rucksäcke die Steilpfade hinauf und hinunter. Wir brauchten dringend eine Rast. Es hatte mich hierher verschlagen, weil ich der Einladung eines neuseeländischen Freundes gefolgt war, zu trampen, wie man es hier nannte. Während meine Gefährten es sich in der Hütte gemütlich machten, begab ich mich allein auf einen kurzen Gang zu dem Grat, der das Hollyford-Tal auf einer Seite begrenzt. Es regnete, aber hier oben herrschte starker Wind, der die Wolken vor sich her trieb. Immer wenn die dichte Wolkendecke aufriss, zeigte sich ein Flecken blauer Himmel, und ich hatte die Hoffnung, dass am Grat die Sicht auf das Tal frei sein würde. Aber als ich dort ankam, konnte man kaum ein paar Meter weit sehen. Enttäuscht wendete ich mich ab und wollte den Rückweg antreten, als irgendetwas mich bewog, zurückzuschauen. Durch eine Lücke zwischen den Wolken bot sich mir der beeindruckende Anblick eines majestätischen Berges mit schneebedecktem Gipfel auf der anderen Seite des Tales. Es war der Mount Christina. Ich war so überwältigt von dieser Schönheit, dass ich beschloss, Bergsteiger zu werden.

Wieder in Australien, kaufte ich mir ein Lehrbuch (den berühmten Blackshaw), Stiefel, ein Seil, Haken und Schlaufen – und zog mit ein paar besorgten Freunden los, um einen Steilhang zum Klettern zu suchen. Ich erinnere mich lebhaft an meine erste Wand, rund achtzig Meter hoch, tief im dichten australischen Busch gelegen. An einem wunderschönen Sommermorgen standen der neuseeländische Freund und ich am Fuß dieses Steilhangs und hatten einen Kloß im Hals, als wir uns anseilten. Als ich das erste Mal meine Hand auf den Felsen legte, erlebte ich ein Gefühl, das ich in den folgenden Jahren voll auskosten sollte – die sinnliche Empfindung einer Hand auf warmem Stein, während die Finger die Konturen abtasten, um sicheren Halt zu finden. Ich kletterte die ersten zehn Meter und wusste, dass es kein Zurück gab. Schon allein aus Stolz mussten wir oben ankommen oder abstürzen.

Ebenso lebhaft erinnere ich mich an eine komische Situation nur einige Monate später. Ich stand auf einem Sims, rund achtzig Meter über dem Boden, an einer geraden, teilweise überhängenden Wand und genoss den schönen Sommertag im Schatten eines Überhangs. Von dort blickte ich weit über die goldenen Weizenfelder der Wimmera-Ebene. Ich hatte mich an der Felswand angeseilt und sicherte meinen Freund aus Neuseeland beim Aufstieg ab. Von der Seillänge, die ich ausgegeben hatte, schätzte ich, dass er sechs oder sieben Meter über mir sein musste; ich konnte ihn aber aufgrund des Überhangs weder sehen noch hören. Es war das erste Mal, dass er die Führung übernommen hatte, und es schien mir ziemlich lange her, seit er sich auf den Weg nach oben gemacht hatte, aber der Tag war so herrlich, der Ausblick so fesselnd und das ganze Abenteuer so aufregend, dass Befürchtungen in meinem Kopf keinen Platz fanden.

Ich glaube, ich hatte gerade begonnen eine kleine Melodie zu pfeifen, als ein Felsbrocken an mir vorbei fiel. Kaum war er aus meinem Blickfeld verschwunden, sah ich meinen Freund in vollkommener Stille hinterher stürzen. Er war, wie er mir später erzählte, vor Schreck so gelähmt, dass er nicht einmal mehr schreien konnte. Den Überhang zu erklimmen, hatte ihm die letzte Kraft seiner Arme geraubt, dann sei er abgerutscht und habe den Felsbrocken losgetreten. Als ich ihn vorbeifliegen sah, war ich zu geschockt, um etwas anderes zu tun, als das Seil möglicht straff zu halten. Ich weiß nicht, wie viel Seil durch meine behandschuhten Hände glitt, aber als es aufhörte und ich begriff, dass wir noch immer beide miteinander verbunden waren und uns hoch genug in der Wand befanden, konnte ich nicht aufhören, Freudenschreie auszustoßen, die man sicher weit über die Weizenfelder hören könnte. Alles hatte gehalten – die Palsteks, die uns mit dem Seil verbanden, der Achterknoten, der mich an meiner Verankerung hielt, die Schlaufen, die wir zur doppelten Absicherung in einen Spalt geklemmt hatten. Es hatte genauso funktioniert, wie Blackshaw geschrieben hatte. Ich konnte es fast nicht glauben. Der einzige Schaden, den mein Freund erlitt, war ein angebrochener Knöchel, als ich seinen Fall stoppte und er gegen die Wand prallte.

Natürlich hat man uns für verrückt erklärt, in die Berge zu gehen, ohne vorher einen Lehrgang mit einem erfahrenen Bergsteiger zu absolvieren. Und vielleicht waren wir das auch, aber Alpinistenclubs und Bergsteigervereinigungen entsprachen nun einmal nicht unserer anarchistischen Grundhaltung. Instinktiv war uns klar: Sich der Herausforderung alleine zu stellen, als Begleiter nur Blackshaw und die Bergbezwinger, von denen wir gelesen hatten, war eine Art von Abenteuer, die man unter der Obhut eines Erfahreneren so nicht erleben konnte. Und dieses Abenteuer wollten wir um nichts auf der Welt missen.

Ich habe trotzdem manchmal über den Vorwurf nachdenken müssen, unser Handeln sei unverantwortlich gewesen. Solche Bedenken haben mich immer kalt gelassen, wenn sie von der Sorte Leute kamen, die Nachwuchsbergsteiger mit derartigen Mengen an Ersatzsocken und Notfallutensilien beladen, dass man sie nach Einbruch der Dunkelheit irgendwo auflesen muss, weil ihre Rucksäcke zu schwer sind. Das gleiche gilt für die Bedenken von Leuten – oft sind es die gleichen –, die Risiken nur in den Bergen sehen, nie aber im Alltag. Das Bergsteigen wird verkannt, solange man der Aussicht, dabei möglicherweise zu sterben, nicht klar ins Auge blickt. Wer nach überstandener Todesgefahr oder nachdem ein Kamerad umgekommen ist, entdecken muss, dass er nur geklettert ist, weil er geglaubt hat, ihn könne es nicht treffen, wird das als zutiefst beschämend erleben, egal, wie lange er schon klettert. Und das liegt daran, dass für die meisten Bergsteiger das Risiko, zu Tode zu kommen, ein wesentlicher Bestandteil ihrer Faszination an den Bergen ist. Wären wir unsterblich, gäbe es das Bergsteigen nicht, jedenfalls nicht in der Form, wie wir es heute kennen. Die Gefahr, den Tod zu finden, ist untrennbar verbunden mit dem intensiven Hochgefühl, das Bergsteiger manchmal erleben und das sie danach immer wieder suchen. Diese Steigerung des Lebensgefühls lässt sich nur erfahren, wenn sie bereit sind, den Tod zu riskieren. Sollten sie entdecken, dass sie einer Selbsttäuschung aufgesessen sind, dass sie in ihrem Inneren nie wirklich geglaubt haben, sie könnten sterben, dann würden diese intensiven Erlebnisse mit einem Mal wertlos.

Selbstverständlich gibt es auch andere Extremerfahrungen, deren Intensität von der Todesgefahr abhängt, die mit ihnen verbunden ist: Freeclimbing an einem Sechs-Meter-Block, Fallschirmspringen oder Autorennen fahren. Für die meisten Bergsteiger aber ist ihre intensive Freude eng verknüpft mit ihrer Begeisterung für die Schönheit der Berge; an ihr dürfen sie teilhaben, weil sie dafür ihr Leben riskieren. Das ist natürlich lupenreine Romantik, mit allem, was an ihr suspekt ist, aber ihr Gefühlsüberschwang wird gebändigt durch die Konzentration und das Können, die nötig sind, um mehr als eine Saison im Gebirge zu überstehen.

Obwohl ich ausgesprochen empfänglich war für diese Art Romantik, bin ich ihr doch nie ganz verfallen, denn ich war mir in den Jahren meiner Bergsteigerei immer bewusst, wie sehr sie meinem Vater zuwider war. Er hat die Gründe, die mich zum Klettern bewegten, nie wirklich verstanden, und was er verstand, konnte er nicht gutheißen. Auch er würde auf einen Berg steigen, meinte er, aber nur, wenn es unumgänglich wäre, um beispielsweise Essen oder Arznei für die Familie zu besorgen, also nur dann, wenn eine Notwendigkeit im Rahmen seiner Verpflichtungen bestünde. Seine Einstellung war geprägt vom Ethos der europäischen Unterschichten, das Notwendige klaglos zu tun. Diese Hochachtung der einfachen Pflichten – vor allem, wenn sie dem Erhalt und der Versorgung der Familie galten – konnte einem Alltag Trost und Würde geben, dessen Bürde anders kaum zu tragen war.

Meinem Vater widerstrebte bereits meine Bereitschaft, etwas freiwillig zu betreiben, was kein Mensch bei klarem Verstand tun würde, ohne dazu gezwungen zu sein. Wirklich getroffen aber hat ihn, dass ich in seinen Augen mein Leben für so gering achtete und es bedenkenlos aufs Spiel setzte. Ich glaube, das fand er geradezu obszön. Schmerzliche Erfahrungen hatten ihn dazu gebracht, Selbstmord auch dann als etwas Schreckliches anzusehen, wenn dabei keine weitere Person zu Schaden kam oder wenn dieser Schritt nicht erkennbar Ausdruck eines charakterlichen Mangels war, etwa der feigen Weigerung, sich den eigenen Problemen zu stellen. Ich denke aber nicht, dass er Selbstmord für moralisch verwerflich hielt. Etwas Grundlegendes an dieser Haltung gegenüber dem

Suizid, die typisch ist für Menschen wie meinen Vater, hat Schopenhauer erfasst, als er sagte, das Problem der Selbsttötung reiche tiefer als die Moral.

Für meinen Vater war der Tod eines Bergsteigers auf die gleiche Weise schrecklich wie der Tod eines Selbstmörders. Die Charakterstärken, die ich an meinen Vorbildern bewunderte, waren in seinen Augen Verirrungen. Er war der Ansicht, der Mut eines Bergsteigers sei nur dann eine wirkliche Tugend, wenn äußere Umstände sein Handeln notwendig und sinnvoll machten. Aber betrieben ohne jeden Respekt für das eigene Leben und ohne Rücksicht auf die Verpflichtungen, die man anderen gegenüber habe, handele es sich nur um eine Vortäuschung von Tugend. Diese Argumentation erinnerte mich an einen Kommentar zur klassischen Wertelehre, den ich einmal gelesen hatte: Laut Platon, Aristoteles und später auch Thomas von Aquin bildeten die Tugenden eine Einheit; man besaß eine Tugend nur dann, wenn man zumindest über eine Mehrzahl der anderen Tugenden ebenfalls verfügte. Diese Philosophen argumentierten, dass jemand, der sein Leben aus niederen Beweggründen aufs Spiel setzte, sich möglicherweise mutig verhalte, deshalb aber noch lange nicht als Person über die Tugend des Mutes verfüge. Der Zorn meines Vaters über meine riskanten Eskapaden in den Bergen war sicher auch Ausdruck seiner Sorge um mich, aber wesentlich geprägt wurde er von dem Gefühl, dass mein Handeln sich gegen alles stellte, was ihm lieb und teuer war.

Viele Bergsteiger versuchen natürlich, ihr Tun in irgendeiner Weise als eine Notwendigkeit zu rechtfertigen. Sie beteuern, dass sie einfach in die Berge müssen, dass sie das Klettern um keinen Preis aufgeben können. Bonatti verflucht in der von mir zitierten Passage den Zwang, wieder zu sich selbst finden zu müssen, und wünscht, er wäre frei davon wie die meisten anderen Menschen. Für ihn bestand die Notwendigkeit nicht darin, jemand anderem etwas zu beweisen, er brauchte die Erfahrung, dass seine Charakterstärke auch im Angesicht des Todes Bestand hatte, für sich selbst, und dabei war es für ihn zweitrangig, ob es der Tod im Gebirge war oder sonst wo.

Die meisten Menschen leben ihr Leben, ohne sich groß Gedanken zu machen, ob sie den Mut hätten, dem Tod ins Auge zu sehen. Für andere ist es sehr wichtig, sich Klarheit darüber zu verschaffen, wie sie sich verhalten würden, wenn ein Mitreisender im Zug von einer Schlägertruppe angegriffen wird. Würden sie eingreifen, oder sich abwenden, in der Hoffnung, in Ruhe gelassen zu werden? Wie würden sie sich verhalten, fragen sie sich, wenn sie in einem Land lebten, in dem die Geheimpolizei mitten in der Nacht die Nachbarn holen kommt? In den modernen westlichen Demokratien hat die Tapferkeit in Form des körperlichen Einsatzes eine gewisse Entwertung erfahren. Wir befinden uns in der privilegierten Situation, dass die mutige Meinungsäußerung in der Regel nicht auch körperliche Tapferkeit erforderlich macht. Für die meisten Völker dieser Erde gilt das leider nicht.

Es ist nicht morbide Dekadenz, wenn Männer wie Bonatti sich selbst beweisen und erfahren wollen. In den Bergen versuchen sie nicht so sehr herauszufinden, in welche Kategorie von Bergsteiger sie gehören, sondern was für eine Art Mensch sie sind. Deshalb beschämt es einen Bergsteiger zutiefst, wenn er sich feige verhalten hat, selbst wenn niemand dadurch zu Schaden gekommen ist. Das Wissen aber, einen Kameraden aus Feigheit im Stich gelassen zu haben, ist niederschmetternd. Eine in den Bergen zwischen den unterschiedlichsten Menschen geschlossene Freundschaft hält unter Umständen ein Leben lang, weil beide wissen, dass sie sich auf den Mut des anderen felsenfest verlassen können. Andererseits sind enge Freundschaften schon zerbrochen, weil einer sich als feige erwiesen hat. Aber auch wenn die Erkenntnis, dass man ein Feigling ist, niederschmetternd sein mag – der Umkehrschluss gilt nicht: Wer sich in den Bergen als tollkühn erweist, muss nicht auch anderswo mutig sein. Es ist eine Sache, der Todesgefahr eines am Berg hereinbrechenden Unwetters mutig zu trotzen oder sein Leben zu riskieren, wenn jemand abgestürzt ist, und eine andere, sich mit einer schleichenden tödlichen Krankheit auseinander zu setzen oder in einem Konzentrationslager zu überleben.

Für die meisten Bergsteiger ist die Bergwelt meines Erachtens nicht einfach das bevorzugte Spielfeld, um etwas über sich selbst zu erfahren, das Rennfahrer genauso erleben können. Die meisten Bergsteiger (wenn auch nicht alle, die klettern) lieben es, in den Bergen zu sein, und sind, auch wenn sie das Gebirge dem Flachland oder dem Meer vorziehen, naturbegeistert. Ihre Liebe zur Natur zeigt sich in ihrer Liebe zu den Bergen, wie sich die Menschenliebe in der Zuneigung zu Freunden zeigt oder die Liebe zu Frauen in der Beziehung zur eigenen Frau. Ihre Liebe zur Natur liefert nicht bloß einen weiteren Grund, warum sie bergsteigen müssen – sie verwandelt diese Notwendigkeit grundlegend. Die Selbsterfahrung, die sie suchen, dreht sich nicht länger nur um die Frage, ob sie über diese Stärke oder jene Schwäche verfügen. Sie versuchen sich selbst zu verstehen, indem sie nach einem tieferen Verständnis des Allgemeinmenschlichen streben, und in den Bergen heißt das, dieses Verständnis in Beziehung zur Natur zu erlangen.

Der Verfasser eines Bergtagebuchs, ein hervorragender britischer Alpinist, meint angesichts der heftigen Auseinandersetzungen um die Ethik des Bergsteigens – wann man einen traditionellen Kletterhaken verwenden kann und wann einen automatisch gesetzten Bolzen, ob man im Himalaja Leitern benutzen darf usw. –, wenn man die Gefühlsaufwallungen in Betracht ziehe, die diese Streitfragen auslösen, könne man zu dem Eindruck gelangen, es gehe nicht um die Ethik des Bergsteigens, sondern um wirkliche Fragen der Moral, nicht um Regeln (wie er das nennt) für den Umgang mit Bergen und Steilhängen, sondern um Regeln, wie wir sie im Umgang mit unseren Mitmenschen anwenden. In der Literatur über das Bergsteigen finden sich natürlich reihenweise heroische Geschichten edler Menschen, die ihr Leben für andere geopfert haben, aber die Debatte um die »Ethik des Bergsteigens« dreht sich vorwiegend um künstliche Beschränkungen, die festlegen, wie man einen Berg oder eine Wand auf vorschriftsmäßige Art hinaufkommt.

Auch wenn das Klettern an der Steilwand möglicherweise olympische Disziplin wird – bei den Auseinandersetzungen der Bergsteiger geht es nicht um Standards, die das Klettern auf ähnliche Weise festschreiben wie die Regeln beim Sport. Sportarten sind künstliche Gebilde, die durch ihre Regeln erst entstehen; und diese Regeln können durch ein Komitee erstellt und abgeändert werden. Damit will ich den Sport auf gar keinen Fall als trivial abtun. In den meisten Sportarten spielt die Herausbildung des Charakters eine wichtige Rolle. Unser Interesse am Sport richtet sich nicht vorrangig auf das Funktionieren einer menschlichen Hochleistungsmaschine; die Faszination liegt darin, zu sehen, wie ein Mensch auf dem Weg zu seinem Ziel Erschöpfung und Mutlosigkeit überwindet und der Versuchung widersteht, ein schlechter Verlierer zu sein oder zu schummeln. Wäre das anders, würden wir uns für Sport nicht interessieren. Trotzdem wird kein Sportler nach einem Regelverstoß zu seiner Verteidigung ins Feld führen, sein Gewissen habe ihn gezwungen, so zu spielen.

Auch bei Bergsteigern findet sich ein erstaunliches Maß an Konkurrenzdenken und Eitelkeit, aber die Debatte darüber, wie man eine Besteigung angemessen und ehrlich meistert, ist nicht dazu gedacht, die Wettbewerbsbedingungen zu verschärfen. Sie soll das Bewusstsein der Bergsteigergemeinschaft steigern, wie die Weiterentwicklung der Klettertechniken und der technischen Ausrüstung den Respekt vor dem Berg bedrohen kann, einen Respekt, der in seiner höchsten Ausprägung unterfüttert, ist von einer tiefen Bewunderung der Schönheit der Natur. Hierin, und weniger in der Tatsache, dass Bergsteiger ein anarchistischer Haufen sind, liegt der Grund, warum Streitfragen der Bergsteigerethik nicht von einem Komitee beigelegt werden können. Wie bei der Moral scheint es auch bei der Ethik des Bergsteigens eher um das Herausfinden als um das Festlegen von Prinzipien zu gehen, und bis zu einem gewissen Grad immer auch um Gewissensfragen.

Trotzdem führt uns der Verfasser des Bergtagebuchs mit seiner Unterscheidung zwischen wahrer Moral und Bergsteigerethik auf einen Abweg. Es ist ein alter Trick der Moral, es so erscheinen zu lassen, als seien für einen moralisch denkenden und handelnden Menschen allein moralische Werte maßgeblich, als könne ein solcher Mensch niemals, außer durch Fehleinschätzung oder Selbstbetrug, auf die Idee kommen, dass irgendein anderer Wert sich ernsthaft mit einem moralischen messen könnte. Dieser Trick hat sich als außerordentlich erfolgreich erwiesen. Da das Bedürfnis, Berge zu besteigen, so augenscheinlich im Widerspruch zu familiären Verpflichtungen steht – ein Absturz kann der Familie ein Elternteil rauben –, wird manchmal versucht, daraus ein moralisches Bedürfnis oder Gebot zu machen. Auf diese Weise soll das Klettern im Konflikt mit moralischen Anforderungen eine bessere Figur machen. Der Bergsteiger, der zwischen seinem Drang in die Berge und seiner Familie hin und her gerissen ist, sieht mit einem Mal aus wie jemand, der sich zwischen zwei einander ausschließenden ethischen Verpflichtungen bewegt. Ansonsten stünde er da, als sei er schlichtweg verantwortungslos oder im Bann pathologischer Bedürfnisse.

Ein Verständnis von Moral, das auf solche Weise alle wahren Werte für sich beansprucht, ist eine moralisierende Konstruktion, deren imperiales Gehabe es meines Erachtens zurückzuweisen gilt. Das Bedürfnis, die Berge zu bezwingen, kann so tief gehen, dass auch die Erklärungen der Psychologie nicht mehr greifen. Denn auch wenn das Bedürfnis des Bergsteigers, den Berg zu erklimmen, mit seinem Bedürfnis zu tun hat, sich selbst zu erfahren und zu sich selbst zu finden – die Werte, in deren Licht er sein Verständnis von Selbsterfahrung und Selbstfindung entwickelt, lassen sich nicht auf eine wertneutrale Psychologie reduzieren. Manchmal – in ihren besten Ausprägungen – wirkt die Notwendigkeit, Berge zu besteigen, wie eine moralische Notwendigkeit, jedenfalls nach außen. Und wie moralische Notwendigkeiten wird auch sie verzerrt, wenn man sie mit einer nach innen gerichteten Psychologie zu erklären versucht.

Wie andere Werte auch, zeigen sich die höchsten Werte des Bergsteigens mitunter in scheinbar unwesentlichen Details. Einerseits kann man mit einigem Recht davon sprechen, dass dem Drang in die Berge ein spirituelles Bedürfnis zugrunde liegt und dass dieses Bedürfnis andere, wie etwa das nach Selbsterfahrung, verwandeln kann durch die beinahe mystische Erfahrung der Schönheit der Welt in den Bergen. Andererseits zeigt sich dies alles eventuell in der Einstellung zu der Frage, ob man Kletterhaken oder Bolzen verwendet oder wie man überhaupt klettert. Als zweiter in der Seilschaft wie ein Sack Kartoffeln an einer Wand hochgezogen zu werden, weil einen die Kräfte verlassen haben oder die Fertigkeiten im Klettern nicht hinreichen, ist beschämend. Eine solche Situation ruft aber unter Umständen etwas ganz anderes hervor als bloß verletzten Stolz, sie kann zu einer intensiven Erfahrung des eigenen Respekts vor dem Berg werden. Dennoch wird niemand, der einen Berg aufgrund seiner Schönheit erklimmt, das auf diese Weise tun wollen. Aber auch eine ordentliche Besteigung, elegant und ohne übermäßige Hilfsmittel, muss nicht in erster Linie Ausdruck des Drangs sein, die eigene Leistung zu verbessern beziehungsweise ein Ideal des besonders harten oder eleganten Bergsteigens zu verfolgen. Sie kann zum Ausdruck der Liebe zum Berg werden.

Viele Bergsteiger reden über ihre Beziehung zum Berg so, wie man normalerweise über Beziehungen zu Menschen sprechen würde – da ist die Rede von Ehrfurcht dem Berg gegenüber oder, dass der Berg sie, obwohl sie sorglos waren, unbeschadet habe davonkommen lassen. Manchmal scheinen sie von der Vorstellung besessen, der Berg sei ein Gegner, den es zu bezwingen gelte. Aber natürlich glaubt kein Bergsteiger, dass Berge Personen sind. Bergsteiger wollen die Tatsache zum Ausdruck bringen, dass sie sich von etwas getrieben fühlen, das außerhalb ihrer selbst liegt, dass die Notwendigkeit, die sie treibt, weder mit irgendwelchen Spielregeln noch mit irgendeiner Form von Gruppenzwang zu tun hat. Deshalb sprechen sie in Metaphern, und das mitunter in mitreißender Weise.

Selbstverständlich kann man einem Berg gegenüber nicht wirklich schuldig werden. Es bekommt auch niemand ernsthaft Gewissensbisse, weil er mehr Haken als nötig verwendet hat. Wenn sich jemand dafür schämt, beim Aufstieg zu viele technische Hilfsmittel verwendet zu haben, dann schämt er sich nicht vor dem Berg. Man kann Bergen kein Unrecht zufügen. Aber das sollte uns nicht dazu verleiten, alle nach außen gerichteten Bezüge als bloß illusorisch abzutun und die Scham ausschließlich als Gefühl der eigenen Verfehlung zu begreifen, das sich an selbst gesetzten Ansprüchen bezüglich Fertigkeit und Charakter misst.

Vielleicht kann ein anderes Beispiel verdeutlichen, was ich meine. Ich erinnere mich, wie Hora, der Freund meines Vaters, auf einem gemeinsamen Gang mit einem Mal stehen blieb und mit beseeltem Gesichtsausdruck auf etwas wies. »Sieh nur«, sagte er zu mir, »wie unglaublich das Leben ist.« Dabei zeigte er auf einen Grashalm, der durch einen Riss im Asphalt das Licht erreicht hatte. Selbstverständlich wusste er, dass es eine vollkommen natürliche Erklärung dafür gab, warum der Halm dort wuchs, eine Erklärung, die man akzeptieren konnte, ohne in irgendeiner Weise so zu reagieren wie er. Diese Erklärung konnte sogar zeigen, dass dieses Vorkommnis, für sich genommen, ganz und gar nichts Unglaubliches an sich hatte. Hora war das alles vollkommen klar. Was er zum Ausdruck brachte, war nicht Verwirrung oder Erstaunen, es war Ehrfurcht vor der Natur. Diese Bewunderung der Natur war Teil seines inneren Empfindens, und der Anblick des Grashalms hatte sie ihm intensiv zu Bewusstsein gebracht.

Angenommen, eine weitere Person wäre bei uns gewesen und hätte, nach der Begeisterungsbekundung von Hora, den Grashalm zertrampelt. Sie hätte, vielleicht aus Wut auf Hora, mit dem Fuß so lange auf den Halm getreten, bis nur noch ein paar grüne Flecken auf der Sohle und der Straße übrig geblieben wären. Diese Person hätte im Nachhinein mehr als einen Grund gehabt, sich zu schämen: für die Kleinlichkeit und Rohheit ihrer Handlung ebenso wie für die Art und Weise, wie sich diese Aktion gegen Hora gerichtet hätte, der ein freundlicher Mann war. Vielleicht wäre sie aber auch beschämt durch Horas Ehrfurcht vor dem Leben und würde ihre Handlung nicht allein als kleinlich und primitiv oder als Beleidigung von Hora verurteilen, sondern darüber hinaus als Beleidigung des von Hora verehrten Lebens. Hora hätte so etwas niemals tun können. Um zu dieser Schlussfolgerung zu kommen, reicht es aber nicht, auf Hora selbst zu blicken, man sollte ebenso auf die Welt blicken, die sich in seiner Begeisterung enthüllt.

So könnte es sich für die Person darstellen, die den Halm zertrampelt. Und so ist es manchmal für den Bergsteiger, der sein Vorhaben abbricht, weil er nur weiterkäme, wenn er Bolzen in den Fels schießen würde. Um zu begreifen, warum er nicht weitermachen kann, reichen psychologische Einsichten nicht, man muss ein Verständnis dafür gewinnen, wieso ihm die Verwendung von Bolzen als Schändung des Berges erscheint. Wir unterscheiden wahre Liebe von ihren täuschenden und vorgetäuschten Ebenbildern stets dadurch, dass die Eigenständigkeit und Unabhängigkeit dessen, was man liebt, gesehen und respektiert wird. Wenn es um Menschen geht, liegt es auf der Hand, aber es gilt auch für Tiere und die Natur.

Mein vieles Reden von der Liebe zur Natur klingt verdächtig nach eben der Romantik, von der ich mich fernhalten wollte. Die europäische Bergromantik blickt traditionell auf die Alpen. So grandios, majestätisch und unwirtlich die Alpen auch sein mögen, man ist dort kaum mehr als einen Steinwurf von der Zivilisation entfernt. Eine halbe Stunde, bevor man eine karge Landschaft aus Fels und Eis erreicht, wandert man noch durch fruchtbare Almen. Steigt man aus der abweisenden und einschüchternden Welt der ewigen Gletscher und Gipfel herab, das Donnern des Steinschlags und der Lawinen noch im Ohr, ist es ein kaum zu beschreibender Genuss, auf einer grünen Wiese im hohen und weichen Gras zwischen wild wachsenden Blumen zu liegen, dem Klang der Ziegen- und Kuhglocken zu lauschen und ein Stündchen zu dösen, bevor man in den Ort hinabsteigt. Die Rückkehr ins Dorf ist, nach der Extremerfahrung einer alpinen Besteigung, verwirrend, eventuell sogar verstörend, aber ein Steak mit Salat und Oliven und ein großer Eisbecher in einem Straßencafé zwischen lauter normalen Menschen bringt einen langsam in die Normalität zurück. In den Dörfern der Alpen trifft man immer wieder auf junge Männer und Frauen, denen intensive Erlebnisse ins Gesicht geschrieben sind: glücklich bestandene Abenteuer, die Schrecken von Lawinen und Unwettern im Hochgebirge oder der bittere Versuch, den Tod eines Kameraden zu fassen. Nirgendwo sonst auf der Welt treffen die Gegensätze so stark aufeinander wie in den Alpen. So konnten sie zum fruchtbaren Boden für die romantischen Vorstellungen vieler Generationen von Bergsteigern werden.

In Australien ist das alles ein bisschen anders. Die Berge bieten keine so dramatische Kulisse, dafür liegen sie weit ab, und ihre Hänge sind häufig mit undurchdringlichem Gestrüpp bedeckt. Im Winter 1971, lange vor dem Ökotourismus und noch vor der Popularisierung des Skifahrens, habe ich mit drei Freunden eine Tour in den tasmanischen Cradle Mountain Nationalpark unternommen. Wir wollten in den Eisrinnen der vertikalen Steilhänge des Mount Geryon klettern. Vermutlich hatten wir den ganzen Park für uns; jedenfalls haben wir in den ganzen zwei Wochen, die wir dort waren, keine Menschenseele gesehen. Außer der schweren Ausrüstung und Kleidung mussten wir die Verpflegung für die ganze Zeit mitschleppen. Unsere Rucksäcke wogen jeweils knapp vierzig Kilo. Immer wenn einer stürzte, was angesichts der Baumwurzeln und des unvermeidlichen Button-Grases häufig vorkam, mussten ihm die anderen aufhelfen. Allein schaffte man es nicht.

Wir erreichten das Ende des Lake St. Clair später als geplant, und als wir endlich den Wald hinter uns ließen, brach bereits die Dunkelheit herein. Es war nur rund ein Kilometer zur Hütte, aber in der Finsternis kamen wir vom Weg ab und landeten in einem Sumpfgebiet. Teilweise bis zur Hüfte einsinkend wateten wir orientierungslos herum, frustriert, dass wir so nah bei der Hütte waren und doch kaum eine Chance hatten, sie zu finden. Schließlich errichteten wir ein Zelt auf einer kleinen Insel mitten im Sumpf.

Unsere Kleidung wurde während der ganzen Zeit im Park nicht wieder trocken. Weder davor noch danach habe ich die Natur jemals als so gnadenlos feindlich erlebt wie dort, nicht einmal im alpinen Hochgebirge. Sie bot uns jeden Tag Ausblicke von unvergleichlicher Schönheit, aber sie tat dies für mein Gefühl niemals aus Gastfreundschaft. Bereits nach fünf, sechs Tagen war unser Elan aufgebraucht, zumal sich herausstellte, dass es kein Eis am Hang gab, sondern nur Pulverschnee. Wir dachten kaum noch an etwas anderes als an gutes Essen und warme, trockene Klamotten. Bonattis Beschreibung kam mir in den Sinn, wie er und seine Kameraden bei der Besteigung des K2 nach einiger Zeit nicht mehr von attraktiven jungen Frauen träumten, sondern von Matronen, die ihnen Salat, Pasta und frisches Fleisch zubereiteten.

An einem Tag beschlossen wir, den Berg oberhalb der Hütte zu besteigen. Wir wollten auf direktem Weg zu seiner Hauptwand, was hieß, dass wir uns zunächst den Weg durch Unterholz bahnen mussten. Wir brauchten drei Stunden, um uns einen Kilometer durch dieses Gewirr zu kämpfen. Zweige schlugen uns ins Gesicht, und wenn wir die Arme hoben, um sie beiseite zu schieben, rutschte Schnee in die Ärmel der Anoraks. Unter wüstem Fluchen auf eine Natur, die uns, nach einer weiteren ungemütlichen, nasskalten Nacht, nicht einmal die bescheidene Freude gönnte, einen nahe gelegenen Berg zu besteigen, erreichten wir schließlich den Fuß der Wand, begannen mit dem Aufstieg und erreichten den Gipfel am späten Nachmittag. Dort gönnten wir uns ein paar Stücke Schokolade und eine Zigarette, mühsam und schmerzhaft mit unseren steifgefrorenen Fingern gedreht. Der Anblick des Naturparks und seiner Berge im roten Licht der Nachmittagssonne war von überwältigender Schönheit.

Dann ging es zurück. Der Hang war steil, aber es lag frischer Schnee, deshalb seilten wir uns nicht an. Mein guter Freund Dave, mit dem ich viele Besteigungen unternommen habe und der mich einige Male vor dem Absturz bewahrt hat, ging ungefähr fünfzig oder sechzig Meter vor mir. Neben einem Busch, der einen Meter aus dem Schnee herausragte, hatte er Halt gemacht, um zu pinkeln, als ich weiter oben am Hang ausglitt und ein paar Meter weit rutschte. Das war nicht weiter gefährlich; der Schnee war weich; relativ schnell kam ich wieder zum Stillstand. Aber der frische Schnee war pappig und baute sich zu einer kleinen Lawine auf. Als diese Dave erreichte, war sie bereits hoch genug, um ihn umzureißen. Zwanzig Meter hinter ihm gähnte ein rund achtzig Meter tiefer Abgrund.

Ich saß da und sah, wie die Lawine an Größe und Geschwindigkeit zunahm. Es stand so gut wie fest, dass sie Dave über den Rand in den sicheren Tod reißen würde. Und doch schaute ich einfach zu, alles wie in Zeitlupe wahrnehmend und mit einer Art »interesselosem Wohlgefallen«. Ich dachte noch: was für ein Abgang, mit heruntergelassener Hose – da griff Dave nach dem Busch und hielt sich daran fest, während die Lawine an ihm vorbeidonnerte.

Nicht lange danach sah ich einen Film über eine Everest-Besteigung durch ein britisches Team. Zwei Männer wollten den Gipfel ohne Sauerstoffgerät erklimmen. Als der Vordermann vor Erschöpfung umfiel, dachte sein Freund, der mit ihm seit Jahren Touren machte, er sei tot. Ohne Umstände durchsuchte er die Taschen seines am Boden liegenden Kameraden nach Cashew-Nüssen. Wenn er schon tot ist, dachte er, kann genauso gut ich sie essen. Das war alles. Etwas anderes hat er nicht gedacht oder gefühlt.

Wenn ich von dem Drang vieler Bergsteiger gesprochen habe, durch Erfahrungen in den Bergen ein tieferes Verständnis ihres eigenen Menschseins zu erlangen, dann schwang darin sicherlich eine Menge Sympathie mit. Mein eigenes Lebensgefühl ist durch die Berge und durch die Landschaft meiner Kindheit stark geprägt worden. Trotzdem glaube ich nicht, dass irgendeine Art von Interesse an der Natur oder an Tieren notwendig ist für die volle Entfaltung des eigenen Menschseins. Angesichts der modernen Wertschätzung der Natur, vor allem der unberührten Natur, sind wir schnell geneigt, auf Leute herabzusehen, die kein Interesse an der Natur haben oder auf irgendeine Weise körperlich nicht fit oder nicht geschickt sind. Zu groß ist die Faszination von Vorstellungen, wie Marx sie in seinem Ideal eines vollständigen Lebens zum Ausdruck gebracht hat, bei dem man am Vormittag Philosophie betreibt, am Nachmittag ein Handwerk ausübt und am Abend fischen geht. Aber es gibt Menschen, die ausschließlich Philosophie betreiben wollen, die nie aus der Stadt herauskommen, zwei linke Hände haben und Tiere nicht mögen. In einem wesentlichen Sinn muss es ihrem Leben trotzdem an nichts fehlen. Jeder, der sich die verschiedenen Kulturen anschaut und sich die unendlich vielen Möglichkeiten ausmalt, wie der einzelne Mensch deren Vorgaben gestalten kann, wird zu dem Ergebnis kommen, dass es eine Vielzahl einander vollkommen ausschließender Lebensweisen gibt. Das meint jedenfalls der englische Philosoph Stuart Hampshire und bringt es auf die einprägsame Formel, wir alle gingen in Schieflage ins Grab. Aber das ist nur die halbe Wahrheit.

Norman Malcolm berichtet in *Wittgenstein – Ein Erinnerungsbuch*, dass der Philosoph auf dem Sterbebett seinem Haushälter eine letzte Nachricht an seine Freunde gab: »Sagen Sie ihnen, dass ich ein wundervolles Leben gehabt habe!« Malcolm zeigt sich tief bewegt, dass Wittgenstein zu dieser Aussage kommt, wo doch sein Leben ganz offensichtlich über weite Strecken von Unglück und Leiden bestimmt gewesen sei. Was er nicht bedenkt, ist, dass gerade die Erfahrung von Unglück einen zu einer solchen Einsicht bringen kann. Wittgenstein ging es nicht um die Bewertung seines Lebenslaufs. Was er zum Ausdruck brachte, war die rückhaltlose Dankbarkeit für sein Leben als solches. Und niemand hat ein Recht, von ihm die Spezifizierung dieser Dankbarkeit zu fordern.

Es gibt kein menschliches Wesen, dem wir das Recht absprechen können, die gleiche Dankbarkeit zum Ausdruck zu bringen wie Wittgenstein. Es ist nichts als Borniertheit und Arroganz, wenn jemand meint, ein Mensch, der sein Leben lang der Natur entfremdet war, könne nicht mit Fug und Recht von sich sagen, er oder sie habe ein wundervolles Leben gehabt.

Überheblichkeit?

Zu der Zeit, als mein Vater und ich mit Jack und Orloff auf dem Land lebten, hatten wir eine Kuh namens Rusha. Sie gebar uns eine ganze Reihe von Kälbern, die wir alle Bimbo nannten. Eines von ihnen schlachtete mein Vater, damit wir zu essen hatten. Ich habe nicht gesehen, wie er es getan hat, aber als er zum Haus zurückkehrte, zitterte er. Ein Anblick, der mich noch jahrelang verfolgte. Mir war klar, dass er glaubte, etwas Furchtbares getan zu haben, und so erschüttert wie er war, konnte ich mir nicht vorstellen, dass er sich in seiner Einschätzung irren könnte. Ich war ja erst sieben Jahre alt.

Mein Vater war noch Tage später aufgewühlt. Darüber sprach er zwar nicht mit mir, aber ich wurde Zeuge eines Gesprächs, das er mit meiner Mutter und Horas Bruder führte, der geholfen hatte, das Kalb zu töten. Aus dem, was ich mithörte, wurde deutlich, dass mein Vater sich selbst verurteilte, ich spürte aber auch, dass mehr als Scham dahintersteckte. Aus Gründen, die ich nie ganz aufklären konnte, war es meinem Vater und Horas Bruder nicht gelungen, das Kalb zu bändigen. Es hatte sich lange und heftig gewehrt. Meinem Vater war die Geschichte offensichtlich nicht deshalb so sehr auf den

Magen geschlagen, weil er das Kalb getötet hatte, sondern, weil er es nicht verschont hatte. Er kam nicht klar mit der Arroganz, die seiner Meinung nach in seinem Unvermögen zum Vorschein gekommen war, nachzugeben. Dass er sich von einer solchen Seite gezeigt hatte, war die Quelle seiner Selbstvorwürfe. Und was dahinter steckte, war die Überzeugung, gegen die Ordnung der Natur verstoßen zu haben.

Ich habe bereits gesagt, dass sein mitfühlender Fatalismus sich auf alle Lebewesen erstreckte, und darüber hinaus auf das Land, das sie trug, vor allem wenn Dürre das Gras vertrocknen ließ und den Boden mit Rissen überzog, bis von den Weiden wenig mehr übrig blieb als Staub. Zu dem Zeitpunkt, als er das Kalb schlachtete, war diese Haltung noch nicht voll ausgeprägt, auch wenn sie in Ansätzen bereits in seinem Verhältnis zu Jack und Orloff spürbar wurde. Erst als er selbst eine Phase schwerer psychischer Störungen durchlaufen musste, als er das Elend und die Schrecken des Wahns am eigenen Leibe erlebte, erhielt sie maßgebliches Gewicht und wurde zu seiner Grundorientierung in der Welt. Seine Reaktion auf das Schlachten des Kalbes erscheint mir heute wie ein Vorzeichen dessen, was er werden sollte, ein Vorzeichen des umfassenden Mitgefühls, das in seinen Augen jedes Lebewesen verdiente und gegen das er sich versündigt hatte. Dieses Mitgefühl hat er nie als eine subjektive Einstellung aufgefasst, die seine Wahrnehmung der Außenwelt färbte. Er sprach davon immer wie von einer Fähigkeit, die ihm die Welt so zeigte, wie sie wirklich war. Und es war die von seinem Mitgefühl offenbarte Ordnung der Welt, gegen die er verstoßen zu haben glaubte, als er sich weigerte, das Kalb zu verschonen.

Es ist fast schon ein Gemeinplatz, die menschliche

Überheblichkeit anderen Lebensformen gegenüber zu beklagen. Mitunter haftet dieser Klage selbst ein überheblicher Beigeschmack an, nämlich dann, wenn sie dem Menschen schlichtweg Eitelkeit und Dominanzgebaren bescheinigt. Die meisten Varianten dieser Klage erliegen dieser Gefahr, da sie stets aus einem gewissen Abstand zu den alltäglichen Angelegenheiten der Menschen formuliert werden. Und manchmal ist dieser Abstand zu groß, als dass man noch zwischen begründeten menschlichen Bedürfnissen und den überzogenen Ansprüchen des gnadenlosen fetten Egos unterscheiden könnte. Wird diese Klage vom Standpunkt des Universums erhoben, von einem Standpunkt, der uns nur noch als Staubkörnchen erscheinen lässt, ist jede Möglichkeit vertan, eine Stimme zu Wort kommen zu lassen, die noch Bezug zum konkreten Leben hat. Nur solche Stimmen aber sprechen unser Empfinden an und können uns die Bedeutung dessen vermitteln, was wir tun und erleiden. Daraus sollte man nicht schließen, dass, objektiv betrachtet, für uns nichts wirklich Bedeutung hat. Die Schlussfolgerung sollte lauten, dass ein Verständnis dessen, was für uns Bedeutung hat, vom Standpunkt des Universums aus nicht zu gewinnen ist. Von dort aus macht die Behauptung, dass etwas Bedeutung habe, genauso wenig Sinn wie ihre Negierung.

Albert Schweitzer ist immer wieder belächelt worden, weil er beim Gehen sorgsam darauf achtete, nicht auf Insekten zu treten. Er selbst hat seine Einstellung allen Lebewesen gegenüber als Hochachtung vor dem Leben bezeichnet und hierin ausdrücklich auch die Mikroben eingeschlossen, die er unter dem Mikroskop beobachtete. Er schreibt:

»Das Unternehmen, allgemeingültige Wertunterschiede zwischen den Lebewesen zu statuieren, läuft darauf hinaus, sie danach zu beurteilen, ob sie uns Menschen nach unserem Empfinden näher oder ferner zu stehen scheinen, was ein ganz subjektiver Maßstab ist. Wer von uns weiß, was das andere Lebewesen an sich und in dem Weltganzen für eine Bedeutung hat?«

So bewundernswert Schweitzer in vieler Hinsicht war, sein Urteil ist an dieser Stelle für mich nicht nachvollziehbar. Und zwar nicht, weil er in diesem Zusammenhang bekennt, dass er es bedauert, als Arzt die Mikroben abtöten zu müssen. Das klingt für mich zugegebenermaßen schrullig. Ich bin mir aber bewusst, dass es manchen Lesern ganz ähnlich geht, wenn ich von Gewissensbissen schreibe, weil man eine Spinne in den Ausguss gespült oder unbedacht eine Blume abgeknickt hat. Was ich an seiner Bemerkung inakzeptabel finde, ist, dass er den Maßstab, nach dem er sich entscheidet, Mikroben zu töten, um Menschenleben zu retten, als subjektiv bezeichnet. Aus welcher Perspektive soll das subjektiv sein?

Die Begriffe »objektiv« und »subjektiv« sind in besonderer Weise geeignet, uns in Schwierigkeiten zu bringen. Aber ich denke, es herrscht Einigkeit darüber, dass »Objektivität« als normativer Begriff verwendet wird. Es ist schlecht, wenn es einem nicht gelingt, objektiv zu bleiben, nur wenn man objektiv ist, kann man »die Dinge so sehen, wie sie sind«. Wenn Schweitzer sich entschuldigt beziehungsweise darauf hinweist, dass sein Urteil »subjektiv« sei, scheint er entweder sagen zu wollen, dass eine objektive Beurteilung zu einem anderen Ergebnis kommen und das seine als unrichtig bloßstellen könnte, oder aber, dass man so etwas wie ein objektives Urteil gar nicht fällen kann. Vermutlich meint er das Erste, denn wenn die Möglichkeit für ein objektives Urteil gar nicht besteht, macht es natürlich keinen Sinn, »zuzugeben«, das eigene Urteil sei das einzig mögliche Urteil, als wäre dies ein Mangel.

In Diskussionen wie dieser ist es wichtig, auf dem Teppich zu bleiben, auch wenn sich von dort aus die Dinge nicht ohne weiteres vom Standpunkt des Weltganzen aus betrachten lassen. Es ist meiner Meinung nach aber der einzige Ort, an dem man jemanden – die eigene Person eingeschlossen – zur Ernsthaftigkeit auffordern kann, zu jener Art von Besonnenheit, bei der man von jemandem verlangt, dass er hinter seinen Worten steht, dass er wirklich meint, was er sagt, dass seine Worte überhaupt Sinn machen und man mit ihnen etwas Ernsthaftes zum Ausdruck bringen kann. »Vom Standpunkt des Universums bedeuten unsere Belange rein gar nichts«, ist ein Satz, dessen Worte zwar über Bedeutung verfügen, wenn sie aber von jemandem in dieser Zusammenstellung verwendet werden, kann er damit meines Erachtens in keinem denkbaren kommunikativen Zusammenhang etwas Ernstzunehmendes sagen.

Jedes einzelne menschliche Leben ist wertvoll. Das gilt ebenso, wenn auch auf andere Weise, für Tiere und, auf wiederum andere Weise, für Pflanzen, Bäume, Landschaften und die Wildnis. Zu sagen, dass sie alle, jedes auf seine Weise, Wert haben, heißt, dass man ihnen Wertschätzung und Hochachtung entgegenbringen kann und dass dies im Laufe der Jahrhunderte immer wieder geschehen ist, auch wenn diese Achtung sich von Fall zu Fall unterschiedlich äußert. Die Achtung vor dem menschlichen Leben zeigt sich in der Art und Weise, wie wir die Durchsetzung unseres eigenen Willens mit Rücksicht auf andere Menschen beschränken – sie zeigt sich, wenn wir davon sprechen, dass jeder Mensch über unbedingte und unveräußerliche Rechte verfügt und dass sein

Dasein keiner Rechtfertigung bedarf. Sie zeigt sich auf dramatische Weise in der Reue, die ein Mensch empfindet, der einen anderen getötet hat. Wir wissen, dass Menschen sich selbst umbringen können, nachdem sie den Tod eines anderen verursacht oder dazu beigetragen haben. Und auch wenn wir einen solchen Selbstmord bedauern oder sogar verurteilen, gehört es doch zu unserem Verständnis davon, was es heißt, einen Menschen zu töten, dass wir zumindest den Impuls nachvollziehen können, nach einer solchen Tat selbst aus dem Leben zu gehen.

Ich habe Isak Dinesen mit dem Ausspruch zitiert, dass Leid sich ertragen lässt, wenn man anderen davon erzählen kann. Im Anschluss an diese Worte habe ich versucht zu begründen, warum ich darin eine tiefe Einsicht erkenne. Ich möchte dafür jetzt eine zweite, noch radikalere Begründung nachliefern. Unsere Haltung angesichts des allgegenwärtigen Todes oszilliert zwischen dem Bewusstsein, ihm allein gegenüberzustehen, und dem tröstlichen Wissen, dass wir alle sterblich sind; und dieses Oszillieren ist kein Zeichen von Verwirrung. Dagegen wäre es eine falsche Reue, die in einer Gemeinschaft von Schuldigen Trost finden könnte. Schuld ist auf radikale Weise individuell; sie betrifft eine Person, die einer anderen Unrecht getan hat. Die moralische Zermürbung durch Schuld und Reue, die eine solche Person in den Selbstmord treiben kann, ist meines Erachtens der psychische Schatten des Umstands, dass die Schuldigen zutiefst isoliert dastehen. Dieser Schatten trübt mitunter den für aufrichtige Sühne notwendigen klaren Blick. Nun ist es aber nicht einmal vorstellbar, dass ein Mensch sich den Tod wünscht, weil er Mikroben oder Insekten getötet hat. Und sollte jemand seinem Leben ein Ende setzen wollen, weil er ein Tier getötet hat, würde man ihm das vermutlich als Charakterschwäche auslegen. Hätte mein Vater nach der Schlachtung des Kalbes versucht, sich zu erschießen, hätte ich das nicht als Zeichen seines tiefen Mitgefühls verstanden, sondern als beunruhigendes Signal für den Verlust seines seelischen Gleichgewichts.

Eine genauere Betrachtung der verschiedenen Arten, mit Schuld umzugehen, inklusive der Versuche, sich aus der Affäre zu ziehen, lehrt uns eine Menge darüber, was es heißt, jemandem Unrecht zuzufügen. Die aufrichtige und einsichtige Reue eines Menschen, der einen Mord begangen hat, mag von einer grundlegenden Achtung vor dem Leben oder von einem Gefühl der Unantastbarkeit des Lebens geprägt sein. Um aber herauszufinden, welche Rolle das im jeweiligen Fall spielt, sollte man nicht aus dem Blick verlieren, dass das Unrecht einem einzelnen Individuum angetan wurde und nicht gegen das Leben oder das Unantastbare im Allgemeinen gerichtet war. Wenn dem Täter die Tragweite dessen, was er getan hat, schmerzlich bewusst wird und er zerknirscht fragt: »O Gott, was habe ich getan?«, dann darf die Antwort, die er selber oder ein anderer findet, nicht zu allgemein sein. Es wäre nicht sinnvoll, ihm zu entgegnen, er habe die soziale Übereinkunft gebrochen, die Grundsätze der Vernunft verraten oder die Unantastbarkeit des Lebens verletzt.

Der Grund dafür ist offensichtlich: Eine solche Antwort würde die Aufmerksamkeit von der Person ablenken, die zu Schaden gekommen ist. Wenn es um die Tötung eines Menschen geht, das getötete Individuum aber nicht im Zentrum der Reue steht, dann mag der Täter irgendeine Vorstellung von der Achtung des Lebens hegen, er hat aber nicht verstanden, was es heißt, die

Unantastbarkeit des menschlichen Lebens zu achten. Der Begriff »Leben« kann zwar unsere Einstellung zu den verschiedenen Lebensformen und Lebewesen unter einen Hut bringen, er stiftet aber da Verwirrung, wo man nicht darauf achtet, dass es sich um ein Wort mit vielen Bedeutungen handelt.

Wenn Philosophen über diese Frage nachdenken, tritt hingegen häufig die Irritation zu Tage, dass die Reue sich auf das Individuum konzentriert, das zu Schaden gekommen ist. Sie argumentieren: Wenn Fred ermordet würde, wäre das Verbrechen das Gleiche, wie wenn Tom das Opfer wäre. Was Mord so schrecklich mache, sei nicht die Tatsache, dass es Fred oder Tom getroffen habe, sondern dass ein Mensch, eine Person, beziehungsweise ein vernunftbegabtes Wesen ausgelöscht würde. Die individuellen Eigenschaften von Fred, die ihn zu einer einzigartigen, ausdrucksstarken und liebenswerten Persönlichkeit gemacht haben, seien in diesem Zusammenhang ohne Relevanz.

Wahr ist, dass Freds Unterscheidungsmerkmale und sein vom Individualismuskult gefeiertes Persönlichkeitsprofil keine Rolle spielen für den ethischen Schrecken, den seine Ermordung hervorruft. Aber das ist auch nicht die Art von Einzigartigkeit und individuellem Wert, um die es hier geht. Unser Gespür, was es heißt, einem Menschen Unrecht zuzufügen, ist zutiefst geprägt von der Vorstellung, dass jeder Mensch, ungeachtet des Vorhandenseins oder Fehlens besonderer Merkmale, unersetzbar ist und Wertschätzung verdient. Die Unterschiede in der Art, wie wir uns im Vergleich dazu Tieren gegenüber verhalten, sind unmittelbar abhängig davon, wieweit wir das auf sie übertragene Konzept von Individualität abschwächen. Insekten sehen wir überhaupt nicht als Individuen, auch nicht in einer abgeschwächten, übertragenen Form, deshalb kann niemand ernsthaft Reue empfinden, weil er eine Spinne den Ausguss hinabgespült hat, ja, nicht einmal, wenn er einer Fliege die Flügel ausgerissen hat.

Reue wird manchmal als moralisches Bedauern beschrieben. Und wenn Reue nicht der richtige Begriff ist, um zu beschreiben, was jemand fühlt, der eine Spinne fortgespült hat, kommen wir vielleicht mit »Bedauern« weiter. Wird man nun aber gefragt, wie sich das Bedauern darüber, die Spinne fortgespült zu haben, unterscheidet von dem Bedauern, eine Vase zerbrochen zu haben, dann scheint man, auch wenn die Vase unersetzlich war und für ihren Besitzer einen hohen sentimentalen Wert hatte, antworten zu müssen, dass dieses Bedauern nur bei der Spinne ethisch geprägt ist. Aber soll das heißen, dass dieses Bedauern sich nicht so sehr auf die getötete Spinne bezieht, sondern eher auf ein ethisches Defizit, das das Geschehen in meinem Charakter offenbart hat?

Ich glaube nicht. Wenn man einem Kind beibringen will, Spinnen nicht in den Ausguss zu spülen, würde (sollte) man nicht sagen: »Es geht um deinen Charakter, nicht um die Spinne.« Wenn die Spinne ohne Belang ist – diese besondere Spinne, die fortgespült wurde –, dann ist schwer einzusehen, warum man sich um den Charakter des Kindes Sorgen machen sollte. Oder, anders formuliert, solange das Kind die einzelne Spinne nicht achtet, ist der erwünschte Effekt auf den Charakter ausgeblieben, selbst wenn es gehorsam darauf verzichtet hat, Spinnen in den Ausguss zu spülen. Nehmen wir als Kontrast dazu den hypothetischen Akt des Vandalismus gegen den Grashalm, der Hora zu seiner Hommage an das Leben inspirierte. Für die Person, die wir uns als Täter vorgestellt haben, käme der Grashalm weder als Gegenstand ihres

Bedauerns ernsthaft in Frage, noch würde er eine Rolle spielen, wenn sie sich schämt.

Der Wert, den wir dem als unersetzbar wahrgenommenen Individuum zubilligen, in Verbindung mit unserem Verständnis, was es heißt, jemandem Unrecht zu tun, sowie deren Verknüpfung mit dem, was ich das Reich der Bedeutung genannt habe, zeigt sich im alltäglichen Leben oft. Ich schreibe diesen Text noch unter dem Eindruck des Angriffs auf das World Trade Center vom 11. September 2001. Und ich frage mich immer wieder, warum es mir so wenig behagt, wenn die Leute bei terroristischen Anschlägen davon reden, »die« hätten weit weniger Achtung vor dem Individuum als »wir«. Wollen sie damit sagen, dass »wir« in den liberalen Demokratien den Individualismus als politische Idee hochhalten, während »deren« Ethik stärker auf das Kollektiv ausgerichtet ist? Ich denke, nein. Die Behauptung, »die« achteten das Individuum nicht so wie »wir«, läuft vielmehr auf die Behauptung hinaus, dass für »die« ein menschliches Leben weniger zählt als für »uns« und dass »die« deshalb in der Lage sind, so etwas Schreckliches zu tun.

Wer soll das sein, der das Leben auf eine Weise achtet, wie »die« das nicht tun? Wie es scheint, »wir«, die Vertreter der zivilisierten Nationen. Und wer sind dann »die«? An erster Stelle, nehme ich an, zählt man dazu die Selbstmordattentäter, aber ebenso, fürchte ich, die Völker, aus denen sie kommen – Menschen mit dunkler Hautfarbe, die in armen, überbevölkerten Ländern leben. So denken sich das zumindest viele.

Ich kannte eine Frau, die sehr um ihren kurz zuvor gestorbenen Sohn trauerte. Aber als im Fernsehen gezeigt wurde, wie vietnamesische Mütter um ihre Kinder weinten, die bei amerikanischen Bombardements ums Leben gekommen waren, sagte sie: »Für die ist das anders, sie können einfach neue kriegen.« In meinem Buch *A Common Humanity. Thinking about Love & Truth & Justice* habe ich sie »M.« genannt, und so will ich das auch hier halten. James Isdell, zuständig für die Reservate in Westaustralien, dachte ganz ähnlich über die weiblichen Aborigines, denen man die Kinder fortnahm. »Die vergessen ihren Nachwuchs sehr bald«, meinte er, um zu erklären, warum er »nicht einen Moment zögern« würde, »wenn es darum geht, ein Halbblut von seiner eingeborenen Mutter zu trennen, wie hysterisch sie sich auch zunächst gebärden mag«.

Weder Isdell noch M. waren in der Lage, die Opfer ihrer rassistischen Abwertung als Individuen in dem Sinn zu sehen, in dem wir davon sprechen, dass sie einzigartig und unersetzbar sind, nicht nur für die Menschen, die sie lieben, sondern schlicht und einfach und ohne Einschränkung: einzigartig und unersetzbar. Für Isdell und M. sind nur »unsere« Kinder unersetzbar; »deren« Kinder scheinen mehr oder weniger austauschbar wie Haustiere.

Äußerungen wie die von Isdell und M. zeigen, wie weit die rassistische Abwertung reicht: Sie erstreckt sich auf alles was »die« sagen und tun. Nichts – weder ihre Liebe noch ihr Hass, weder ihre Freude noch ihr Schmerz – kann bei »denen« wirklich, echt und tief sein. Und jemand, der eine Bevölkerungsgruppe oder eine ganze Bevölkerung unter solchen Vorzeichen sieht, kann nicht verstehen, dass man »denen« auf eine vergleichbare Weise Unrecht zufügen kann wie »uns«, dass »die« überhaupt in der Lage sind, Unrecht in einer ähnlichen Weise zu empfinden wie »wir«. In der direktesten aller möglichen

Bedeutungen sehen sie in »denen« »keine richtigen Menschen«.

Es gibt aber keinen Grund, anzunehmen, dass es Völker oder Rassen gibt, die so sind, wie Isdell und M. die Opfer ihrer Abwertung wahrnehmen – unfähig, jene Art von Beziehungen einzugehen, die zu einem wesentlichen Teil unser Verständnis davon bestimmen, was es heißt, so einzigartig und unersetzbar zu sein wie nichts sonst in der Natur. Dies anzuerkennen ist das Herzstück unserer Auffassung, dass jedes Volk der Erde der Menschheit angehört.

Manche Menschen meinen, wir könnten auf eine gerechte Welt hoffen, wenn jeder sich vor Augen führte, dass wir Menschen im Grunde alle gleich sind. Und darin liegt viel Wahrheit. Unsere Wahrnehmung dessen, was wir gemeinsam haben, muss allerdings über jene Gemeinsamkeiten hinausgehen, von denen auch Isdell und M. wissen, dass sie sie mit den Opfern ihrer Diskriminierung teilen.

Sie wissen, dass Vietnamesen und Aborigines, wie sie selbst, Beziehungen eingehen, den Wechselfällen des Lebens ausgeliefert und sterblich sind, dass sie über Vernunft verfügen und Ziele verfolgen, dass sie in der Tat Personen sind. Isdell und M. fehlt es nicht so sehr an Tatsachenwissen über die Opfer ihrer Abwertung; sie sind geschlagen mit Bedeutungsblindheit. Obwohl der Schmerz der Frauen über den Verlust ihrer Kinder für sie sichtbar und hörbar war, haben sie in den Stimmen der Frauen nicht den Schmerz gehört, der ihr Herz erweicht hätte, sie haben in ihren Gesichtern nicht das Leid gesehen, das sie den Rest ihres Lebens verfolgt hätte. Sie haben nicht wahrgenommen, dass Liebe, Lust und Tod für »die« das Gleiche bedeuten wie für uns, ebenso wie die

Erfahrung, von einem Moment zum anderen alles zu verlieren, was dem Leben Sinn verleiht. Einer Bevölkerungsgruppe oder einem Volk diese Fähigkeit zuzugestehen, ist aber die Grundbedingung, um zu begreifen, dass ihre Existenz, genau wie die unsere, bestimmt und geprägt wird von der Fähigkeit, den Tatsachen des menschlichen Lebens mit der Frage nach ihrer Bedeutung Sinn zu verleihen. Erst wenn man diese Fähigkeit den Menschen dieser Erde wirklich ausnahmslos zutraut und bereit ist, sie in allen ihren möglichen Spielarten zu akzeptieren, entsteht aus dem Wissen um die Gleichheit aller Menschen der Wunsch nach einer gerechten Welt.

Käme in der abwertenden Haltung von Isdell und M. nicht Bedeutungsblindheit zum Ausdruck, und wären Vietnamesen und Aborigines tatsächlich so, wie die beiden sie wahrnehmen, dann würde die Grenzlinie, die sie zwischen »denen« und »uns« ziehen, einen tatsächlichen Artenunterschied innerhalb unserer Spezies bezeichnen. Aber auch das würde nicht bedeuten, dass die Art und Weise, wie Isdell die eingeborenen Mütter behandelt hat, gerechtfertigt ist. Man kann, ohne inkonsequent zu sein, die Aborigines einstufen, wie Isdell das tut, und dennoch seine Handlungsweise als grausam verurteilen, auch wenn man vielleicht glaubt, dass es etwas anderes ist, »denen« Unrecht zuzufügen als »uns«. So haben manche weißen Sklavenhalter anderen Sklavenhaltern Grausamkeit vorgeworfen, ohne auch nur für einen Moment daran zu denken – oder es für denkbar zu halten –, dass die Praxis der Sklaverei selbst ein Unrecht darstellen könnte.

Das Nachdenken über die Haltung von Isdell und M. hat etwas Wichtiges gezeigt. Die Eigenschaften und Wesenszüge, die die beiden jenen bereitwillig zugestehen, von denen sie glauben, dass man ihnen nicht auf die gleiche Weise Unrecht zufügen kann wie uns, sind genau jene Eigenschaften und Wesenszüge, auf denen die meisten Moraltheorien basieren. Wenn ich aber Recht habe und nichts von dem, was Isdell und M. bereitwillig zugestehen – dass Vietnamesen und Aborigines Personen und vernunftbegabte Wesen sind, dass sie Ziele verfolgen und Sehnsüchte haben usw. –, wesentlich zu unserem Verständnis beiträgt, was es heißt, einander Unrecht zuzufügen, dann heißt das, dass wir stillschweigend von etwas anderem ausgehen, wenn wir irgendeine dieser Theorien als ernsthaften Beitrag zur Analyse, Beschreibung oder Rekonstruktion unseres sozialen und moralischen Miteinanders heranziehen. Diese Theorien vergessen genau das zu thematisieren, was wir ohne ihre Hilfe verstehen: nämlich, was es bedeutet, jemandem Unrecht zu tun. Isdell und M. sind mit Bedeutungsblindheit geschlagen. Und Theorien, die diesen wesentlichen Punkt übersehen, leiden unter Bedeutungsvergesslichkeit.

Tieren fehlt nahezu alles, was selbst Isdell und M. den Opfern ihrer rassistischen Abwertung zugestehen. Das ist der Grund, warum ihnen durch unsere Grausamkeit nicht auf vergleichbare Weise Unrecht zugefügt wird wie einem Mitmenschen. Es ist der Grund, warum wir ihnen nicht auf gleiche Weise wie einem Mitmenschen Unrecht zufügen, wenn wir sie töten. Und es ist der Grund, warum wir so selbstverständlich von »ihnen« und »uns« sprechen, von Mensch und Tier – und nicht von Menschen und anderen Tieren.

Kreatürlichkeit

Als Student hatte ich drei Katzen, die einmal alle zur gleichen Zeit trächtig wurden. Von heute auf morgen gab es in dem Haus, das ich mit anderen Studenten teilte, vierzehn Katzenjunge. Trotzdem waren wir traurig, als eine Infektion sie alle innerhalb einer Woche dahinraffte – bis auf eines. Ob das Überlebende aber vom Glück begünstigt oder mit einem Fluch geschlagen war, war alles andere als klar, denn drei neurotische Mütter schlugen sich fortan um dieses eine. Was immer es tun wollte – selbst wenn es nur darum ging, den Flur entlangzulaufen –, es hatte zunächst einen Spießrutenlauf frustrierter Muttertriebe zu absolvieren. Gleich die erste Mutter schleckte das Junge so heftig ab, dass es zu Boden gedrückt wurde. Hatte es sich, mit nassem, anliegendem Fell, aufgerappelt, kam es mit viel Glück vielleicht einen halben Meter weit, bevor sich die zweite Mutter seiner bemächtigte und, kurz darauf in gleicher Weise, die dritte. Manchmal hatte es mit dem dreifachen Abschlecken sein Bewenden, aber manchmal ging auch mit der ersten Mutter alles wieder von vorne los, nachdem die dritte ihre mütterlichen Bedürfnisse an dem kleinen Wesen abreagiert hatte. Spätestens zu diesem Zeitpunkt sah das Kätzchen aus, als sei es aus einem Fass voll Schleim gekrochen – und es wirkte ausgesprochen schlecht gelaunt.

Die vier schliefen in einem Schrankfach unter der Treppe. Eines Tage erhielten wir Besuch von einer blinden Frau mit ihrem Hund, Jedda, einem gutmütigen und wohlerzogenen Labrador. Die Schranktür stand offen, und Jedda konnte der Versuchung nicht widerstehen, ein wenig herumzuschnüffeln und dem Geruch von Katzen nachzugehen. Als ich dazukam, stand das Drama kurz vor seinem Höhepunkt: Die drei Katzen waren wie ein Wesen dem Dunkel des Schrankes entfahren und sprangen mit ausgefahrenen Krallen und gebleckten Zähnen ihr Opfer an. Die Macht ihrer notorisch unterforderten Muttertriebe, die sich bereits in ihren gnadenlosen Abschleckprozeduren manifestiert hatte, brach nun wie eine Naturgewalt über den verblüfften Hund herein. Es war offensichtlich, dass sie nur eines wollten: soviel Schaden anrichten wie irgend möglich. Die arme Jedda hatte keine Chance. Ob es ein Zeichen ihrer guten Erziehung war oder ob sie schlicht unter Schock stand, jedenfalls zögerte sie ein wenig und verharrte lange genug vor dem Schrank, um übel zugerichtet zu werden. Als sie laut heulend zur Flucht ansetzte, aus dem Haus und die Straße hinabstürzte, hinterließ sie ihre erschütterte Besitzerin blutbespritzt. Die Katzen zogen sich in den Schrank zurück. Sie wirkten genervt, dass ich sie nicht vor einer Situation bewahrt hatte, die sie zu einem solchen Schritt gezwungen hatte.

Kaum etwas bringt uns auf vergleichbare Weise dazu, Parallelen zwischen uns und der Tierwelt zu ziehen, wie der Anblick von Muttertieren mit ihren Jungen. Die verblüffende Ähnlichkeit sehen manche mit Staunen und Interesse, andere reagieren darauf mit Abscheu. Das, was wir für den gemeinsamen Nenner halten, wird häufig als Muttertrieb bezeichnet, aber ich denke, im normalen

Sprachgebrauch nehmen wir das nicht streng biologisch, wir meinen damit nicht viel mehr, als dass es zu unserer Natur als Lebewesen, zu unserer Kreatürlichkeit gehört, uns so zu verhalten. Sobald wir anfangen, darüber nachzudenken, was das heißen soll, treiben uns tiefsitzende kulturelle Zwänge auf das Feld der Evolutionstheorie und wir versuchen, jene Gefühle und Verhaltensweisen, die wir bei Mensch und Tier als ähnlich wahrnehmen, auf biologische Ursachen zurückzuführen. Auf diesem Feld herrscht aber, aus politischen wie theoretischen Gründen, eine erbitterte Kontroverse darum, welche Rolle Natur und Gesellschaft, Vererbung und Erziehung für die Erklärung menschlichen Verhaltens spielen.

Diese Debatte geht von einer so gut wie nie in Frage gestellten Arbeitsteilung aus: Die Naturwissenschaften sind dazu da, unser Verständnis dessen zu erweitern, was wir der Natur zuschreiben, und die Sozialwissenschaften, um uns über das aufzuklären, was wir der Gesellschaft zuschreiben. Diese Überzeugung ist natürlich nicht unbegründet, aber ich glaube, dass sehr viel weniger Erkenntnispotenzial in ihr liegt, als wir vermuten, vor allem aber, als die verschiedenen Wissenschaftlergruppen zu nutzen hofften. Meiner Meinung nach hat diese Arbeitsteilung zu einer Verengung des Blickwinkels geführt und damit mehr geschadet als genützt. Letztlich hat sie ein wirkliches Verständnis unserer Kreatürlichkeit erschwert.

Dass es dazu kam, liegt zum Teil an dem ideologischen Gewicht, das auf der ganzen Diskussion lastet und das einige Wissenschaftszweige, vor allem die populäre Evolutionstheorie, zu einem militanten Reduktionismus verleitet hat. Beide Seiten hatten ihre Gründe, Werte und Vorstellungen, die von vielen Menschen fraglos akzeptiert wurden, als biologisch oder sozial determiniert zu

»entlarven«. Die offensive Härte des Ausspruches von Desmond Morris, dass auch Astronauten pinkeln müssen, passt zu dem Entlarvungsgestus, in dem sein Buch *Der nackte Affe* gehalten ist und der seit dessen Erscheinen weite Teile der evolutionstheoretisch geprägten Sozialanthropologie kennzeichnet. Der selbsternannte Prophet aus dem Londoner Regents Park Zoo hatte sich zum Ziel gesetzt, uns die Überbewertung unserer Spezies und ihrer Errungenschaften vor Augen zu führen und uns daran zu erinnern, dass auch wir Tiere sind. Die rhetorische Pointe des ganzen Entlarvens und Entzauberns zielte aber nicht so sehr darauf, dass wir Tiere sind, deren Verhalten zum Teil mit Hilfe der Biologie erklärt werden kann. Morris bestand darauf, dass wir im *Kern unseres Wesens* Tiere sind.

Morris wollte uns überzeugen, dass wir im Zentrum unserer Identität als Menschen animalisch sind. Aber nichts an der Evolutionstheorie vermag uns das Tierische unserer Natur wirklich näher zu bringen. Der Protagonist in Swifts Gedicht *The Lady's Dressing Room*, der ausruft »Celia kackt!«, ist nicht deshalb entsetzt, weil er die Macht der Körpervorgänge nicht kennt oder weil er nicht wüsste, dass sie sterben müsste, wenn sie diesen Drang ernsthaft unterdrücken würde. Ihm zu erklären, dass sie einem natürlichen Zwang folgte, der auf eine nicht zu leugnende biologische Tatsache zurückzuführen ist, macht ebensoviel Sinn, wie einen Witwer, der jeden Tag das Grab seiner Frau besucht, darüber aufzuklären, dass die Toten tot sind und seine Frau es gar nicht mitbekommt, wenn er sie besucht, dass er es deshalb ebenso gut lassen könnte, vor allem an kalten, regnerischen Tagen. Nichts davon bringt einem die entsprechende Haltung näher oder erläutert sie; das Gesagte *besteht* lediglich auf einer bestimmten Haltung, es bringt sie zum Ausdruck. Im einen Fall könnte der Witwer antworten, ihm sei der Tod seiner Frau vollkommen bewusst. Warum sonst sollte er ihr Grab besuchen? Und im anderen Fall könnte Swifts Alter ego entgegnen, ihm sei vollkommen klar, dass Celia kacken müsste, dass es unabweisbare biologische Gründe dafür gebe; aber unappetitlich finde er es doch.

Swifts Reaktion auf das Zutagetreten des Körperinneren gehört in den Zusammenhang eines umfassenden Netzes von Bedeutungen, so wie der Abscheu vor der Sexualität Teil eines bestimmten Blickes auf »das Fleisch« ist – und das, obwohl dieses Konzept kaum noch ernsthaft verwendet wird und jene, die es dennoch versuchen, zugeben, dass die Sprache, in der es formuliert ist, inhaltsleer oder morbide geworden ist. Will die Psychologie uns überzeugen, dass die Abscheu vor dem Körper notwendigerweise pathologisch ist, wird sie ihre Glaubwürdigkeit nicht so sehr durch die angeblich neutrale Untermauerung mit psychologischen und biologischen Tatsachen gewinnen, sondern in erster Linie durch eine Neuordnung der Begrifflichkeit, in der wir über die Bedeutung des Körpers sprechen.

Was hat uns die Evolutionstheorie über unsere Gefühle und unser Verhalten zu sagen? Da wir einer hochentwickelten Spezies angehören, ist der Gedanke nahe liegend, dass es eine Menge sein müsste. Aber einen zwingenden Grund dafür gibt es meiner Meinung nach nicht. Das Vernünftigste, was man in so einem Fall tun kann, ist, zu schauen, was die Evolutionstheorie erreicht hat. Wie man das bewertet, hängt aber wiederum davon ab, wie man ihre Aufgabe definiert. Einem oberflächlichen Verständnis von Altruismus wird noch das Verhalten der

Ameisensoldaten als altruistisch erscheinen. Vorstellungen davon, was erklärungsbedürftig ist, können auf ein sehr mageres Erklärungsmodell zugeschnitten sein. Jahrhundertealte Diskussionen wie die, was es heißt, seinen Nächsten zu lieben, lässt man dabei schlicht links liegen. Leute wie Morris haben ein starkes Bedürfnis, solche Erörterungen auf eine Bodenständigkeit zu reduzieren, die sich auf schlichte biologische Fakten beschränkt: Auch Astronauten müssen mal pinkeln. Vielleicht sollte man fairerhalber sagen: Das ist, was ein Teil von ihm denkt. Der andere Teil würdigt mit beeindruckender Bescheidenheit die Komplexität tierischen Verhaltens und die hohe Trefferquote bei der Suche nach auffälligen Parallelen zwischen unserem Verhalten und ihrem.

Um zu erläutern, was ich mit den reduktionistischen Tendenzen in der evolutionstheoretisch geprägten Sozialanthropologie meine, eignet sich das Konzept der Verhaltenstherapie recht gut, da es Erkenntnisse aus Biologie und Psychologie zu verbinden sucht. Aber gewinnt man wirklich ein angemessenes Verständnis des Problems und einen besseren Lösungsansatz, wenn man die Schwierigkeiten, die ein Kind in der Familie macht, als Verhaltensstörungen definiert und nach der besten Methode sucht, sein Verhalten zu ändern?

Soll ich es bestrafen, bestechen oder ausschließen? Jeder dieser Begriffe verweist nicht bloß auf eine Methode, die ich zur Einwirkung auf das Verhalten des Kindes anwenden kann, er verweist ebenso auf Handlungen und deren Bedeutung. Jeder einzelne beinhaltet ein grundlegend unterschiedliches Verhältnis zu dem Störenfried, und diese Unterschiede sind zu einem Teil ethisch-moralischer Art. Bin ich sein Vater, habe ich in gewissem Rahmen das Recht, ihn zu bestrafen. Bin ich es nicht, habe ich es nicht.

Besteche ich ihn, besteht die Gefahr, dass ich seinen Charakter verderbe. Und ermuntere ich seine Geschwister, ihn auszuschließen, nehme ich ihm womöglich die Chance, zu verstehen, was er getan hat und welche Konsequenzen er für sein Tun legitimerweise zu erwarten hat. Außerdem verderbe ich damit eventuell den Charakter der Geschwister. All dies sind moralische Erwägungen. Es wäre aber falsch, in ihnen lediglich die übergeordneten Prinzipien zu sehen, die bei der Wahl der richtigen Erziehungsmethode helfen, als böten die Techniken zur Beseitigung einer Verhaltensstörung in sich ein schlüssiges Rezept für die Aufgabe, vor der ich stehe.

Wenn ich, nach der Lektüre eines Standardwerks der Erziehungstheorie, beschließe, die Ausgrenzung meines schwierigen Kindes zu betreiben, könnte man mir ein verfehltes und oberflächliches Verständnis von Familie vorwerfen. Man könnte mich auf die schwerwiegenden Auswirkungen einer solchen Ausgrenzung auf ein Kind hinweisen. Um aber wirklich zu verstehen, was es für ein Kind heißt, unter solchen Auswirkungen zu leiden, und was es für einen Vater heißt, seinem Kind so etwas anzutun, um das Unrecht wie den Schaden zu verstehen, die ich ihm zufüge, muss ich mich gedanklich im Reich der Bedeutung bewegen, wo der Inhalt dessen, was ich erwäge, nicht von seiner Form zu trennen ist. Wenn der Autor des Standardwerkes mir sagen würde, dass ich im Grunde auf nichts anderes hinauswill als auf eine Verhaltensänderung, würde ich das rundweg verneinen. Was ich will, ist, dass mein Kind versteht, was es tut, und dass es versteht, was das für die anderen Familienmitglieder bedeutet, dass es versteht, welche Verantwortung und welche Zwänge seine Gedankenlosigkeit mir, seinem Vater, auferlegt. Und natürlich vieles andere mehr. Aber ich denke, das genügt erst einmal, um zu zeigen, dass das Verstehen auf das Einzelne und das Besondere zielt, dass es sich entwickelt, indem es Unterschiede herausarbeitet, und nicht, indem es sie überspringt. In der Umgangssprache haftet dem Ausdruck »Verhaltensänderung« immer etwas Manipulatives an, auch wenn das der Sache in der Regel nicht gerecht wird. Deshalb hat man versucht, diese Konnotationen loszuwerden und den Begriff als neutralen Terminus einer Verhaltenswissenschaft zu definieren. Aber die Hoffnung, mit einer Allgemeingültigkeit, wie sie in den »harten« Wissenschaften zur Erkenntnis beiträgt, im Bereich des zwischenmenschlichen Umgangs zu einem vertieften Verständnis zu kommen, hat sich nicht erfüllt. Stattdessen ist unser Blick eher getrübt worden.

Das betrifft unser Verständnis vom Menschen, und es gilt meines Erachtens genauso für unser Verständnis der Tiere. In die Beschreibungen meiner Beziehung zu Tieren und in die Schilderung ihres Verhaltens ist diese Überzeugung eingeflossen. Aus diesem Grund habe ich auch die Vorstellung von Vicki Hearne aufgegriffen, »aus Hunden Mitbürger zu machen«. Dieser Erziehungsprozess bedarf der klaren Unterscheidung zwischen Anweisungen, die mit begründeter Autorität gegeben werden, und solchen, die auf bloßer Machtausübung beruhen. Und diese Unterscheidung erfordert ein fundiertes Verständnis, was es heißt, die Würde eines Hundes zu achten. Dieser Respekt zeigt sich in Rush Rhees Bericht vom Scheitern der Erziehung seines Hundes Danny, und ich habe ihn versucht zum Ausdruck zu bringen, indem ich schrieb, wir hätten Gypsy nicht abgerichtet, damit ihre Handlungen vorhersehbar würden, sondern erzogen, damit sie zuverlässig wurde. Hearne meint, die Tiertrainer, die behavioristische Theorien vertreten, würden ihre Erfolge nicht wegen, sondern trotz dieser Theorien erzielen, und wenn ein Training mehr oder weniger exakt auf behavioristische Fachbegriffe reduziert werden könne, ließe es das Tier verrohen. Um zu zeigen, dass man als Alternative nicht automatisch in Sentimentalität verfallen muss, möchte ich (wie Hearne in ihrem Buch) den bekannten Tierpfleger William Koehler zu Wort kommen lassen. Als »Vermenschler« bezeichnet er:

»ganz reizende Menschen, die meist nach einer ganz reizenden Tante kommen, die einen Hund hatte, ›der praktisch wie ein Mensch war und jedes Wort verstand, ganz ohne irgendeine Erziehung‹ … Sie sind in der Regel Einzeltäter, aber wenn sie sich in Vereinen zusammentun, können sie ziemlichen Schaden anrichten. Ohne Schwierigkeiten erkennen sie einander in großen Menschenmengen – an ihrem Lächeln, das so süßlich ist wie eingetrockneter Zuckersirup. Ihre hervorstechenden Eigenarten sind, dass sie zusammenzucken, wenn in ihrer Nähe ein Hund einem Befehl gehorcht, und dass sie zustimmend lächeln, wenn er es nicht tut und nach einem Dutzend hilfloser Zurufe nur umso entschlossener scheint, seine Anatomie in Bissweite eines anderen Hundes zu bringen, der ihn im Handumdrehen zum Krüppel machen könnte. Ihre häufigsten Ausrufe sind: ›Das könnte ich nicht – das könnte ich nicht!‹ und: ›Oh neiiin – oh neiiin!‹ Über einen Balzruf verfügen sie nicht. Das versteht sich fast von selbst.«

Meine Kritik am Konzept der Verhaltensänderung ist nicht dazu gedacht, irgendetwas zu widerlegen oder zu beweisen. Ich möchte nur darauf hinweisen, dass man, erstens, einen Großteil unseres Verständnisses vom menschlichen Verhalten nicht ohne ernsthafte Entstellung aus dem Reich der Bedeutung in den Bereich des wissenschaftlich Faktischen übertragen und ins Unpersönliche abstrahieren kann, dass, zweitens, ein Verstehen im Reich der Bedeutung eher zu Beschreibungen des Besonderen und Bestimmten tendiert als zu übergreifenden Beschreibungen wie in den Naturwissenschaften.

Um die Frage zu beantworten, ob die Evolutionstheorie uns geholfen hat, uns selbst, unser Verhältnis zur Tierwelt und zur Natur ganz allgemein besser zu verstehen, scheint es lohnenswert, noch weitere Beispiele zu bemühen. Trägt der Begriff der Paarbildung zu unserem Verständnis bei, warum wir die Treue – beziehungsweise bestimmte Formen der Promiskuität – hochhalten? Hilft uns der Begriff des Revierverhaltens, den Unterschied zwischen Loyalität gegenüber dem eigenen Gemeinwesen und nationalistischem Chauvinismus zu verstehen? Können uns evolutionstheoretische Konzepte des Altruismus irgendetwas Wesentliches über unser Mitgefühl für die vom Schicksal Geschlagenen sagen, vor allem wenn es unverfälscht und frei von gönnerhafter Herablassung aufscheint? Können sie uns erklären, warum ein Schicksalsschlag die ganze Menschlichkeit eines Betroffenen zum Vorschein bringen kann, eventuell gerade dadurch, dass diese bis zur Unkenntlichkeit entstellt wird? Können sie uns helfen, eine wirkliche Tugend von ihren irreführenden Trugbildern zu unterscheiden? Wenn uns jemand auffordert, darüber nachzudenken, was wir getan haben, wenn wir einen treuen Lebenspartner betrogen haben, aus Nationalismus eine verbrecherische Politik mitgetragen haben oder einem Obdachlosen mit unverhohlener Herablassung ein Almosen gegeben haben – wenden wir uns dann an die Evolutionstheorie, um uns und unsere Handlungsweise zu verstehen?

Ich kann mir beim besten Willen nicht vorstellen, wie ein Beitrag der Evolutionstheorie zum Diktum des Sokrates aussehen sollte, dass es besser ist, Böses zu erdulden, als es zu tun. Die sokratische Ethik ist eine Ethik der Entsagung. Sie verlangt von uns die Bereitschaft zum Verzicht auf die einzigen Maßnahmen, die retten könnten, was uns lieb und teuer ist, wenn diese Maßnahmen unmoralisch sind. Sokrates musste sich von fast jedem, dem er seine Ethik erläuterte, anhören, es sei unverantwortlich, den Verzicht auf Schritte zu fordern, die das eigene Leben oder das Leben derer, die von einem abhängig sind, bewahren könnten. Selbst wenn wir Sokrates nicht zustimmen: Seine Ethik bringt Konflikte, die uns täglich begegnen, auf den Punkt. Und unser Nachdenken über diesen ethischen Konflikt wird von der Stellungnahme der Evolutionstheorie für die eine oder andere Seite nicht im mindesten berührt. Spricht sie sich gegen die Entsagung aus, wie Nietzsche das in ihrem Namen getan hat, dann gibt es für uns wenig Veranlassung, das in unsere Überlegungen einzubeziehen. Spricht sie sich dafür aus, dann in der Regel aus den falschen Gründen. In diesem Zusammenhang kommt es aber wesentlich darauf an, aus den richtigen Gründen, oder besser: im richtigen Geist, zu handeln.

Zivilisation ist, einem Ausspruch G. K. Chestertons zufolge, aufgehängt in ein Spinnennetz feiner Unterscheidungen. Dieses Spinnennetz – das Reich der Bedeutung – würden Entlarver und Reduktionisten aller Schattierungen gerne herunterreißen, denn konfrontiert mit vielen und feinen Unterschieden, werden sie schnell ungeduldig. Dafür gibt es eine Menge Gründe, die mit Intellekt, Moral und Temperament zu tun haben, aber auch mit eher theoretischen Erwägungen. Ein wichtiger Grund liegt aber sicher darin, dass viele Entlarver – Menschen, denen der Hang zum Reduktionismus zur zweiten Natur geworden ist – sich nach dem Bodenständigen sehnen und glauben, dass sie es bekommen, wenn sie alles auf den sozialen Nutzen oder die biologische Entstehung zurückführen. Ihnen geht es darum, zu den »im-Grunde«-Erkenntnissen vorzudringen: Im Grunde sind alle Menschen gleich; im Grunde zielt alles, was an der Moral vernünftig ist, auf das Gute usw. Deshalb haben sich eine ganze Reihe von Menschen der evolutionstheoretisch geprägten Sozialanthropologie zugewandt: Sie hoffen dort eine Kulturgrenzen überschreitende universell gültige Ethik zu finden.

Das Reich der Bedeutung besteht nicht »aus jenem Stoff, aus dem die Welt gemacht ist«. Es ist kein fester Bestandteil der Natur, unumgänglich für jeden, der auf der Suche nach der Wahrheit ist und über die Mittel verfügt, sie zu finden. Das habe ich in diesem Buch immer wieder betont. Das Reich der Bedeutung kann von der Vernunft nicht aufgeschlüsselt werden. Es gibt nichts, das Behauptungen über Bedeutung in der gleichen Weise als wahr oder falsch erweisen könnte, wie die Behauptung, dass es regnet, dann als wahr erwiesen ist, wenn es tatsächlich regnet. Der Literaturwissenschaftler F. R. Leavis hat die Form, in der wir uns über ein Gedicht oder einen Roman verständigen, folgendermaßen beschrieben: Einer sagt: »So ist es doch, nicht wahr?«, und der andere antwortet »Ja, aber …« Mir gefällt diese Art, die Urteilsfindung im Reich der Bedeutung zu charakterisieren, weil sie das dialogische Prinzip ebenso treffend zum Ausdruck bringt wie das Bemühen um Objektivität – und die in der Natur der Sache liegende Unabgeschlossenheit. Der Text, das scheint hier gesagt zu werden, ist den Debattierenden immer einen Schritt voraus, und das niemals endende »Ja, aber…« fordert von beiden, ihm gegenüber offen zu bleiben, ihm auf eine Weise zu antworten, die mitten aus dem Leben kommt und zugleich gebändigt ist durch die kritischen Standards, die im Reich der Bedeutung gelten. Deshalb hatte Leavis Recht, als er die Forderung zurückwies, es müsse, *a priori*, möglich sein, Kriterien aufzulisten, die gute von schlechten Interpretationen unterscheiden. Im täglichen Leben ist das nicht anders. Wir können nicht voraussagen, was im Reich der Bedeutung möglich sein wird. Denn wir können jetzt noch nicht wissen, was ein vitaler Umgang mit der Sprache, der ihre Vorgaben ernst nimmt und ihre Potenziale voll ausschöpft, uns an Möglichkeiten erschließen wird.

Die Feinheit des Netzes irritiert manche Leute. Und seine Verletzlichkeit ärgert sie.

Die Versuche, unsere grundlegenden Werte im Rückgriff auf die Evolutionstheorie nicht nur zu erklären, sondern auch zu rekonstruieren, gehören in eine Gruppe ethischer Theorien, die davon ausgehen, dass diese Werte bestimmten Zwecken dienen. Dieser Gedanke erscheint nahe liegend, vor allem, wenn man Werte wesentlich als Vorschriften auffasst, die das Handeln durch Regeln und Grundsätze auf ein bestimmtes Ziel hin lenken – das Gute, zum Beispiel. Aber so nahe liegend der Gedanke sein mag, es gibt einen Einwand, der einfach, aber in meinen Augen schlagend ist. Als Slogan formuliert, lautet er: Die Moral dient nicht der Erreichung, sondern der Bewertung unserer Ziele. Der walisische Philosoph J. L. Stocks sagt es so: »als zusätzliches Unterscheidungsprinzip greift sie über den Zweck hinaus«. Verfolgt jemand beispielsweise das Ziel, sein Leben so konfliktfrei wie möglich zu gestalten, wird er sich entsprechende Strategien einfallen lassen. Für welche von ihnen er sich konkret entscheidet, hängt in erster Linie davon ab, wie er ihren Wert zur Erreichung seines Ziels einschätzt. Die Effizienz von Mitteln zu beurteilen, heißt, ein bestimmtes Unterscheidungsprinzip anzuwenden, das im Begriff des Zwecks vorgegeben ist. Es gibt noch eine ganze Reihe anderer Beurteilungsprinzipien; und wenn sie alle zu Wort gekommen sind, dann tritt die Moral als Richter auf. Manche Mittel sind hoch effizient, aber rücksichtslos; andere sind vielleicht weniger wirksam, bringen dafür aber mehr Spaß, was an sich prima wäre, wenn es sich nicht um einen üblen Spaß handeln würde. Bei der Entscheidung, welcher Einsatz von Mitteln anständig ist, macht es keinen Sinn, auf den Zweck zu schauen, dem Anständigkeit dient, weil es den nicht gibt. Meint beispielsweise jemand, Sinn und Zweck der Anständigkeit bestünden darin, den sozialen Zusammenhalt zu fördern, wird man ihm entgegnen müssen, dass es eine Frage des Anstands – oder allgemeiner gesagt: der Moral – ist, zu bewerten, an welchen Formen des sozialen Zusammenhalts man anständigerweise teilhaben kann. Und so geht es mit jedem Ziel, dem man die Moral unterordnen will, egal, ob es die Entfaltung oder das Glück des Einzelnen ist, das Gedeihen der Gemeinschaft oder das Überleben der Spezies – es ist immer die Moral, die darüber urteilt, welches dieser Ziele und welche Mittel zu seiner Erreichung mit einem guten Gewissen vereinbar sind.

Vielleicht hilft es, an dieser Stelle noch einmal M. ins Spiel zu bringen. Eine evolutionstheoretisch geprägte Ethik kann bestenfalls an der Stelle ansetzen, wo M. Gemeinsamkeiten mit den Vietnamesen anerkennt. M. weiß sehr wohl, dass sie derselben Spezies angehört, aber das bringt sie nicht dazu, in dem, was die vietnamesischen Mütter tun und was ihnen widerfährt, etwas Bedeutsames zu sehen. Unser Verständnis des Allgemeinmenschlichen, aus dem sie sie ausschließt, hat sich nicht aufgrund von Tatsachenmaterial herausgebildet, wie es einer sozio-biologischen Forschung zugänglich ist, es konstituiert sich über Bedeutung, darüber, was es heißt, Kinder zu haben und zu verlieren, jemanden zu lieben und aufrichtig um ihn zu trauern.

»Siehst du nicht, was du da tust?« Diese Frage könnte M. einer Frau stellen, die sie »als eine von uns« anerkennt, die aber oberflächlich genug ist, ein gestorbenes Kind durch ein neues ersetzen zu wollen, so wie M. das den Vietnamesinnen unterstellt und für sich selbst entschieden zurückweist. Wenn M. diese Mutter ermahnt, sich vor Augen zu führen, was der Verlust eines Kindes bedeutet, wird sie jedoch nicht jene biologischen Gegebenheiten ins Feld führen, von denen sie weiß, dass sie selbst, »ihresgleichen« und die Vietnamesinnen sie gemeinsam haben. Sie würde auch nicht auf die Idee kommen, den vietnamesischen Frauen ihre (vermeintliche) Haltung vorzuwerfen, denn sie glaubt, dass diese, anders als ihre weiße Freundin, sich nicht bloß ausnahmsweise zu oberflächlichem Denken haben verleiten lassen, sondern grundsätzlich unfähig sind, zu verstehen, wie würdelos es ist, »einfach ein neues zu machen«. Die Evolutionstheorie kann uns vielleicht manches dazu sagen, warum wir uns jenseits aller unterschiedlichen Eigenschaften und Eigenarten mit unseren Mitmenschen verbunden fühlen, aber sie kann M. nicht erklären, warum »wir«, von ihrem Standpunkt aus, wahrhaft trauern, während »die« nur in Anführungsstrichen »trauern«. Ihr Gefühl der Andersartigkeit der Vietnamesen beruht auf der Vorstellung, dass sie Individualität in ihrer ganzen Tragweite nicht zu würdigen wüssten und deshalb die Trauer um einen einzigartigen unersetzbaren Menschen gar nicht empfinden könnten. Dieses Gefühl von Unterschiedlichkeit beruft sich nicht auf biologische Unterschiede, sondern auf kulturelle Unterschiede in der Auffassung des Individuums.

Angenommen, man könnte von der Überlegung, was es bedeutet, eine Person zu sein (und M. hat keinen Zweifel daran, dass Vietnamesen Personen und vernunftbegabte Wesen sind), zu moralischen Imperativen gelangen, die für alle Personen und vernunftbegabten Wesen bindend wären. Und angenommen, wir würden ein Verhalten, das sich in Übereinstimmung mit diesen Imperativen befindet, als »moralisch« bezeichnen. Dann hätten wir immer noch nicht geklärt, was es heißt, diesen Imperativen (moralisch) nicht gerecht zu werden. Ebenso wenig wird die Frage, was es heißt, jemandem Unrecht zuzufügen (und zwar einem Verständnis zufolge, das eben jenes Unrecht mit einschließt, von dem M. sich nicht vorstellen kann, dass »wir« es »denen« zufügen könnten), von diesem Konstrukt beantwortet, und ich fürchte, sie lässt sich mit ihm auch nicht beantworten. Deshalb sind Philosophen, die nur mit dem auskommen möchten, was M. den Vietnamesen zugesteht, auf einen Trick verfallen: Sie bedienen sich notorisch und im Widerspruch zu ihrem Ansatz einer Ausdrucksweise, deren umgangssprachliche Assoziationen weit über das hinausgehen, was ihre theoretischen Beschränkungen erlauben. Statt beispielsweise von Personen und vernunftbegabten Wesen zu sprechen, machen sie sich das reiche Bedeutungsfeld zunutze, das mit unserem Reden vom Menschen, von der Menschheit und der Menschlichkeit verknüpft ist. Da fragt man sich natürlich, in welchem Bereich die Klärung letztendlich erarbeitet wird. Das Beispiel von M. gibt uns einen Hinweis.

Habe ich mich, indem ich dem Reich der Bedeutung so großen Wert beimesse (und es als Errungenschaft der Kultur bezeichne), auf die gesellschaftliche Seite der Natur/Gesellschaft-Kontroverse geschlagen? Ich glaube nicht. Beide Streitparteien gehen davon aus, dass die Biologie unser Verständnis all dessen erweitern kann, was wir zu Recht der Natur zurechnen, und dass die Evolutionstheorie die biologischen Gründe für viele unserer Handlungsweisen und Gefühle aufdecken kann. Ich dagegen habe die Meinung vertreten, dass wir uns nicht auf die biologischen Wurzeln unseres Verhaltens konzentrieren sollten, zumal diese uns in der Regel verborgen bleiben, bis die Wissenschaft sie aufdeckt. Um ein Verständnis unserer Kreatürlichkeit zu entwickeln, sollten wir uns anschauen, welche Rolle der Körper bei der Entwicklung unserer Vorstellungen und Begriffe gespielt hat und was wir aus ihm im Reich der Bedeutung gemacht haben.

Das folgende Beispiel soll verdeutlichen, was ich meine.

Es ist bekannt, dass bei Kindern, die adoptiert worden sind, manchmal der Wunsch aufkommt, ihre natürlichen Eltern zu finden, und dass sie diese Suche als Suche nach ihrer Identität beschreiben. Manchmal sucht ein Kind, das von der Mutter großgezogen wurde, mit der gleichen Begründung den Vater, auch wenn es weiß, dass die Beziehung zwischen seinem Vater und seiner Mutter nicht über eine flüchtige sexuelle Begegnung hinausging, er sich an der Erziehung in keiner Weise beteiligt hat und niemals wissen wollte, wie es seinem Kind geht. Vom Standpunkt der Moral oder irgendeinem Begriff von Verantwortung aus könnte man nun sagen, er sei kein wirklicher Vater. Aber interessanterweise wird diese Bezeichnung niemals wirklich verweigert. Selbst in einem Fall wie dem beschriebenen hat der Vorwurf »Und sowas nennt sich Vater!« nur Sinn, wenn der Adressat der Vater ist. Und auch wenn wir mittlerweile zwischen Adoptiv- oder Stiefvätern und biologischen Vätern unterscheiden, liegt in der Vorstellung, dass jemand zwei Väter hat, immer noch etwas Ungewohntes. Das hat Adoptiv- und Stiefväter dazu bewegt, ihren Anspruch auf diesen Titel nicht zu stark zu betonen, so sehr sie ihn sich auch verdient haben mögen. (Manche Kinder nennen ihren Adoptivvater nicht »Vater«, sondern beispielsweise »Dad«.)

Mir erscheint es als eine Moralisierung des Elternverhältnisses, wenn man vorschlägt, den Einsatz eines hingebungsvollen Adoptiv- oder Stiefvaters zu würdigen, indem man ihn, und nicht den unverantwortlichen biologischen Erzeuger, als den eigentlichen Vater bezeichnet. Für diesen Vorschlag gibt es meines Erachtens zwei vollkommen unterschiedliche Beweggründe. Zum einen beleidigt die Verantwortungslosigkeit des Vaters, der sich sein Vergnügen nimmt und dann Mutter und Kind im Stich lässt, unser Gefühl von Anstand. Zum anderen erschreckt uns die unauflösbare Irrationalität, dass eine einmalige sexuelle Begegnung, sobald ein Kind dabei entsteht, eine lebensverändernde Bedeutung erhält. So versteht jeder von uns den maßlosen Schrecken, als Ödipus erkennt, dass er seinen Erzeuger getötet hat, auch wenn der alles andere als ein vorbildlicher Vater war:

»Mein Lebensretter – sinnlos war sein Rettungswerk!...
Von Vatermord
Wär ich rein,
Hieße nicht Gemahl der Frau,
In der ich wuchs! Was aber bin ich jetzt?

Ein Gottverlassener
Und Gottverdammter Kind,
Elender Bettgenoss
Dort, wo ich selbst entsprang.
Ja, wenn's im Giftigen
Ein Gift der Gifte gibt,
Von ihm nahm Ödipus.«

In letzter Zeit haben Menschen begonnen, nach den Spendern des Samens zu forschen, mit dem ihre Mütter befruchtet wurden. Manchmal tun sie dies aus dem handfesten Grund, dass sie etwas über ihr ererbtes Genmaterial erfahren möchten. Manchmal suchen sie die Samenspender aus dem gleichen Grund wie Adoptivkinder ihre Erzeuger: um herauszufinden, wer sie sind. Ich habe eine ganze Reihe von Berichten gelesen, in denen Menschen schildern, wie sie versucht haben, den Samenspender zu finden, von dem ihre Mutter schwanger wurde. Ihnen allen haftete etwas Verwirrtes und Pathetisches an – als brauchten sie etwas, von dem sie gleichzeitig wissen, dass es das für sie nicht gibt. Sie brauchen einen Vater, aber sie können sich den Samenspender nicht als Vater vorstellen. »Du willst ein Vater sein? Du bist nichts als ein Samenspender!« So könnte ein Kind, das von seinem natürlichen Vater verlassen wurde, seiner Wut Luft machen. Rhetorisch wirksam wird diese Wendung, weil die Alltagssprache unsere Neigung wiedergibt, einen Samenspender nicht als Vater zu sehen.

Es scheint auf den ersten Blick widersinnig, dass die Art und Weise, in der die Mutter befruchtet worden ist, eine solche Rolle spielen soll. Auf der einen Seite geschieht die Befruchtung durch natürlichen Geschlechtsverkehr, und das verlassene Kind erhält einen (unter Umständen abwesenden) Vater, der für die Entwicklung der eigenen Identität wichtig werden kann. Auf der anderen Seite wird die Befruchtung künstlich vollzogen, ein Kind kommt zur Welt, aber es gibt keinen Vater.

Der Anschein der Irrationalität wird meines Erachtens durch die Wahl des Begriffs »Befruchtung« noch verstärkt. Denn er ist geradezu maßgeschneidert, um die Unterschiede zu verwischen, die zwischen einer Schwangerschaft durch eine sexuelle Begegnung und einer Schwangerschaft durch eine Samenspende bestehen. »Schwanger werden« ist eine neutralere Formulierung als »befruchtet werden«, in dem sofort medizinische oder wissenschaftliche Beschreibungen anklingen und das deutlich zu einer bestimmten Seite tendiert. Eine Redewendung, die eine andere Seite zur Sprache kommen lässt, ist die vom »eigen Fleisch und Blut«, wie sie die schwangere Mutter vielleicht einsetzt, wenn sie beklagt, dass ihr Liebhaber sich nicht um die Tatsache schert, dass, was sie »unter dem Herzen trägt«, sein »eigen Fleisch und Blut« ist.

Zwar stammt diese Redewendung aus einer Zeit vor der Entstehung der modernen Wissenschaft; das »eigen Fleisch und Blut« ist deshalb aber nicht ein vorwissenschaftlicher Begriff in einem abwertenden Sinn. Seine Verwendung wird nicht klarer, wenn man ihn mit den neueren Erkenntnissen der Genetik unterfüttert; im Gegenteil: verpflanzt man ihn aus seiner Heimat im Reich der Bedeutung in den Bereich des unpersönlich Faktischen, verliert er nahezu vollständig seine Kraft, unser Verständnis zu vertiefen. Wenn ein Samenspender das Kind trifft, das aus seiner Spende hervorgegangen ist, kann er dann sagen: »Ich bin dein Vater, du bist mein Kind, mein eigen Fleisch und Blut«? Ich glaube nur, wenn zu seinem Bemühen, sich über seinen tatsächlichen Beitrag hinwegzutäuschen, zusätzlich ein gehöriger Mangel an Sprachgefühl tritt.

Es lässt sich aber schwer vorhersagen, ob sich etwas im Reich der Bedeutung verankern wird oder nicht. Wir können jetzt noch nicht sagen, was Kinder, Mütter und Samenspender aus ihrer Beziehung machen werden, weil das nicht eine Frage der Philosophie, der Psychologie oder irgendeiner anderen Wissenschaft ist, sondern fast vollständig davon abhängt, wie weit es den Beteiligten gelingt, schöpferisch, ernsthaft und klar zur Sprache zu bringen, wer sie sind und was sie getan haben. Schon allein die Tatsache, dass es sich hier um eine Angelegenheit handelt, die noch der Klärung bedarf, zeigt allerdings, welche Schwierigkeiten wir haben, uns einen Samenspender als Vater vorzustellen. Auch der eher neutrale und ein wenig sozialpädagogische Begriff »biologischer Vater« bringt meiner Meinung nach nicht die erhoffte Lösung, dazu ist er zu unbequem zwischen »natürlicher Vater« und »Samenspender« platziert. Aufgrund seiner Nähe zum Begriff des »natürlichen Vaters« hat der Ausdruck »biologischer Vater« manche der Assoziationen übernommen, die sich im Reich der Bedeutung um den erstgenannten Begriff gelagert haben. Das hat es adoptierten Kindern ermöglicht, nach ihrem natürlichen Vater zu suchen, während sie ihr Vorhaben als Suche nach dem biologischen Vater beschreiben konnten. Diese Assoziationen haben sich bislang noch nicht mit dem Begriff »Samenspender« verknüpft. Und es lässt sich nicht sagen, ob sie das jemals in einer hinreichenden Weise tun werden, um dem Ausdruck jenen Tiefgang zu verleihen (oder ihn mit anderen Begriffen zu verbinden, die diesen Tiefgang haben), den er benötigt, um für den Selbstfindungsprozess eines Kindes eine Rolle spielen zu können.

Ich habe in meinen Überlegungen bewusst den Fall nicht berücksichtigt, dass der Samenspender zugleich der Liebhaber der Frau ist und das Kind gemeinsam mit ihr aufzieht. Was sich dazu sagen lässt, ergibt sich daraus, wie man die zuvor angesprochenen Verhältnisse auffasst.

Aber selbst wenn man mir zustimmt, dass wir die Hauptunterscheidungen entlang der von mir skizzierten Linien treffen, muss ich zugeben, dass die Frage unbeantwortet geblieben ist, warum wir solche Unterschiede machen. Keine meiner Erläuterungen vermag ihre scheinbare Irrationalität zu vermindern.

Warum zögern wir, einen Samenspender als Vater zu bezeichnen? Ich bin versucht, den Grund darin zu sehen, dass Sexualität, auch wenn man sie flüchtig und unverbindlich praktizieren kann, im Prinzip keine unverbindliche Angelegenheit ist. Nun sind Formulierungen mit »im Prinzip« nicht immer geeignet, auf einfachem Wege Klarheit zu schaffen. Ich will mich hier auch nicht hinstellen und verlangen, dass eine sexuelle Begegnung immer »tief und bedeutend« sein muss. Ebenso wenig will ich leugnen, dass sie rein der Lust gehorchen und von beiden Partnern in einem einmaligen Abenteuer voll ausgekostet werden kann. Aber es besteht ein Unterschied zwischen einer einmaligen Begegnung, die offen ist für die komplexen und oft chaotischen Verwicklungen, zu denen Sex naturgemäß häufig führen kann, und einer Begegnung, die sich solchen Möglichkeiten verschließt. Wenn ich sage, dass Sexualität im Prinzip nicht beliebig und unverbindlich ist, dann meine ich damit, dass in diesem Zusammenhang die Verurteilung von Beliebigkeit und Unverbindlichkeit keine externe moralische Bewertung ist, sondern eine Beurteilung nach Kriterien, die mit unserem Verständnis von Sexualität direkt verknüpft sind.

Eine Analogie mag das veranschaulichen: Dass Elternliebe nicht an Bedingungen geknüpft sein soll, ist keine Forderung, die von außen an die Familie herangetragen wird, beispielsweise aufgrund weitreichender moralischer Erwägungen. Es ist eine Anforderung, die Elternliebe zu dem macht, was sie ist, und sie von ihren trügerischen Ebenbildern unterscheidet.

Vielleicht erscheint uns die Einschätzung, Sex sei im Prinzip zunächst einmal eine unverbindliche Angelegenheit und wir machten erst in einer Beziehung mehr daraus, auf den ersten Blick vertrauter als die Vorstellung, dass Sexualität prinzipiell eine sehr tiefgehende Angelegenheit ist. Wie stark wir aber doch von dieser Vorstellung geprägt sind, zeigt sich etwa in unserer Verurteilung von Vergewaltigung.

Die Art und Weise, in der die Vergewaltigung für uns etwas Schreckliches darstellt, kann nur angemessen erfasst werden, wenn sie auf der Annahme beruht, dass die eigene Sexualität für die Frau etwas Wertvolles ist. Wäre Sexualität nichts als ein Mittel, um Lust zu erlangen oder andere Zwecke zu erreichen, ein Mittel, das zufälligerweise auch ernsthaftere Konsequenzen nach sich ziehen oder uns Zugang zu etwas Ernsthafterem verschaffen kann (so wie Geld uns Zugang zu Schönheit verschaffen kann), dann wäre es schwer, zu erklären, warum Vergewaltigung nicht einfach als eine Form von Körperverletzung beurteilt werden sollte oder als Verletzung bestimmter Verfügungsrechte, die allein der Frau über ihren Körper zustehen. Vergewaltigung stünde dann in einer Reihe mit dem gewaltsamen Raub eines Goldzahns oder dem Raub eines Rings, bei dem der Ringfinger abgeschnitten wird. Bewertet als Verletzung der Autonomie oder des Verfügungsrechts über den eigenen Körper und als eine Sonderform von Körperverletzung und Raub, wäre Vergewaltigung in vielen Fällen ein weniger schweres Verbrechen als mancher gewalttätige Überfall. Aber so denkt niemand.

Wir kommen der Sache auch nicht näher, wenn wir sagen, dass Vergewaltigung eine Fom von Überfall ist, bei der erschwerend ein psychisches Trauma hinzukommt, denn dieser Vorschlag zieht automatisch die Frage nach sich, warum ein vergleichsweise minder brutaler Überfall ein solches Trauma hervorruft. Vergewaltigung ist nicht deshalb schrecklich, weil ein Trauma zur Körperverletzung hinzukommt, sondern das Trauma ist wesentlich geprägt vom besonderen Schrecken einer Vergewaltigung, davon, was Vergewaltigung bedeutet. Ob sie mit physischer Brutalität einhergeht oder nicht, eine Vergewaltigung verletzt eine Frau als sexuelles Wesen. Da es bei Einverständnis keine Vergewaltigung gibt, konzentrieren wir uns zumeist auf die Frage des Einverständnisses und missverstehen Vergewaltigung als spezifische Verletzung der Selbstbestimmung, bei der erschwerend körperliche Gewalt hinzukommt.

Die Macht der Sexualität, uns Dinge fühlen zu lassen, die wir nie für möglich gehalten hätten, und uns (im Guten wie im Schlechten) Dinge tun zu lassen, von denen wir nie geträumt hätten, hat die Menschen verblüfft, seit sie darüber nachdenken. Die Biologie spielt dabei aber meines Erachtens eine nebengeordnete Rolle. Die Gewalt der Sexualität über uns, ihre Fähigkeit, uns in den Wahnsinn zu treiben bis hin zum Mord, ebenso wie ihr Potenzial zum sublimen Genuss, sind unmittelbar verknüpft mit der Tatsache, dass der Genuss wie der Wahnsinn auf einem kulturell vertieften Verständnis der Einzigartigkeit des Individuums beruhen. Oder anders gesagt: Die Macht der Sexualität, mit ihrer zarten wie mit ihrer dämonischen Seite, steht in einer Wechselbeziehung zur Herausbildung unseres Begriffs des Individuums.

Erst in den letzten zwanzig Jahren hat sich ein Denken durchgesetzt, das glaubt, die Ehrfucht gebietende Kraft der Sexualität kanalisieren zu können durch eine Reihe von Vorschriften, die aus der Forderung hervorgegangen sind, die Selbstbestimmung des Einzelnen zu respektieren. Aber selbst eine einmalige sexuelle Begegnung kann etwas in einem auslösen, das weit über alles hinausgeht, was man vorher vernünftigerweise besprochen hat, über alles, was »objektiv« vernünftig erscheint (zum Beispiel vor Gericht). Sexualität, wie wir sie kennen, also mindestens seit den Zeiten Homers, hat einen notorischen Begleitumstand: Eine eigentlich flüchtige Beziehung kann noch so abgesichert sein durch einen Wall von Übereinkünften, bloß nichts allzu ernst zu nehmen, es wird nicht verhindern, dass ein Partner sich Hals über Kopf verliebt oder rasend wird vor Eifersucht. Er oder sie hat sich einfach (zu sehr) eingelassen – trotz aller gegenteiligen Absprachen.

Die Sehnsucht nach einer Sexualität ohne menschliche Verwicklungen, nach einem Vertrag, der ein weitergehendes Einlassen ausschließt, führt viele Menschen zum Sex mit Prostituierten. Nun handelt sich auch das um eine Illusion, und gerade die Bereitschaft der Prostituierten und ihres Kunden, sich auf ein solches gegenseitiges Täuschungsgeschäft einzulassen, wird immer wieder als degradierend für die Frau und mehr noch für den Freier gewertet. Deshalb funktioniert der Begriff der Prostitution so gut als Metapher, wenn es um die Entwertung von inneren Werten geht, beispielsweise um die Degradierung unserer Suche nach Wahrheit durch intellektuellen

Dilettantismus. Die Empfänglichkeit und Verantwortlichkeit, die ich hier zur Sprache bringen möchte, reicht tiefer als soziale, ja selbst als moralische Verantwortung. Cora Diamond hat einmal gesagt, dass wir unsere Toten ehren und dass wir unseren Kindern Namen geben statt Nummern, seien im Grunde nicht moralische Handlungen, sondern Handlungen, aus denen die Moral hervorgehe. Ganz ähnlich verhält es sich meiner Meinung nach mit unserer Empfänglichkeit gegenüber dem emotionalen und geistigen Wirrwarr, der sich – manchmal herrlich, manchmal schrecklich – aus dem flüchtigsten sexuellen Kontakt ergeben kann.

Das oft unergründliche Angewiesensein des einen Menschen auf den anderen bringt jene Form der Individualität sowohl hervor als auch zum Ausdruck, von der wir sprechen, wenn wir sagen, dass Menschen einzigartig und unersetzbar sind. Vermutlich nirgendwo zeigen sich Angewiesenheit, Individualität und ihr Zusammenspiel so machtvoll und so dramatisch wie in sexuellen Beziehungen. Dagegen versucht der Philosoph D. A. Richards uns zur Besonnenheit zu mahnen: Wir sollten jemanden nur lieben »auf der Basis von persönlichen Vorzügen und Charaktereigenschaften, die im Zusammenhang stehen mit dem Befolgen moralischer Grundsätze«. Nun mag unser auf Bindung ausgerichtetes Verständnis von Individualität hin und wieder mit der Moral in Konflikt geraten, aber eben darin liegt auch seine besondere Kraft. Der Mahnung von Richards Folge zu leisten, hieße, es ernsthaft auszuhöhlen. Noch offensichtlicher ist, dass wir die bedingungslose Liebe zwischen Eltern und Kind untergraben würden, und ich vermute, das wird selbst Richards nicht für eine erbauliche Aussicht halten. Die Abwegigkeit seiner Bemerkung ist hoffentlich deutlich geworden, aber eine ganz ähnliche Verkennung und Scheuklappen-Mentalität kommt meines Erachtens in dem Glauben zum Ausdruck, man könne sich ernsthaft durch quasi-vertragliche Vereinbarungen gegen die unabwägbaren menschlichen Risiken schützen, die untrennbar mit jedem Eingehen einer sexuellen Beziehung verbunden sind.

Selbst die flüchtigste sexuelle Begegnung verlangt von den Beteiligten, sich auf die Bedürfnisse des Gegenübers und die (mitunter schwerwiegenden) Folgen einzulassen. Dass wir uns nach Bindung sehnen und auf sie einlassen, spielt eine entscheidende Rolle für unser Empfinden, dass Menschen einzigartig und wertvoll sind. Aus diesen Gründen kann die Erfahrung unserer Existenz im sexuellen Akt so tief gehen, dass sie grundlegend wird für unser Gefühl, wer wir sind. Diese Verbindung zwischen Sexualität und Identität ist eng mit dem Potenzial der Sexualität verknüpft, sehr tiefgreifende Wirkungen hervorzurufen, was wiederum mit der Art und Weise zusammenhängt, in der sie uns mit anderen verbindet. Menschen sehen sich selbst als hetero- oder homosexuell. Aber niemand sieht sich selbst in diesem Sinn als Onanist; Masturbieren erzeugt keine Form von sexueller Identität.

Das alles wäre nicht so, nehme ich an, ginge es bei der Sexualität nicht ganz wesentlich um körperliche Details. Alles wäre anders, wenn Frauen schwanger würden, ohne dass ein Mann in ihren Körper eindringt, und wenn dieses Eindringen nicht gewöhnlich Genuss bereiten und Zuneigung hervorbringen würde. Alles wäre anders, wenn es die ganzen Formungen des Fleisches nicht gäbe, die uns anziehen und erregen, wenn unsere Körper nicht angenehm zu berühren wären und zu Zärtlichkeiten einlüden, wenn wir nicht auf der Suche nach anderen Menschen wären, um Wärme und Zuwendung zu finden, wenn wir nicht Gesichter hätten, an denen der Blick abgleitet – oder die einander anschauen.

Es spielt sicher auch eine Rolle, dass ein Kind schon vor der Geburt geliebt werden kann und dass diese Liebe ermöglicht – und vermittelt – wird durch die Freude, die (nicht nur) die Mutter an den Veränderungen ihres Körpers haben kann, Veränderungen, die uns schön erscheinen. In der Wahrnehmung dieser Schönheit wird die Liebe konkret und findet ihren zartesten Ausdruck. Ich bezweifle, dass ein Fötus, der in einem Glasgefäß auf dem Kaminsims heranreift, auf ähnliche Weise zum Objekt liebender Zuwendung werden könnte, auch wenn er zweifellos im Mittelpunkt der Aufmerksamkeit stehen würde. Tatsächlich ist es die Art, wie unsere Kunst in der Darstellung des mütterlichen Leibes letztlich die Liebe gefeiert hat, die der Wendung »ein Kind unter dem Herzen tragen« den Sinn verliehen hat. Ebenso wie bei »mein eigen Fleisch und Blut« handelt es sich um einen Ausdruck, der einer Sprache der Liebe entstammt und missverständlich wird, wenn er zwischen die Fronten einer philosophischen, theologischen oder wissenschaftlichen Debatte über die »tatsächlichen« Eigenschaften des Fötus gerät. Fest steht, dass der Fötus geliebt werden kann. Das wird deutlich durch einen Sprachgebrauch, der wirkliche Liebe nicht nur von ihren trügerischen Ebenbildern unterscheidet, sondern auch von anderen Reaktionen, wie beispielsweise Ablehnung. Und es ist erstaunlich, wie viele Menschen sich dafür weit weniger interessieren als für die Frage, ob der Fötus vernunftbegabt ist.

Den Körper wieder in das Reich der Bedeutung einzuführen, ihn von der bedeutungs-abweisenden pseudo-medizinischen Terminologie zu befreien, die das Sexuelle aus medizinischen, politischen und moralischen Gründen umgibt, ist in neuester Zeit zum erklärten Ziel einiger Feministinnen geworden. Es ist interessant, festzustellen, dass die feministische Forderung, sich die Sprache anzueignen und die weibliche Sexualität aus den bedeutungsfreien Zonen herauszuholen, nicht auf vergleichbare Weise zu Vorschriften führen kann wie die vorangegangenen Versuche, eine geschlechtsneutrale Redeweise zu etablieren. Ein Komitee kann (theoretisch) Sprachregelungen erlassen, die uns verpflichten, statt »Kaufmann« in Zukunft den Terminus »Kaufperson« zu verwenden. Aber kein Komitee kann uns vorschreiben, statt »Vagina« »Möse« zu sagen und statt »Geschlechtsverkehr haben« »ficken«. Nicht weil es moralisch bedenklich wäre, sondern weil die Alternativen zu »Vagina« und »Geschlechtsverkehr haben« sich in der lebendigen gesprochenen Sprache bewähren und durchsetzen müssen. Manche Menschen sind grundsätzlich gegen »Fäkalbegriffe«, weil sie diese als unschicklich empfinden. Und Schicklichkeit haben sich die meisten Positionen auf die Fahne geschrieben, die sich der Auffassung entgegenstellen, Sex sei eine unverbindliche Angelegenheit. Aber Scham und Schicklichkeit sollten sich innerhalb des Reichs der Bedeutung behaupten, nicht, indem sie sich ängstlich in eine pseudomedizinische Terminologie zurückziehen. Sobald sie vor der Berührung mit einer Sprache der Liebe zurückschrecken, wirken sie kindisch.

Wir erkunden das Wesen unserer Kreatürlichkeit durch eine Art Naturalismus der Oberflächen, der vertieft wird durch Literatur. Wir gewinnen Tiefe aus den Oberflächen. Es sind die ins Auge fallenden körperlichen Ähnlichkeiten zwischen schwangeren Frauen und trächtigen Tieren, die ins Auge fallenden Gleichheiten in ihrem Verhalten, die in unserer Vorstellungskraft die Einsicht in eine gemeinsame Kreatürlichkeit reifen lassen – nicht die Erforschung der biologischen Grundlagen mütterlichen Verhaltens. Schauen wir uns jedoch das Verhalten der Tiere und unser Verhalten genauer an, entdecken wir sofort gravierende Unterschiede. Sie zeigen sich schon allein darin, dass unser Verhalten häufig bestimmt wird von der Frage nach seiner Bedeutung, das der Tiere aber nie.

Eine Mutter, die ihre Kinder vernachlässigt, mag beschämt sein vom Anblick einer Katze, die sich liebevoll um ihre Jungen kümmert. Aber die Reflexion der biologischen Grundlagen des Mutterverhaltens bei Katzen und bei ihr selbst wird der Frau keinen Schritt weiterhelfen, ihr Scheitern als Mutter zu verstehen. Die Wildheit, mit der die drei Katzen die arme Jedda attackierten, um ihr einziges verbliebenes Junges zu beschützen, und deren Wurzeln in der Entwicklungsgeschichte ihrer Art haben uns wenig zu sagen über die Anforderungen, denen eine Mutter bei der Betreuung ihrer Kinder gerecht zu werden hat. Was können Kenntnisse über die Entwicklungsgeschichte zu der Forderung beisteuern, dass wir unsere Kinder bedingungslos lieben sollen? Der Begriff der bedingungslosen Liebe lässt sich nicht auf Tiere übertragen, egal, wie hingebungsvoll sie für ihre Jungen sorgen oder wie rückhaltlos sie zu deren Verteidigung das eigene Leben aufs Spiel setzen. Dass wir überhaupt bedingungslos lieben können, hängt damit zusammen, dass wir – bewusst oder unbewusst – unsere Liebe an Bedingungen knüpfen können und dass wir darüber nachdenken können, ob und wann wir das tun. Solche Bedingungen stellen wir unbewusst, wenn wir beispielsweise ein Kind ablehnen, weil es ein Mädchen ist, oder bewusst, wenn das Kind unsere Erwartungen nicht erfüllt. Versuchen wir herauszufinden, wie wir unserer Rolle als Eltern wirklich gerecht werden, dann entdecken wir, dass diese Anforderungen Bestandteil dessen sind, was es heißt, ein Vater oder eine Mutter zu sein. Und so ist es immer, wenn wir aufgerufen sind, bestimmten Standards gerecht zu werden, die bei Tugenden oder emotionalen Einstellungen – wie Liebe, Mut, Kummer oder Freundlichkeit – helfen sollen, das Wahre vom täuschend ähnlichen Falschen zu unterscheiden. Deshalb finden wir auch in der Frage unserer Kreatürlichkeit beides: was uns mit den Tieren verbindet und was uns von ihnen unterscheidet.

Menschen und Tiere

Würde jemand – indem er Schweitzers Worte aufgreift – behaupten, die von mir getroffenen Unterscheidungen seien subjektiv oder geprägt vom Standpunkt des Menschen, könnte zunächst einmal der Eindruck entstehen, es ginge ihm um die Bestimmung, welche Art von Unterscheidung ich getroffen habe. Mir ist aber nie so recht klar geworden, was ich mit einer solchen Bestimmung anfangen soll. Ich habe versucht zu zeigen, dass unsere ethischen Urteile und Empfindungen eingebettet sind in das Reich der Bedeutung, wie ich es genannt habe; und ich bin sofort bereit zuzugeben, dass dieses Reich nicht in den Gegenständen der Natur offen zu Tage liegt. Es besteht nicht aus »jenem Stoff, aus dem die Welt gemacht ist«, auch wenn der Philosoph, von dem diese Formulierung stammt, meinte, eben dies sei das Holz, aus dem Werte geschnitzt sein müssten, damit wir sie als objektiv gültig anerkennen könnten. Das Reich der Bedeutung ist vom Menschen hervorgebracht, es ist ein Geschenk der Kultur, mit dem wir achtlos umgehen können, das wir vernachlässigen und zurückweisen können. Es gibt nichts, das uns zwingt, das Reich der Bedeutung zu wertschätzen. Weder Vernunft noch Wissenschaft setzen ihr Güte-

siegel darauf. Und trotzdem wäre es ein Mißbrauch der
natürlichen Verwendungsweise der Begriffe, wenn man
das Reich der Bedeutung als Artefakt, Erfindung oder
selbst als Schöpfung bezeichnete.

Die Tatsache, dass das Reich der Bedeutung kulturell
hervorgebracht worden ist, ändert nicht das Mindeste an
meiner Einstellung, dass der Mord an einem Menschen
schrecklicher ist als die Tötung eines Tieres, dass es sich
tatsächlich um eine andere Art von Schrecken handelt.
Ich habe schon häufiger Menschen getroffen, die meinten, Fleisch zu essen, sei Mord, aber keinem von ihnen
habe ich abgenommen, dass er das wirklich glaubt. Ich
kenne niemanden, der Menschen, die Fleisch essen, ernsthaft wie Mörder oder Anstifter zum Mord behandelt. Die
meisten Vegetarier, die ich kenne, sind keine Pazifisten.
Würden Menschen geschlachtet wie die Tiere, wären sie
eindeutig für einen militärischen Einsatz gegen die Täter
und die Regierungen, die so etwas zulassen. Aber kaum
jemand verlässt die Tafel, wenn Fleisch serviert wird.
Manche haben sich überzeugen lassen, Vegetarier zu werden, weil Philosophen ihnen gesagt haben, bestimmte
Tiere zu töten, sei schlimmer, als ein Kind zu töten. Aber
wenn ihnen Kinder serviert würden, würde meines Erachtens keiner von ihnen auf die gleiche Weise reagieren,
wie wenn man ihm Tierfleisch vorsetzt, selbst wenn die
Kinder eines natürlichen Todes gestorben sind.

Ich sage das nicht, um mich über Vegetarier lustig zu
machen. Ich bin auch nicht auf der Suche nach Argumen-
ten gegen den Vegetarismus; tatsächlich liegt mir eine solche Auseinandersetzung vollkommen fern. Ich habe
diese Gedanken angeführt in dem ernsthaften Bemühen,
die Frage zu klären, ob es überheblich ist, zu sagen, dass
Menschen in einer Art und Weise über Wert verfügen wie

keine andere Kreatur auf dieser Welt. Ich weiß, dass es Menschen gibt, die das Leben anderer Menschen gefährdet haben, weil diese an Tierversuchen beteiligt waren. Aber niemand hat bisher zu der Art von bewaffnetem Kampf aufgerufen, der unabwendbar wäre, wenn sich herausstellte, dass irgendwo Menschen das Gleiche angetan wird, was Tiere in den Versuchslabors erleiden müssen.

Es ist wahr: Mein ernsthafter Klärungsversuch geht von unseren heutigen Reaktionen und unserem aktuellen Verhalten aus. Aber kann jemand allen Ernstes wollen, dass wir anders reagieren? Kann jemand allen Ernstes sagen, er sei so durch und durch konditioniert, ja korrumpiert, dass es ihm einfach nicht möglich sei, sich so zu verhalten, als ob Fleischessen Mord sei, obwohl er es wirklich gerne tun würde? Ich kann mir das nicht vorstellen. Wer ernsthaft der Meinung ist, er sei konditioniert worden, in einer bestimmten Weise zu reagieren, der wird auch den ernsthaften Wunsch haben, sich von dieser antrainierten Reaktionsweise zumindest so weit zu distanzieren, dass er sie genauer betrachten kann. In unserem Fall würde das bedeuten, die Möglichkeit ernsthaft in Betracht zu ziehen, dass man sein Verhalten auf die Erkenntnis einstellen muss, von Massenmördern und ihren Komplizen umgeben zu sein.

In dieser Art könnte man fortfahren.

»Für einen Hund?«, habe ich gefragt, als es darum ging, wie viel ich bereit wäre, für Gypsys Arztrechnungen zu bezahlen. Ich habe zugegeben, dass ich nicht wüsste, wieweit ich gehen würde. Es ist für mich aber keine Frage, dass ich meinen Kindern immer jede mögliche ärztliche Versorgung zukommen lassen werde. Man kann darüber diskutieren, wo in einer konkreten Situation die

Grenze zu ziehen ist, aber ich kenne niemanden, der seinen Hund mit einem schwer erkrankten Kind auf eine Stufe stellt. Würde jemand so mit seinem Hund umgehen, würde ich in ihm nicht den Wegbereiter einer neuen Tierethik sehen, sondern jemanden, den Gefühlsduselei zu einem schlechten Menschen gemacht hat. Worin auch immer die Pointe der Behauptung bestehen mag, unsere Einstellung Tieren gegenüber sei subjektiv oder geprägt vom menschlichen Standpunkt – diese Behauptung bietet keine hinreichende Basis für die Anschuldigung, nur Überheblichkeit oder Gedankenlosigkeit könne einen zu jener Art von Urteilen bringen, die wir, nach meiner Überzeugung, tatsächlich und einverständlich treffen.

Soll das heißen, dass wir das Zentrum des Universums sind? Eine einfache Antwort gibt es darauf nicht. Wir sind wertvoll wie nichts sonst in der Natur, und mein Aufruf zur Ernsthaftigkeit läuft darauf hinaus, dass es keinen Sinn macht, diese Tatsache zu verwässern mit dem Zusatz »vom Standpunkt des Menschen aus gesehen«. Auf der anderen Seite gibt es so etwas Wunderbares wie die zweckfreie Liebe zur Natur, und diese Liebe kann unserem Handeln auf eine Weise Beschränkungen auferlegen, die den Rücksichten ähneln, die man auf die Rechte anderer nimmt. Nun finde ich es abwegig, von den Rechten der Bäume, ja selbst der Spinnen zu sprechen. Aber das liegt zum Teil daran, dass ich das Reden über Rechte auch in Bezug auf den Menschen für verfehlt halte.

Die Feststellung, dass ein Handeln unrecht ist, da es die Rechte eines anderen verletzt, fügt meines Erachtens der Tatsache, dass es unrecht ist, nichts Nennenswertes hinzu. Sie erklärt weder, warum es unrecht ist, noch verleiht sie den geforderten Handlungsbegrenzungen mehr Objektivität oder Stringenz. Ich weiß, dass diese Fragen äußerst umstritten sind; und ich werde noch nicht einmal versuchen, meinen Standpunkt hier zu verteidigen. Ich will lediglich den Rahmen andeuten, in dem ich meine Behauptung formuliere, es sei abwegig, Bäumen Rechte zuzusprechen, und falsch, dies bei Tieren zu tun. Diese Erläuterung wird für manche die Provokation meiner Behauptung hoffentlich abschwächen (andere, das ist mir klar, werden sich durch diese Ergänzung erst recht provoziert fühlen).

Das Verständnis dessen, was es bedeutet, jemanden zu betrügen oder grausam zu behandeln, was es bedeutet, mutwillig Leben oder selbst Pflanzen zu zerstören, kann ein bestimmtes Handeln unmöglich und ein anderes notwendig machen. Und diese Auswirkungen auf unser Handeln, das habe ich versucht zu zeigen, sind von grundlegend anderer Art als jene, die ihm durch Macht aufgezwungen werden, inklusive der Macht des Psychischen. Was es heißt, einem Menschen oder einem Tier gegenüber grausam zu sein, welche Handlungen die Wertschätzung eines Menschen oder eines Tieres unmöglich beziehungsweise notwendig macht – diese Fragen können wir meines Erachtens eingehend betrachten, ohne den Begriff der Rechte zu bemühen. Meine These ist, dass unsere Ethik auf einem Verständnis von Individualität beruht, das selbst unbegründet ist und weder durch Vernunft noch Verdienst gerechtfertigt, das hervorgegangen ist aus unserer Bezogenheit auf unsere Mitmenschen und vertieft wird durch die Liebe. Eine Sprache der Rechte und Verpflichtungen erscheint mir wie der hilflose Versuch, diesem existenziellen Verständnis den Schein der Handhabbarkeit zu verleihen. Eine Reihe von Leuten wird das zweifellos provozieren, andere werden erkennen, dass von meiner Seite keine Abwertung darin liegt, wenn ich mehr oder weniger das Gleiche in Bezug auf die unbelebte Natur und Tierwelt behaupte. Was auf den ersten Blick wie eine Verpflichtung gegenüber der Tierwelt oder der unbelebten Natur aussehen mag, beruht im Kern auf der Hinwendung zu Tieren oder auf der Liebe zur Natur.

Das Reden über Rechte hat in Bezug auf die menschlichen Angelegenheiten zwei unterschiedliche Funktionen. Die eine, gerade erwähnte, ist theoretischer Art: Es geht darum, zu klären, warum bestimmte Handlungen unrecht sind, und oft auch darum, möglichst objektive Gründe dafür zu finden. Die andere ist moralischer Art und hat eine der edelsten Vorstellungen unseres moralischen Denkens hervorgebracht: Aufrechte Menschen finden es oft unerträglich, dass die gerechte Behandlung der Machtlosen abhängig sein soll von der Großzügigkeit – oder Barmherzigkeit, wie man früher gesagt hätte, – der Machthabenden. Spätestens seit 1789 hat die Weigerung, das zu akzeptieren, den Diskurs der Menschenrechte in Gang gesetzt. Angetreten mit dem ehrenhaften Vorsatz, den Machtlosen zu Würde zu verhelfen, hat dieser Diskurs den Eindruck erzeugt, Rechte seien eine Art moralisches Kraftfeld, eine metaphysische Hemmschwelle, um den Schutzlosen Schutz zu geben gegen die Entwürdigung, rücksichtslos übergangen zu werden. »Ich bin auf deine Barmherzigkeit nicht angewiesen. Und auch nicht auf deine Vorstellungen von Recht. Ich habe meine eigenen Rechte und jetzt fordere ich mein Recht!« Das ist der Geist von 1789.

Aber der Glaube an die Macht der Rechte ist eine Illusion. Solange der Appell an Rechte nicht über reale Macht verfügt, die ihm Nachdruck verleiht, bleibt die Frage, ob etwas als Unrecht anerkannt wird, vollkommen abhängig von dem Gerechtigkeitsgefühl dessen, an den appelliert wird. Und um etwas als ungerecht zu erkennen, muss man sich nicht auf irgendwelche verbrieften Rechte beziehen; ich denke sogar, man fährt besser ohne sie.

In ihrem wunderbaren Essay über die Persönlichkeit des Menschen schreibt Simone Weil:

»Sagt man jemandem, der Ohren hat zu hören: ›Was du mir antust ist nicht recht‹, gelingt es vielleicht, bei ihm ein Gefühl der Rücksichtnahme und Liebe anzurühren und zu wecken. Anders ist das mit Worten wie ›Ich habe das Recht …‹ oder ›Du hast kein Recht …‹ Sie eröffnen eine latente Auseinandersetzung und wecken die Streitlust …

Setzt jemand einen Bauern unter Druck, Eier zu einem niedrigeren Preis zu verkaufen, kann der Bauer sagen: ›Ich habe das Recht die Eier zu behalten, wenn ich keinen guten Preis dafür erzielen kann.‹ Aber eine junge Frau, die gezwungen wird, in einem Bordell zu arbeiten, wird nicht von ihren Rechten sprechen. In ihrer Situation würde es lächerlich und unangemessen klingen.«

Niemand hat einfühlsamer und zugleich nüchterner über Gerechtigkeit geschrieben als Simone Weil. Und ich glaube, das liegt daran, dass niemand so nüchtern wie sie den Kummer behandelt hat und die Art und Weise, wie jene, die schweres Leid durchleben, für ihre Mitmenschen unsichtbar werden. In ihrem Essay *Formen der impliziten Gottesliebe* schreibt sie:

»Die übernatürliche Gabe der Gerechtigkeit besteht darin, sich genau so zu verhalten, als sei man gleich, wenn man in einer ungleichen Beziehung der Stärkere ist. Genau so, in jeder Hinsicht, jedes kleinste Detail der Betonung und der Haltung inbegriffen. Denn ein winziges Detail mag genügen, um den schwächeren Part mit der tatsächlichen Situation zu konfrontieren, in der er sich befindet, so wie eine minimale Erschütterung ausreicht, um Wasser, das unter dem Gefrierpunkt flüssig geblieben ist, zu Eis erstarren zu lassen.«

Sollten wir uns entschließen, den Geist der Entsagung, der in diesen schönen Worten zum Ausdruck kommt, auf unser Verhältnis zu Tieren und zur Natur zu übertragen – müssten wir dann eine Vorstellung bestimmter Rechte entwickeln, die der menschlichen Überheblichkeit Grenzen setzen?

Während meiner Jugend auf dem Land machten alle meine Freunde Jagd auf Kaninchen und verkauften die erlegten Tiere in der nahegelegenen Stadt. Mir war es peinlich, dass ich das noch nie gemacht hatte, und so schnappte ich mir eines Tages das Gewehr meines Vaters und legte mich auf einem Hügel in der Nähe auf die Lauer, um ein paar Kaninchen fürs Abendessen und für Orloff zu schießen. Was dann geschah, hab ich in *Romulus, mein Vater* so erzählt:

»Ich erreichte den Hügel gegen drei Uhr nachmittags. Zum ersten Mal in meinem Leben spürte ich die Schönheit der Natur. Es war wie ein Schock für mich. Ich hatte die Einstellung meines Vaters der Landschaft und vor allem den dürren Bäumen gegenüber verinnerlicht, weil er so oft von den schönen Bäumen in Europa sprach. Jetzt schien mir der Schlüssel zur Schönheit der einheimischen Bäume in dem Licht zu liegen, in dem sich ihre Umrisse so scharf gegen den dunkelblauen Himmel abzeichneten. Ich war dermaßen davon betroffen, dass sich meine Wahrnehmung der Landschaft plötzlich grundlegend veränderte. Es war wie bei jenen Bildern, auf denen man auf einmal etwas anderes sieht. Die dürren Bäume und das spärliche Blattwerk wurden gewissermaßen zu Brennpunkten für mein Empfinden im Hinblick auf die Schönheit der Landschaft, und mit einem Schlag fügte sich alles zusammen: die ursprünglichen Hügel, die nicht asphaltierten, sich von Weiß über Gelb bis Braun in allen Tönen durchs Land ziehenden Straßen, die aussahen, als ob sie eigens eingestaubt worden seien, damit sie zu den hohen, sommerfarbenen Gräsern passten. Die Landschaft schien eine eigene Schönheit zu haben, die sich mir verschlossen hatte, bis ich bereit dafür war – sie hatte nichts Minderwertiges, Primitives mehr, das Zugeständnisse notwendig machte, sondern etwas Subtiles, Raffiniertes. Es war, als ob Gott mich in das Innerste seiner Werkstatt geführt und mir etwas ganz Besonderes gezeigt hätte. Ein Kaninchen zu schießen, kam für mich jetzt nicht mehr in Frage.«

Die Unmöglichkeit, die ich zum Ausdruck bringe, wenn ich sage, es kam für mich nicht mehr in Frage, ein Kaninchen zu schießen, ist nicht bloß ein psychisches Phänomen. Manchmal sagen wir, dass wir etwas nicht tun können, und meinen damit, wir könnten es nie tun, egal, wie sehr wir uns bemühten. Wenn uns dann jemand vorschlägt, einen weiteren Versuch zu wagen, antworten wir ihm vermutlich, dass sein Vorschlag uns nichts bringt. Wir würden den Vorschlag aber nicht als sinnlos abtun, als eine unangemessene Antwort, die ein vollkommenes Missverstehen dessen erkennen lässt, was wir meinten, als wir sagten, uns sei etwas unmöglich. Jemandem, der nichts dagegen einzuwenden hat, dass man Hühner schlachtet, dem aber schlecht wird, wenn er es selber tun soll, kann ein anderer raten: »Es ist nicht ganz so schlimm, wenn man die Augen dabei zumacht« oder: »Es ist einfacher, ihnen den Kopf abzuschlagen, als ihnen den Hals umzudrehen.« Das Gleiche gilt für jemanden, der als Freiwilliger an einem Krieg teilnimmt, den er für eine gerechte Sache hält, der es aber nicht fertig bringt, einen anderen Menschen umzubringen, obwohl er denkt, dass er das tun sollte.

In anderen Fällen würden wir es allerdings als grobes Missverständnis zurückweisen, wenn jemand auf unsere Aussage, wir könnten etwas nicht tun, antwortet, wir sollten es doch einfach mal versuchen. So wäre es mir jedenfalls gegangen, wenn mich jemand auf den Hügel begleitet und mir gesagt hätte, er wisse ja, das sei alles sehr bewegend für mich, aber ich sei schließlich zur Kaninchenjagd hergekommen und das solle ich jetzt auch tun.

»Hier stehe ich! Ich kann nicht anders.« Der Ausspruch Luthers ist der wohl bekannteste Ausdruck einer moralischen Notwendigkeit. Ich möchte meine Unfähigkeit, an diesem Nachmittag Kaninchen zu schießen, aber auch nicht als Zeichen einer moralischen Notwendigkeit verstanden wissen. Weder bedeutete es, dass ich der Meinung war, auch andere sollten keine Kaninchen töten, noch, dass sie, wenn sie verstünden, was sie taten, es nicht mehr würden tun können. Es hieß noch nicht einmal, dass ich nicht am nächsten Tag Kaninchen schießen würde. Eines aber war klar: Hätte ich das am nächsten Tag getan, dann mit einer anderen Einstellung als vor meinem Erlebnis auf dem Hügel.

Wer weniger zart besaitet ist, wird antworten, es könne dem Kaninchen völlig egal sein, ob man, bevor man abdrückt, drei Ave-Maria aufsagt oder jede Sekunde genießt. So jemanden wird es auch verwundern, dass für meinen Vater die Tatsache, dass er dem Wehren des Kalbes nicht nachgegeben hatte, mehr zählte als der Fakt, dass er es getötet hatte.

In meinem Buch *A Common Humanity* schreibe ich, dass man keinen Menschen, wie schrecklich seine Taten auch gewesen sein mögen, mit Fug und Recht wie Ungeziefer beseitigen kann. Ich habe das als Zeichen des absoluten Wertes des Menschen verstanden. Ein Student meinte daraufhin, es wäre vermutlich auch falsch, Insekten wie Ungeziefer zu beseitigen. Und vielleicht hat er Recht. Auf jeden Fall war es richtig, die Frage aufzuwerfen: Ist es nicht grundsätzlich falsch, irgendetwas aus einem Gefühl der Verachtung heraus zu töten? Eine befriedigende Antwort darauf werden wir meines Erachtens von der Vernunft nicht erhalten. Nun gibt es erleuchtete Menschen in Indien und anderswo, die verkünden, dass nichts in der Welt unsere Missachtung verdient. Und manche meinen, die metaphysischen Gründe, die die heiligen Männer zur Rechtfertigung dieser Einstellung anführen, ließen sich einer Prüfung durch die Vernunft unterziehen. Sicher bringen sie tatsächlich solche Gründe ins Spiel, aber ich glaube kaum, dass diese ihr Verhalten hinreichend erklären können. Würde mir hingegen jemand erzählen, dass Pablo Casals sich ganz ähnlich verhält, ich hätte keine Schwierigkeiten, das sofort zu glauben. Der Auszug, den ich von ihm zitiert habe, würde mir vollkommen reichen. Ich würde nicht nach einer weiteren Erklärung verlangen.

In seinem Rückblick auf den spanischen Bürgerkrieg erzählt George Orwell, dass er einmal im Schützengraben hockte und nicht weit von ihm ein feindlicher Soldat über den Wall rannte. Er legte an und wollte gerade abdrücken, da bemerkte er, dass der Mann dabei war, notdürftig seine Hose hochzuziehen. »Ich war hergekommen, um auf *Faschisten* zu schießen«, sagt Orwell, »aber ein Mann, der seine Hose hochzieht, ist kein *Faschist*, er ist ganz offensichtlich ein Schicksalsgenosse, er gleicht dir, und du hast keine Lust mehr, auf ihn zu schießen.«

Orwell sagt nicht, dass er nicht auf den Mann schießen

konnte. Er sagt: »du hast keine Lust mehr, auf ihn zu schießen«. Ich denke, die bewusst laxe Ausdrucksweise zeigt Orwells Gespür für die gängige Vorstellung: entweder man formuliert ein moralisches Gebot, Menschen mit herabgelassenen Hosen nicht zu erschießen, oder das Bekenntnis, man habe es nicht tun können, ist als Anzeichen eines psychischen Unvermögens zu deuten. Nun ist es sicher wahr, dass Orwell keinen allgemeinen Grundsatz zur Verschonung von Männern mit herabgelassener Hose formuliert. Am nächsten Tag hat er womöglich auf einen solchen Mann geschossen, unter Umständen sogar auf denselben Mann. Und trotzdem wäre es falsch, zu sagen, die Reaktion Orwells, so verständlich – und zu Herzen gehend – sie auch sein mag, habe eher einen psychischen als einen moralischen Hintergrund.

Orwell hätte ebenso gut sagen können, es sei ihm einfach nicht möglich gewesen, auf diesen Menschen mit herabgelassener Hose zu schießen, und den Vorschlag, es doch einfach mal zu versuchen, hätte er als grobes Missverständnis dessen, was er damit sagen wollte, zurückgewiesen. Seine Reaktion ist unmittelbar damit verknüpft, dass er in dem faschistischen Soldaten einen Mitmenschen sah, ein menschliches Wesen wie er selbst, mit all den Beiklängen, die dem Ausdruck anhaften. Diese Wahrnehmung war es, die es Orwell in diesem Moment unmöglich machte, zu schießen, so wie es mir die Wahrnehmung der Schönheit der Natur unmöglich machte, an jenem Nachmittag Kaninchen zu schießen. Wenn Orwell dieser Wahrnehmung des feindlichen Soldaten als Mitmenschen treu geblieben ist, dann wird es seine Einstellung als Soldat verändert haben. Und das wird sich natürlich in seinem Verhalten niedergeschlagen haben. Aber wie, das lässt sich nicht aufgrund einer einzigen Situation bestimmen, in der es ihm unmöglich war, auf einen Menschen mit herabgelassenen Hosen zu schießen.

Manche Menschen – meiner Erfahrung nach zunehmend junge Leute – sind Vegetarier, weil sie finden, dass sie kein Fleisch essen können. Anfangs waren es häufig praktische Gründe, die sie davon abgehalten haben, Fleich zu essen. Da, wo sie leben, ist Fleisch vielleicht sehr teuer oder es wird schrecklich zubereitet. Nach und nach finden sie schließlich den bloßen Gedanken daran abstoßend. Es wäre aber falsch, von den Vegetariern, die ich vor Augen habe, zu sagen, sie seien bloß ein bisschen zimperlich mit dem Essen – wenn man damit meint, dass ihr Widerwille nicht ethischer Art sei. Fordert man sie auf, Fleisch zu essen, beispielsweise weil das die Zubereitung der Mahlzeiten für die Familie erleichtert oder um ihrem Körper Protein zuzuführen, das ihm aufgrund der fleischlosen Ernährung möglicherweise fehlt, dann werden sie antworten, dass es nicht um bloße Essensgewohnheiten geht. Da die ethische Basis des Vegetarismus aber gemeinhin mit weitreichenden Grundsatzentscheidungen in Verbindung gebracht wird, zögern sie eventuell mit der Aussage, ihre Abneigung habe ethische Gründe. Und wenn es ihnen buchstäblich so geht, dass der bloße Gedanke an den Verzehr von Fleisch bei ihnen Übelkeit erregt, dann werden sie leicht auf die falsche Fährte geführt, sie könnten kein Fleisch essen aufgrund einer starken, aber »bloß« psychischen Abneigung. Das wäre schade, denn wie bei Orwell ist auch ihre Unfähigkeit, etwas zu tun, mit einer Wahrnehmung verknüpft, nämlich mit der Wahrnehmung, was es bedeutet, ein Tier zu essen. Und wer unter ihnen über die entsprechende Begabung verfügt, wird für diese Bedeutung sicher einen angemessenen poetischen Ausdruck finden.

Die scharfe Unterscheidung zwischen dem Psychischen und dem Ethischen sowie die Tendenz, moralisch begründete Notwendigkeiten und Unfähigkeiten als bloßen Ausdruck von Verpflichtungen misszuverstehen, sind verschiedene Aspekte dessen, was ich als Bedeutungsverweigerung beschrieben habe. Aber die Frage, was einem unmöglich ist oder notwendig erscheint, ist unmittelbar verknüpft mit dem Erfassen der Bedeutung von etwas. Und die gegenseitige Abhängigkeit des einen vom anderen geht über das hinaus, was gemeinhin unter Moral verstanden wird. M. meinte, sie könne nicht einfach neue Kinder haben in dem Sinne, in dem sie glaubte, die vietnamesischen Frauen könnten das. Ihr Empfinden, dass sie dazu unfähig sei, war untrennbar verknüpft mit ihrem Empfinden, was es bedeutet, ein Kind zu haben, und mit ihrem Empfinden, was sie und ihresgleichen vermeintlich grundsätzlich von den Vietnamesen unterscheidet. Trotzdem ist die Unfähigkeit, von der sie spricht, nicht eine durch Moral begründete Unfähigkeit. Ebenso wenig übrigens wie meine Unfähigkeit, an jenem Tag auf dem Hügel Kaninchen zu schießen, oder Orwells Unfähigkeit, auf den faschistischen Soldaten mit herabgelassener Hose zu feuern. Ganz ähnlich wie unsere Unfähigkeit, die Toten zum Abfall zu stellen oder unseren Kindern Nummern statt Namen zu geben, gehören alle diese Unfähigkeiten zu jenem Teil des Reichs der Bedeutung, in den Ethik und Moral eingebettet sind; sie verleihen ihm Struktur, so wie sie von ihm umgekehrt Struktur erhalten.

In *Das Leben der Tiere* von Coetzee stellt sich Elizabeth Costello eine Welt vor, in der uns das Leiden und die Entwürdigung, die wir Tieren zufügen, vollkommen bewusst sind. Am Ende wird deutlich, dass sie dem Wahnsinn nahe ist, aber es bleibt unklar, ob das die Folge ihres Empfindens ist, wir alle seien an einem schrecklichen Verbrechen beteiligt, oder der Grund für diese Überzeugung.

Ich denke, es ist beides. Dass wir Tiere schlachten (lassen) und zugleich davor unsere Augen verschließen, vergleicht sie an einer Stelle mit dem Holocaust und der Standardreaktion der Zeitzeugen: »Wir haben von nichts gewusst.«

»Ich komme ein letztes Mal auf die Todesstätten um uns herum zurück, die Schlachtstätten, vor denen wir in einer gewaltigen gemeinschaftlichen Anstrengung unsere Herzen verschließen. Jeden Tag ein neuer Holocaust, doch soweit ich sehen kann, bleibt unser moralisches Wesen unberührt. Wir fühlen uns nicht beschmutzt. Offenbar können wir alles tun, und doch sauber bleiben.

Wir zeigen auf die Deutschen und Polen und Ukrainer, die von den Gräueltaten in ihrer Nähe wussten und doch nicht wussten. Wir sind geneigt zu glauben, dass sie im Inneren gezeichnet sind von den Spätfolgen dieser besonderen Form des Nichtwissenwollens. Wir glauben gern, dass diejenigen, deren Leiden sie sich nicht vorstellen wollten, in ihren Albträumen zurückgekehrt sind, um sie heimzusuchen. Wir glauben gern, dass sie morgens bleich und verstört aufgewacht sind und dass sie an Krebsgeschwüren gestorben sind. Aber vielleicht war das gar nicht so. Was wir wissen, deutet in die entgegengesetzte Richtung: dass wir alles tun können und ungestraft davonkommen; dass es keine Bestrafung gibt.«

Am Ende des Buchs wendet sie sich an ihren Sohn, in Tränen aufgelöst:

»Ich weiß nicht mehr, wo ich stehe. Es hat den Anschein, als bewegte ich mich völlig ungezwungen unter den Menschen, als hätte ich völlig normale Beziehungen zu ihnen. Ist es denn möglich, frage ich mich, dass sie alle an einem Verbrechen unvorstellbaren Ausmaßes teilhaben? Phantasiere ich mir das alles zusammen? Ich muss wohl verrückt sein! Aber täglich sehe ich die Beweise. Eben die Leute, die ich verdächtige, liefern den Beweis, stellen ihn zur Schau, bieten ihn mir an. Leichenteile, die sie mit Geld gekauft haben.

Es ist, als würde ich Freunde besuchen und eine höfliche Bemerkung über die Lampe im Wohnzimmer machen, und sie würden sagen: ›Ja, sie ist nett, nicht wahr? Sie ist aus polnisch-jüdischer Haut gefertigt, wir finden, die ist die beste Qualität, die Haut von polnisch-jüdischen Jungfrauen.‹ Und dann gehe ich ins Bad, und auf der Seifenhülle steht: ›Treblinka – 100 % menschliches Stearin.‹ Träume ich, frage ich mich? Was ist das für ein Haus?

Doch ich träume nicht. Ich schaue in deine Augen, in Normas Augen, in die Augen der Kinder, und ich sehe nur Freundlichkeit, menschliche Freundlichkeit. Beruhige dich, sage ich mir, du machst aus einer Mücke einen Elefanten. So ist das Leben. Alle anderen finden sich damit ab, warum kannst du es nicht? *Warum kannst du es nicht?*«

Die Alliierten haben aus den verschiedensten Gründen Krieg gegen Nazi-Deutschland geführt, aber eine Menge Leute glauben zu Recht, dass der Holocaust allein ein hinreichender Grund war. Nun nimmt aber, wie ich bereits gesagt habe, niemand in einer vergleichbaren Form das Schlachten von Tieren zum Anlass für den bewaffneten Kampf gegen Bauern, Metzger und Mitarbeiter des Schlachthofs, und meines Erachtens kann auch niemand ernsthaft so reagieren wollen. Diese Gegebenheiten dürfen wir nicht außer Acht lassen, wenn wir wissen wollen, wie unsere Gleichgültigkeit gegenüber dem Schlachten von Tieren zu verstehen ist. Wir müssen sie auch bei anderen ethischen Erwägungen berücksichtigen, die Parallelen zwischen dem Holocaust und unserer Art des Umgangs mit Tieren herstellen möchten. Der Holocaust und die modernen Verfahren der Tierschlachtung werden manchmal in einem Atemzug als Beispiele einer »Industrialisierung des Todes« genannt – als würden die grundsätzlichen Unterschiede zwischen Auschwitz und einem Schlachthof dem Vergleich nicht von Anfang an jede Aussagekraft nehmen.

Kann ich das sagen – nachdem ich gerade eine so starke Passage zitiert habe? Ich denke, die Stärke der Textstelle liegt eher in ihrer rhetorischen Überzeugungskraft als in der Klarheit ihrer ethischen Erwägungen. Auf jeden Fall finde ich, wenn ich einen Schritt zurücktrete, um ihre nicht zu leugnende Überzeugungskraft zu prüfen, nichts, was mich meine Behauptung zurückziehen lässt, dass weder ich noch irgendjemand, den ich kenne, die Tötung von Tieren wirklich wie einen Massenmord erleben kann. Der Vergleich, den Elizabeth Costello bemüht, ist meiner Meinung nach abwegig. Er ist hochgradig provokativ, aber nicht, weil er auf irgendetwas Bestimmtes am Holocaust abzielt. Es wird häufig argumentiert, der Holocaust sei einmalig und dürfe nicht durch Vergleiche relativiert werden; er werde uns letztlich immer unerklärlich bleiben. Dazu werde ich hier nicht Stellung beziehen. Der Vergleich zwischen Auschwitz und einem Schlachthof hat etwas Verletzendes, aber nicht aufgrund von irgendetwas, das Auschwitz von einem anderen Ort des Massenmords, wie einem Gulag, unterscheidet, sondern weil wir das, was in einem Schlachthof geschieht, weder als Mord erleben noch so erleben können. Das einzigartige

Grauen des Holocaust als Begründung heranzuziehen, um sich von Elizabeth Costellos Vergleich gekränkt zu fühlen, halte ich vollkommen verfehlt – und für ebenso verletzend wie ihre Äußerung.

Man braucht derlei hergeholte Vergleiche nicht, um zu der Überzeugung zu kommen, dass unsere Grausamkeit Tieren gegenüber widerwärtig ist, und um zu wünschen, dass dies zukünftigen Generationen im vollen Umfang bewusst werden wird. Es bleibt zu hoffen, dass sie eines Tages ungläubig darauf zurückblicken werden, wie wir derart grausam sein konnten, und dass Praktiken, die heute die Regel sind, dann als Verbrechen angesehen werden. Vorausgesetzt man behält die von mir geäußerte Kritik an ihrem Vergleich mit dem Holocaust im Ohr, ist die Befürchtung von Elizabeth Costello alles andere als abwegig, dass man uns eines Tages alle als Mittäter »an einem Verbrechen unvorstellbaren Ausmaßes« verurteilen wird. Aber heißt das, dass Menschen wie mein Vater, die Tiere für die eigene Ernährung schlachten, moralisch fragwürdig sind?

Während der schlimmsten Dürre, die in den 1980ern herrschte, besaß mein Vater rund dreißig Ziegen. Seine erste Ziege hatte er aus Mitleid auf dem Markt erstanden, weil er ihr gebrochenes Bein verarzten wollte. Aber als das Bein wieder in Ordnung war, fand er, dass sie Gesellschaft brauchte, und kaufte eine zweite. So ergab eines das andere, und am Ende waren es dreißig, die ihm nichts als Arbeit und Kummer machten.

Die Dürreperiode war für alle auf dem Land furchtbar. Weil es nichts mehr gab, womit man sie hätte füttern können, wurden Kühe und Schafe zu Tausenden geschlachtet und in Massengräber gekippt. Der Fleischpreis war so tief gefallen, dass ein halber Laster voll Vieh nicht den Lohn für den Fahrer erbrachte. Als mein Vater den letzten Vorrat an seine Ziegen verfüttert hatte, begann er mit einer Sense das Gras am Straßenrand zu mähen, belud einen Anhänger nach dem anderen, Monat für Monat. Er war zu dieser Zeit bereits über sechzig, und die harte Arbeit war nicht gut für seine Gesundheit. Die Farmer in der Umgebung beobachteten seine Aktivitäten – wenn er beispielsweise das Gras an der fünfzehn Kilometer langen Strecke von Maryborough nach Castlemaine fortschaffte – mit Unverständnis. Sie begriffen nicht, warum er so schuftete und seine Gesundheit aufs Spiel setzte, zumal sie wussten, dass ihm die Ziegen nichts einbrachten. Einer der Farmer sagte zu mir: »Ich kann weiß Gott hart arbeiten, aber da halte ich nicht mit.« An einem dieser Tage ist mein Vater beim Mähen zusammengebrochen, er hatte heftige Schmerzen im Brustraum und im linken Arm.

Hin und wieder schlachtete mein Vater eine der Ziegen für das eigene Essen, meist jedoch, um die Hunde zu versorgen. Er hatte kaum Geld, Fleisch zu kaufen, denn er und seine zweite Frau lebten von ihren kleinen Renten, die zu einem nicht geringen Teil für die Rechnungen des Tierarztes draufgingen. Als meine Tochter Eva hörte, dass er manchmal eine der Ziegen tötete, war sie traurig und entsetzt. Tierlieb wie sie war, besuchte sie meinen Vater ausgesprochen gern, denn es gab dort fast immer Küken, Kälber oder Zicklein. Und manchmal lebte eines von ihnen in der Küche, weil es schwach war und Wärme brauchte. »Wie kann er das bloß tun?«, fragte sie mich und meinte eigentlich: ausgerechnet er, der sich so liebevoll um die Tiere kümmert. Ich fragte sie, ob sie jemanden kenne oder auch nur von jemandem gehört hätte, der freundlicher zu den Tieren sei als ihr Großvater, und sie antwortete, »nein«.

Ich wollte Eva darauf hinweisen, dass es in unserem Gespräch erst mal nicht um die Frage gehen sollte, die sie auch beschäftigte: ob es nämlich richtig sei, Tiere zu töten, um sie zu essen. Ich hoffte aber, dass sie auf diese Weise etwas dazulernte über die Frage, was es bedeuten kann, ein Tier zu töten. Sie wollte verstehen, wie ihr Großvater sich so liebevoll um seine Tiere kümmern und sie trotzdem umbringen konnte, und zwar genau die Tiere, für die er so schuftete und seine Gesundheit aufs Spiel setzte. Ihre erste Reaktion war der Verdacht, dass ihm die Tiere vielleicht doch weit weniger bedeuteten, als sie gedacht hatte. Meine Frage machte ihr klar, dass seine Bereitschaft, die Tiere zu töten, nicht unbedingt heißen musste, dass sein Mitgefühl ihnen gegenüber mangelhaft oder bloß vorgetäuscht war.

Instinktiv wusste Eva, dass sie nicht einfach sagen konnte, da mein Vater die Tiere tötete, könne es, per Definition, mit seinem Mitgefühl nicht weit her sein. Aber wie prüft man Mitgefühl, wie erkennt man, wie weit es geht und wo seine Grenzen sind, wenn nicht, indem man beispielhafte Vorbilder eingehend betrachtet? Für Eva war mein Vater ein solches Beispiel, weil er derart im Einklang mit der Natur lebte, dass er unter den Verletzungen litt, die der Mensch ihr beibrachte. Um aber für sie zu einem wirklichen Vorbild zu werden, hätte sein Mitgefühl begleitet sein müssen von dem klaren Bewusstsein, was es heißt, ein Tier zu töten.

Es gibt großartige Menschen, deren Mitgefühl für Tiere so tiefgreifend ist wie bei meinem Vater, denen es aber moralisch unmöglich ist, ein Tier zu töten, und deren Empfinden, dass dies so ist, unmittelbar zusammenhängt mit ihrem Verständnis, was es heißt, ein Tier für die eigene Ernährung zu töten. Ihr Beispiel stellt aber in keiner Weise meinen Vater bloß, jedenfalls nicht für mich. Ich habe nie jemanden kennen gelernt, der Tiere mehr zu schätzen wusste als mein Vater: die Großzügigkeit, mit der sie sich uns überlassen, und die grundlegende Art und Weise, in der sie unser Leben bereichern können. Manchmal ist es uns selbst moralisch unmöglich, etwas zu tun, wir halten aber das Verhalten von jemandem, dem es möglich ist, nicht unbedingt für falsch oder gar verwerflich. Auch von bedeutenden Vorbildern können sich die Menschen mit Fug und Recht unterschiedlich angesprochen fühlen. Ich kann deshalb in diesem Fall nur für mich persönlich sprechen.

Dank

Die Idee zu diesem Buch stammt von meinem Verleger, Michael Heyward. Ohne seine Beharrlichkeit und seinen Glauben an das Projekt hätte ich es wohl kaum zu Ende geführt. In *Romulus, mein Vater* beschreibe ich die Fähigkeit meines Vaters, ein Stück Stahl mit dem bloßen Auge abzumessen, mit dem Daumennagel zu markieren und millimetergenau zuzuschneiden. Wenn Michael eine von mir geschriebene Seite prüft, beweist er ein ähnliches Augenmaß.

Literatur

Walter Bonatti, Berge – meine Berge, übs. v. Sepp Schmid, Rüschlikon, Zürich 1964

Pablo Casals, Licht und Schatten auf einem langen Weg. Erinnerungen, aufgez. v. Albert E. Kahn, übs. v. Peter Baumann, Frankfurt/Main 1994

J. M. Coetzee, Das Leben der Tiere, übs. v. Reinhild Böhnke, Frankfurt/Main 2000

Ders., Schande, übs. v. Reinhild Böhnke, Frankfurt/Main 2002

Raimond Gaita, A Common Humanity. Thinking about Love & Truth & Justice, London, New York 2000

Ders., Romulus, mein Vater, übs. v. Wolfgang Astelbauer, Salzburg 2001

Vicky Hearne, Adam's Task: Calling Animals by Name, New York 1986

Eugène Linden, Tierisch klug. Witzbolde, Spieler, Betrüger und Helden im Tierreich, übs. v. Hans Link, Bern, München, Wien 2001

Jeffrey Masson/Susan McCarthy, Wie Tiere fühlen, übs. v. Catharina Berents, Reinbek 1997

Thomas Nagel, Der Blick von nirgendwo, übs. v. Michael Gebauer, Frankfurt/Main 1992

Rush Rhees, Death of a Dog, in: Moral Questions, hg. v. D. Z. Phillips, London 1999

Albert Schweitzer, Aus meinem Leben und Denken, Frankfurt/Main 1995

Sophokles, Oedipus, übs. v. Rudolf Schottländer, Berlin, Weimar 1982

Simone Weil, Cahiers/Aufzeichnungen, übs. v. Elisabeth Edl und Wolfgang Matz, Wien 1998

Dies., Formen der impliziten Gottesliebe, in: dies., Das Unglück und die Gottesliebe, übs. v. Friedhelm Kemp, München 1953

Peter Winch, »Eine Einstellung zur Seele«, in: ders., Versuchen zu verstehen, übs. v. Joachim Schulte, Frankfurt/Main 1992

Ludwig Wittgenstein, Philosophische Untersuchungen (1958), Frankfurt/Main 1977